辽宁省教育厅人文社会科学重点研究基地文艺与社会发展研究中心

沈阳师范大学重大项目孵化工程

联合资助

QINGDAIGUANXUE
WENXIANYANJIU

清代管学文献研究

郝继东◎著

中国社会科学出版社

图书在版编目(CIP)数据

清代管学文献研究／郝继东著．—北京：中国社会科学
出版社，2014.10
ISBN 978-7-5161-4746-7

Ⅰ.①清⋯ Ⅱ.①郝⋯ Ⅲ.①《管子》—研究—中国—
清代 Ⅳ.①B226.15

中国版本图书馆 CIP 数据核字(2014)第 206316 号

出 版 人　赵剑英
责任编辑　张　林
特约编辑　蓝垂华　全太顺
责任校对　高建春
责任印制　戴　宽

出　　版　中国社会科学出版社
社　　址　北京鼓楼西大街甲 158 号（邮编100720）
网　　址　http：//www. csspw. cn
　　　　　中文域名：中国社科网　　010-64070619
发 行 部　010-84083685
门 市 部　010-84029450
经　　销　新华书店及其他书店

印　　刷　北京市大兴区新魏印刷厂
装　　订　廊坊市广阳区广增装订厂
版　　次　2014 年 10 月第 1 版
印　　次　2014 年 10 月第 1 次印刷

开　　本　710×1000　1/16
印　　张　20
插　　页　2
字　　数　318 千字
定　　价　59.00 元

目　录

绪　论

管仲是中国历史上比较有影响的人物，他辅佐齐桓公"九合诸侯，一匡天下"，成就了齐国的霸业。《管子》一书是研究管仲最好的资料，但长期以来一直处于受冷落的地位，主要原因和汉武帝之后儒术独尊有关，也与《管子》一书的散佚、残缺和被疑为"伪书"有关。明末清初，随着诸子学的复苏，《管子》研究开始显现出一些活跃的空气，以考据学派为首的一批学者在《管子》文字、训诂、校勘等方面的功绩甚伟。迄至晚清，国家内忧外患，始有一些接受西学之学者认真研究《管子》，寻绎《管子》的义理，试图找到富国强兵之道，客观上开辟了《管子》研究的新局面。

一　《管子》成书及版本简介

《管子》一书大约形成于战国中晚期，是管仲及其弟子和学派门人等共同完成的，由于成于众手，其内容显示出庞杂而深浅不一的特点。① 最初只在学派门人中流传，以后传播开来，由于后代门人所掌握的《管子》抄本不尽相同，所以《管子》一书至晚在西汉末年以前无论内容还是载体都是不同的。西汉后期，刘向毕其功，在他主持大型古籍整理活动中，完成了对《管子》的整理，并形成了后世流传较广的八十六篇本。据严可均记载，刘向整理之后到先唐这一段时期，《管子》的内容出现了散佚

---

① 关于《管子》成书，历来说法不一，本书取较为通行的一说。

现象，约十一篇。① 新、旧《唐书》记录了两个版本的《管子》，一个是题为管夷吾撰的十八卷本，一个是题为国子博士尹知章注的十九卷本。②二本的相差应是章节合并与分立的原因，不应该是散佚的缘故。到宋代，始有通行于后世的二十四卷本。明万历十年（1582），赵用贤集前人之大成，始成《管韩合刻》本，③ 此后诸家校点注释《管子》所用底本多出于此。清代《管子》的版刻较少，侧重于校勘，较有影响的是戴望的《管子校正》，综合了前代的成果。④ 近现代《管子》的版本以郭沫若等的《管子集校》为最优，⑤ 汇集了历代数十家的校释成果，成为绝代之作。此后，赵守正的《管子注译》⑥ 和谢浩范、朱迎平的《管子全译》⑦在版本方面有一定的价值。今天，中华书局所出"新编诸子集成"丛书之《管子》，以南宋本为底本，用刘绩本作参校，为目前较为精审的版本。⑧

二 《管子》研究综述

（一）古代《管子》研究概况

不难想象，在早期口耳相传的文化传播形态下，《管子》的形成过程也就是一个不断解释与研究的过程。先是管仲对自己的思想主张和宣讲，接着其追随者便开始他们的记录、说解与阐释工作，形成文字后纳入《管子》一书中，所以才造成了流传过程中出现不同内容和形态的《管子》。直至西汉刘向校书之后，定本的《管子》出现，后人的研究才有了相对完整而稳定的依据。东汉班固的《汉书》因袭了刘向的校书成果，

① 郭丽：《管子文献学研究》，中国海洋大学出版社 2007 年版，第 1 页。
② 分别见于刘昫《旧唐书》，中华书局 1975 年版，第 2031 页；欧阳修、宋祁《新唐书》，中华书局 1975 年版，第 1531 页。
③ 与《韩非子》合刻，共四十四卷，赵用贤自刻，后附刘绩补注，九行十九字，小字双行，行字同，白口，四周单边，有刻工。
④ 初刊于清同治十二年（1873），后中华书局和上海书店曾多次影印。
⑤ 郭沫若、闻一多、许维遹：《管子集校》，科学出版社 1956 年版。
⑥ 赵守正：《管子注译》，广西人民出版社 1987 年版。
⑦ 谢浩范、朱迎平：《管子全译》，贵州人民出版社 1996 年版。
⑧ 黎翔凤：《管子校注》，中华书局 2004 年版。

特别是将刘向的《别录》等目录成果保存下来，形成该书的《艺文志》部分。《汉志》对《管子》的记录出现在道家类，并记作"筦子"，"筦"与"管"为异体字。① 另外，在孝经类中又有《弟子职》一篇，据应劭所注，也为《管子》书中的一篇。《后汉书》中也有引用《管子》中的文字。以上我们可以认为是对《管子》研究的初始阶段。直到唐代，尹知章的《管子注》才真正上升到了对《管子》作详细注释与研究的层面，因此我们可以认为尹知章是真正研究《管子》的第一人。此后杜佑的《管氏指略》（已佚）、明代刘绩的《管子补注》②、朱长春的《管子榷》③、梅士享的《诠叙管子成书》④ 成为清朝以前研究《管子》的成就突出者。

有清一代，学术风气较浓厚，《管子》的研究也盛况空前。主要表现出四个方面的特点：（1）文字考订工作突出。清代在小学方面成就显著，以乾嘉学派为主的一些学者对《管子》的文字多所考订，如王念孙的《管子杂志》、俞樾的《管子评议》、孙诒让的《管子札迻》等。（2）思想义理的研究成就显著。对《管子》思想的解释与研究，如方苞的《删定管子》、戴望的《管子校正》、洪颐煊的《管子义证》、王绍兰的《管子说》、《管子地员篇注》等，这些著作除了注重词语的考证之外，还对《管子》义理的解释有独到之处。另据《清史稿·艺文志》、《清史稿艺文志拾遗》⑤ 以及《周秦汉魏诸子知见书目》⑥ 等的记载，清代研究过《管子》的先后约 70 人，如张佩纶、任兆麟、宋翔凤、周悦让、宋枏、许玉琢、杨深秀等。（3）分篇研究成为《管子》研究的一大亮点。在《管子》的研究过程中，清代学者注重于对《弟子职》和《地员篇》的研究，如洪亮吉的《弟子职笺识》、任文田的《弟子职集注》、庄述祖的《弟子职集解》、王绍兰的《管子地员篇注》等。（4）深受清代学者的影响，外国学者对《管子》的研究也已出现。主要是日本的学者，如猪饲

---

①　班固：《汉书》，中华书局 1962 年版，第 1729 页。
②　见清《四库全书》子部法家类下。
③　明万历四十年（1612）张维枢刻本，《续修四库全书》影印，见子部第 970 册。
④　明天启五年（1625）刻本，《四库存目丛书》影印，见子部第 36 册。
⑤　王绍曾：《清史稿艺文志拾遗》，中华书局 2000 年版。
⑥　严灵峰：《周秦汉魏诸子知见书目》，台北正中书局 1978 年版。

彦博、安井衡等。

（二）近现代《管子》研究概况

新中国成立以前的《管子》研究工作主要是延续了清代乾嘉学派的考据之风，在文字考订方面有较为突出的贡献。如章炳麟、刘师培、于省吾、罗根泽、石一参、陶鸿庆、尹桐阳、庞树典等人。尤其是于省吾的《诸子新证》，参照了大量的出土文献，开诸子研究的新风气，同样也预示着《管子》研究进入了一个新阶段。除了考据之学外，这一时期的《管子》断代及义理方面的研究也有一定的成就，如颜昌峣、屈雄、姜忠奎、李皓、姚步唐、黄汉、郭垣、梁启超、戴浚等。

新中国成立初期，《管子》的研究出现了新的局面。一些具有先进思想理念的改革家和学者们结合时代发展的实际情况，对《管子》的研究更进了一步。如郭沫若、闻一多、许维遹三人合著的《管子集校》（1956）、夏纬英的《管子地员篇校释》（1963）、马非百的《管子轻重篇新诠》（1979）等。

从改革开放一直到 20 世纪末，是《管子》研究的繁荣昌盛时期，《管子》的研究出现了百花齐放的局面，学者们对《管子》进行了全方位、立体化的研究，如经济理论、哲学思想、伦理学说、法律思想、教育思想、政治学说、军事外交学说等，对《管子》在各个领域表现的解读进入了一个深入细致的阶段。尤其是《管子》思想的研究，成为这一时期的亮点。在经济思想方面，有巫宝三的《管子经济思想研究》（1989）、陈永叹的《管子——杰出的经济管理学家》（1999）、张友直的《管子货币思想考释》（2002）、周俊敏的《管子经济伦理思想研究》（2003）等；在法律思想方面，有焦传生的《〈管子〉法律思想初探》（1987）、吕华侨的《管子思想初探——以法律思想为主》（2003）、瓦永乾的《〈管子〉的法律思想研究》（2007）等；在军事思想方面，有袁德金的《管子军事思想初探》（1988）、黄朴民的《管子的军事思想体系》（1996）、战化军的《管子"至善不战，其次一之"的军事谋略》（1997）、时晓红的《简论管仲的军事思想原则》（2000）等。除了思想方面的突出贡献之外，《管子》的单篇研究也成就不菲，如杨柳桥的《〈管子·兵法〉新探》（1983）、赵守正的《〈管子·弟子职〉的注释与今译》（1986）、马非百的《〈管子·内业〉篇之精神学说及其他》（1988）、周乾溁的《〈管子·侈靡〉真意的探索》（1990）等。另外，将《管子》和其他诸子甚至是国外思想家进行比较研究也逐渐兴盛起来，如张作民的《孔子、墨子、〈管子〉消费观念之比较》（1992）、谷玉梅和李德恩的《管仲与梭伦法治观同一论》（1998）、袁林的《管子、商鞅两大学派经济政策比较研究》（2007）等。再者，在这个时期内，有两件事使《管子》研究又上了一个新台阶。一件事是 80 年代后期召开的两个《管子》研究方面的研讨会（一个是 1986 年 10 月召开的首届《管子》学术讨论会；一个是 1989 年召开的"《管子》与齐文化"国际研讨会），这两个会不仅从不同角度和不同层面对《管子》进行了深入的探讨，而且对 20 世纪以来《管子》的研究成果进行了全面的总结，可以说这两次盛会是对《管子》研究阶段性的总结，又是对 20 世纪末和 21 世纪《管子》研究的展望。另一件事是 1987 年一本专门性的研究刊物——《管子学刊》的诞生，这为《管子》的研究者充分、自由地抒写自己的思想打造了一个平台。

21 世纪的头五年，《管子》的研究表现出强劲的势头，据不完全统计，在《管子》研究方面公开发表的论文、学术会议论文、硕士和博士学位论文等约计 290 篇，出版的专著有胡家聪的《管子新探》（中国社会科学出版社 2003 年版）、任继亮的《管子经济思想研究：轻重论史话》（中国社会科学出版社 2005 年版）、乐爱国的《管子的科技思想》（科学出版社 2004 年版）、汤孝纯的《新译管子读本（上、下）》（台北三民书局 2005 年版）、池万兴的《管子研究》（高等教育出版社 2004 年版）等20 余部。这一时期，除了《管子》的分篇和分类研究还很盛行之外，利用出土文献和《管子》进行对勘比较研究的成果崭露头角，如马王堆的帛书、银雀山的汉简和敦煌出土的史料都有和《管子》文献相似之处，通过对两者的比勘，也得出一些令人耳目一新的观点，如郭丽的《〈管子〉文献学研究》（中国海洋大学出版社 2003 年版）。

（三）国外对《管子》的研究

约和清朝同时期，日本的学者就开始对《管子》进行研究，并取得了可观的成果，如我们前面提到的猪饲彦博、安井衡等人。此后，日本对《管子》的研究没有间断过，据不完全统计，从 20 世纪 30 年代到 80 年代，日本有关《管子》研究的论文就有 20 余篇，出现了一大批研究

《管子》的学者，如小林升、穗积文雄、木村英一、武内义雄、重泽俊郎、町田三郎、清水浩、神谷正男、原宗子、金谷治、柴田继雄等，他们的研究注重考证，如对《管子》的《轻重》、《九败》、《幼官》、《弟子职》、《水地》、《地员》等的考释有一定的见地。①

除了日本对《管子》的研究之外，欧美的一些学者也开展了相应的研究工作。19 世纪末期，以格鲁勃（Wilhelm Grube）和冯·德·加布兰兹（Hans Georg von der Gabelentz）为开端，主要是对《管子》进行了翻译和描述的工作。此后，西方学者对《管子》的研究进入一个低潮，直到 20 世纪 20 年代才开始真正的研究，主要成果有法国的汉学家亨利·马斯波罗（Henri Maspero）的《古代中国》、瑞士学者伯恩哈德·卡尔格伦（Bernhard Karlgren）的《中国古代书籍的可信性》、英国学者皮特·梵·德·龙（Piet van der Loon）的《论〈管子〉的传播》、德国汉学家古斯塔夫·哈洛恩（Gustav Haloun）的《弟子职，早期儒家片断Ⅱ》和《法家片断，第Ⅰ部分：管子 55 及有关原文》。另外，美国学者李克在《管子》的研究上用力甚勤，曾师从许维遹教授，并陆续出版了《〈管子〉：早期中国思想的一个宝库》（香港大学出版社 1965 年版）、《〈管子〉——早期中国政治、经济和哲学论，一种研究与翻译》第一卷（普林斯顿大学出版社 1985 年版）。②他的研究成果对欧美《管子》的研究影响较大，并得到了西方学者相当高的评价。

三　当下《管子》研究的热点问题

20 世纪 80 年代后期召开的两个《管子》研究方面的学术会议，总结了 80 年代以来《管子》研究的成果，预告了《管子》研究新时代的到来，为后来的《管子》研究指明了方向。确实，从 20 世纪 90 年代到 21 世纪初，一大批新的研究成果诞生了，并大有超迈前代之势。对 20 世

---

① 见索介然《日本有关〈管子〉研究的部分论文》，《管子学刊》1988 年第 3 期，第 89—90 页。

② 以上一部分见李克《管子研究在西方》，《管子学刊》1989 年第 3 期，第 73—75、72 页；另一部分见冯禹《欧美国家有关〈管子〉研究的主要论著》，《管子学刊》1988 年第 2 期，第 11、93—95 页。

和 21 世纪的前几年《管子》研究进行回顾，我们可以大略知道当下《管子》研究所关注的主要问题。

（一）关于《管子》的作者和年代

虽然说《管子》的作者和年代是一个老问题，从《管子》产生的那一天起，这个问题就一直悬而未决。直至今日，这个问题依然困惑着当代的《管子》研究者。学者从多角度、多方位对《管子》的作者及年代进行了考证，在前人研究的基础上，运用了一些新的证据，得出了一些新的结论。

关于《管子》的作者，主要有以下几种看法。（1）认为大部分为管仲自著，以关锋、林聿时的《管仲遗著考》（1963）为代表，他们论证《管子》的《经言》、《外言》等部分为管仲所作。接着，李学勤的《〈管子·轻重〉篇的年代与思想》（1992）利用出土文献资料，论证《轻重》亦为管仲一系所为。之后，李曦的《〈版法〉为管仲所作考》（1995）又从内容、文体等方面考证《版法》也是管仲所著。（2）认为《管子》是一部稷下丛书，以顾颉刚的《"周公制礼"的传说和周官》（1979）为代表，他认为管仲是一个实干的政治家，根本没有时间和条件去著书，《管子》应当是战国到汉初的稷下学者著作的汇编。张舜徽也发表了《管子四篇疏证》（1982）一文来赞同此观点。（3）认为《管子》是管仲学派集体著成，以余敦康的《论管仲学派》（1980）为发端，他认为《管子》的大部分思想材料是属于管仲学派的，这一学派主要是由战国时期直至刘向编订《管子》之前崇尚和主张管仲思想的齐人组成的。接着，胡家聪的《管子原本考》（1982）、孙以楷的《稷下学宫考述》（1984）、杨向奎和张岱年的《灿烂的齐国文化》（2000）、宣兆奇的《管子三论》（2002）等都大略阐发了类似的观点。（4）认为《管子》是"家学"所造就，以罗根泽的《管子探源》（1931）为代表。后来吕思勉的《先秦学术概论》（1992）亦赞同此观点，吕氏认为，"先秦诸子，大抵不自著书。今其书存者，大抵治其学者所为，而其纂辑，则更出于后之人。亡佚即多，辑其书者，又未必通其学。不过见讲此类学术之书，共有若干，即合而编之，而取此种学派中最有名之人，题之曰某云耳。然则某子之标题，本不过表明学派之词，不谓书即其人所著。与集部书之标题为某某集者，大不相同。"①

关于《管子》的成书年代与对作者的研究一样难以论证清楚。多数学者认为《管子》非出自一人一时，应成于众手。虽然并非一人一时之作，但和管仲的关系是显而易见的。具体到每一篇章是什么人所写，学者们却又有不同的看法。通过将《管子》的篇章和同时代的《老子》、《国语》等文献进行比较，对其中的用字用语及文化背景进行分析，有人认为《水地》篇产生于《老子》之前，而《内业》等四篇形成于《老子》之后;② 有人认为《小匡》篇的内容晚于《齐语》(李学勤，1987);有人认为《轻重》各篇为西汉时的作品(马非百，1956);等等。这些学者的论证为《管子》断代问题进行深入细致的考证打下了基础，《管子》的断代仍是一个不甚了了的难题，对它的考证乃是一个庞大而系统的工程，学者依然任重而道远。

(二) 关于《管子》的思想

对《管子》思想的探讨一直都是《管子》研究中的热点问题，在此方面的研究是最深入最全面的。总体来说，有以下几个方面。

1. 哲学思想

《管子》是先秦诸子著作的重要组成部分，其哲学思想自然是后学研究的重点，又由于《管子》中所蕴含的哲学思想极为复杂，故见仁见智，各成其说。有的学者认为《管子》的主体属于道家，其发展主流是黄老之学。③ 有的学者认为《管子》中的《水地》是对水是万物本原思想的详细论证,④《心术》等篇关于精气说的论述成为我国古代唯物论主要形态气一元论的理论基础。⑤ 又有学者将《管子》中的"天道"与《老子》中的"道"和《荀子》中的"天行有常"进行了比较，认为三者存在同

---

① 吕思勉:《先秦学术概论》，上海书店出版社1992年版，第17页。
② 见盖光、于孔宝《〈管子〉学术讨论会概述》，《管子学刊》1987年第1期，第88页。
③ 陈鼓应:《〈管子〉形势、宙合、枢言、水地诸篇的黄老思想》，《汉学研究》2002年第1期，第1—26页。
④ 李云峰:《试论〈管子·水地〉中水本原思想及其历史地位》，《武汉水利电力大学学报》2000年第3期，第60—62页。
⑤ 乐爱国:《〈管子〉的精气说与气功学》，《厦门大学学报》1995年第1期，第52—55、62页。

异关系，显示出从西周神学天命论向后来朴素唯物主义天道观过渡的历史趋势。① 有的学者从认识论出发，认为《管子》总的基调是朴素的反映论和辩证思维方法，其理论框架是道家思想与阴阳五行思想融合的产物，主要表现在法天象地的思维意象、感而后应的反映理论、按实定名的认识标准、与变随化的认知方法及注意调查研究的行为准则等方面。②

2. 经济思想

《管子》一书中对经济问题的阐述占很大的篇幅，很多学者意识到了这一点，因此把经济思想的分析作为研究的重点。从不同角度、不同层面进行了考察，有些学者从宏观上解析了《管子》的经济理论，认为其建立了以"富国安民"为核心的生产、消费、分配、控制、租税等全面的经济框架。更多学者从微观入手，分析了《管子》在某一具体领域的思想理论，如农本思想、商业思想、经济管理思想、教育经济思想、消费思想、经济控制理论、经济伦理思想、货币理论等。

3. 政治思想

学者们普遍认为，《管子》中以"经言"诸篇③、《心术》等为主的言论构成了一个完整的政治思想体系。这个体系的主要特征是农本与民本合一、政治与经济合一、加强中央集权、选贤任能、礼法并举、富国强兵、王天下等。学者们不仅仅停留在《管子》思想的宏观性讨论上，而且走入《管子》的内里，深入探讨了《管子》某一方面的政治理论，如治国方略、治国之道、廉政思想、国家管理思想、用人之道、吏治措施等。

4. 法律思想

《管子》十分强调法治，重视法治在社会生活中的作用。有的学者认为《管子》"法"的目的重在安天下而不是"变法"，主张法治但不离

---

① 张连伟：《〈管子〉与〈荀子〉思想之比较》，《管子学刊》2001 年第 4 期，第 11—16 页。

② 转引自盖光、于孔宝《管子学术讨论会概述》，《管子学刊》1987 年第 1 期，第 89 页。

③ 《管子》七十六篇，分为 8 类：经言 9 篇、外言 8 篇、内言 7 篇、短语 17 篇、区言 5 篇、杂篇 10 篇、管子解 4 篇、管子轻重 16 篇。

礼、俗、德教。① 他们认真研究了《管子》中"法"的特质,认为"法"具有公开性、平等性、强制性、稳定性、时宜性的特点。也有学者认为,《管子》的法律管理思想主要包含两个部分:一是春秋时期管仲的法律管理思想,主要包括以军法入行政和确立司法长官的职责及当时相应的长官人选等内容;二是战国时期管仲学派的法律管理思想,主要有尚法的特性、立法原则、行法程度等内容。②

5. 军事思想

《管子》有富国强兵、军事训练、赏罚分明的治军思想,此外,又加入了"明于机数"、"遍知天下"、"释坚而攻虚"、"无方胜之几"等具体的军事指导思想,是继《孙子》之后的又一重要的军事理论著作。有的人则详细地论述了兵技巧学在《管子》中的体现,认为在《管子》中除了更多关注战争中人是主体因素外,还涉及了战争中所使用的器物。③ 也有人从经济学入手,谈论《管子》中的军事经济思想,认为《管子》从"举兵"的经济得失出发,主张要审慎对待战争;从当时的国力出发,主张富兵于农,耕战合一;从制胜敌人的根本目的出发,主张发展生产,改善政治,取信于民。④

6. 教育思想

从 20 世纪 90 年代以后学者逐渐重视对《管子》教育思想的研究。有人从教育的前提、方法、作用和分科教育思想等方面对《管子》进行了探究,认为《管子》的教育思想中,突出以地方为单位,因风俗人情的不同而采用不同的教育方法;强调教育的普及,同时又指出教育的前提是经济基础,只有解决了民生问题,才能有更好的教育。⑤ 有人从大教育观、德育、四民分业、弟子四个方面对《管子》的教育思想进行评价,认为《管子》的教育思想集各家之大成,具有很强的开放性与接受性,

① 王强:《〈管子〉法制思想析论》,《管子学刊》1999 年第 3 期,第 30—34 页。
② 宫芳:《论〈管子〉的法律管理思想》,《管子学刊》2008 年第 1 期,第 8—12 页。
③ 张颂之:《试论〈管子〉兵技巧学》,《管子学刊》1995 年第 2 期,第 16—20 页。
④ 江墨林:《〈管子〉的军事经济思想》,《军事经济研究》1990 年第 4 期,第 51、83—84 页。
⑤ 曹培培:《〈管子〉的教育思想研究》,《哈尔滨职业技术学院学报》2006 年第 1 期,第 32—33 页。

同时具有创新与互补的特色。①

　　（三）关于《管子》和其他文献的比较研究

　　《管子》的内容博大而庞杂，廓清其内容的时代和来源是一个很难解决的问题，其中较为可行的办法是将其与同时代的或后期的文献加以比较。在这一方面，现代学者进行了两个方面的探讨：一是将其与传世文献作对比，如管子与范蠡、管子与桑弘羊、管子与淮南子、管子与晏子、管子与司马迁、管子与孔孟、管子与墨子、管子与庄子、管子与老子等。二是将其与出土文献相比较，与《管子》密切相关的出土文献主要有：银雀山汉墓竹简《守法》、《守令》等十三篇、马王堆汉墓帛书《黄帝书》与《春秋事语》、上海博物馆藏战国楚竹书《鲍叔牙》等。竹简《守法》、《守令》等十三篇中的《王兵》篇与《管子》书中《七法》、《地图》、《参患》等篇文字相似。马王堆汉墓帛书《黄帝书》的《经法》、《十六经》、《称》、《道原》四篇与《管子》中《心术上》、《心术下》、《白心》、《内业》、《势》、《九守》等篇关系密切。《春秋事语》中第七章《齐桓公与蔡夫人乘舟》、第十六章《鲁桓公与文姜会齐侯于乐》与《管子·大匡》中相关记载文字接近。上海博物馆藏战国楚竹书《鲍叔牙》中的《鲍叔牙与隰朋之谏》、《竞建内之》与《管子》的《霸形》、《戒》等篇可以互证。通过和这些文献的互证，学者可以对《管子》一些篇章的年代、语言等问题有更为明确的认识。②

　　（四）关于《管子》的分篇研究

　　从清代开始，对《管子》的分篇研究逐渐兴盛起来，主要是基于《管子》并非一时一地一人之书而且思想流派较为复杂的认识而产生的。要想理清《管子》的内容及思想，就不得不分章分篇地逐一进行研究。在这一方面，今人在清代学术的影响下，展开了积极而卓有成效的探讨。对《管子》分篇的研究，主要集中在《侈靡》、《地员》、《内业》、《轻

---

① 何金钱、李锡平：《〈管子〉教育思想浅析》，《管子学刊》2008 年第 1 期，第 26—28 页。

② 关于《管子》与出土文献对比研究，郭丽的《〈管子〉文献学研究》进行了深入细致的研究，可参考。

重》、《水地》、《心术》以及"四篇"（即《心术》上、《心术》下、《内业》、《白心》）等方面。学者们分别就篇章的思想内容、时代特征及反映出的客观现实等方面进行研究，获得了一些成果。如周乾溁的《〈管子·侈靡〉真意的探索》在分析了"侈靡"的含义之后，道出了《侈靡》"重本轻末"的民本思想倾向。[1] 叶世昌的《论〈管子·轻重〉》认为《轻重》在中国经济思想史中占重要地位，该篇讨论了商业资本的活动规律，阐述了交换价值理论，探讨了货币和货币流通，等等。[2]《管子》其他篇章的研究也大有人在，这里不一一枚举。

四　清代管学文献研究的意义

清代是中国古代史上学术风气特别盛行的时代，诸子研究在经学式微的条件下焕发出少有的光彩。《管子》是诸子中内容丰富、思想多彩的一部著作，在任何一个历史阶段都有其实用价值，因此具有研究的必要。然而当今研究者对《管子》的关注仍在思想和断代上，历史上《管子》研究的序列不在当下研究的日程表上。那么，关于对清代《管子》学的研究，就笔者目前所及，还没有专门的文章或著作面世。当然，对清代某一学者或某一《管子》研究著作的研究文章有少量存在。从这一角度讲，对清代管学的研究确实具有非常好的前景。就其研究意义方面，笔者以为有以下数端。

（一）断代研究的开拓

通过前面的文献综述，我们不难发现，从古至今的《管子》研究大多集中在思想内容及表现形态即语言文字方面，而几乎没有对某一个时代（或时间段）《管子》研究进行的总结性研究。因此，本题目是在目前无人涉及的领域内进行探究，在原始材料的基础上进行挖掘，不管是哪一个方面的研究，都是直接站在原始材料上说话，可见这个题目具有相当大的开拓意义或填补空白的价值。

---

[1]　周乾溁：《〈管子·侈靡〉真意的探索》，《管子学刊》1990 年第 2 期，第 3—7 页。

[2]　叶世昌：《论〈管子·轻重〉》，《经济研究》1965 年第 1 期，第 56—61 页。

（二）阶段研究的总结

　　既然清代的《管子》研究处于一个相对繁荣的状态，那么，清代的《管子》研究应该具有鲜明的时代特色和研究特色。本题目对清代的《管子》研究进行总结性研究，当然要提出这一时代的研究背景及研究特色，也会指出前代《管子》研究对清代的启示以及清代的研究对后代的影响。这是《管子》研究的一个非常有意义的阶段性总结，对《管子》研究的一个有益补充，是《管子》研究的清代特色的凸显。

（三）研究规律的探索

　　清代《管子》研究在《管子》研究史上究竟占有什么样的地位，它吸收了前人研究的哪些成果，又对后人产生什么样的影响，这都是需要解决的问题。我们通过对现有材料的分析，可以肯定的是，清代《管子》研究在整个《管子》研究史上占有极其重要的地位，起到了承上启下的作用。因此，认真研究清代《管子》文献的主要内容，总结其研究规律，找到其对前人的继承和对后世的影响，真正实现其应有的价值。

（四）今后研究的启示

　　清代的学术具有鲜明的时代特色，其对《管子》的研究也有独到之处，他们吸收了前人的精华，高屋建瓴；另外，清代在《管子》研究方面又开辟了属于自己的领域，如在《管子》的思想研究上、《管子》的分篇研究上都有筚路蓝缕之功。这些研究成果的总结，必将对未来的《管子》研究产生巨大的影响，它不仅提供了研究的基础，而且对将来的研究方法、研究内容等方面乃至形成专门的学科有所启示。因此，这一题目研究的深入，将会在清代《管子》研究上加以总结，并会对未来的《管子》研究具有一定的价值。

第 一 章

清代《管子》研究述略

第一节 清代《管子》研究之背景

作为一种由冷落而至热捧的著作，其产生变化的背景和原因不能不受到关注。《管子》是诸子中最为古老的一部著作，其受到关注程度的变化也是非常值得专门讨论。我们将清代《管子》的研究置于明末直到清朝结束这样一个历史时期的大背景下来阐述，宏观考察其研究生成的背景，掌握研究的外在因素对内在变化的影响，这样有利于分析清代《管子》研究的内在机制与规律，也可以从总体上把握清代《管子》研究兴盛的客观动因。

一 社会的变革

明朝末年及整个清朝，社会处于不断的变革之中。明末社会动荡，政治腐败，必然导致思想上的变革。为稳定局势，改变满汉对立情绪，清初统治者极力摆出一副亲善的姿态来缓和民族矛盾，来建立稳定的社会。清朝中期，随着社会的变化，政权的稳固，统治阶级改变清初的和善政策，摆出强硬的态度，以镇压为主，大搞文字狱，一时间社会充斥着枷锁与大棒。清末，西方民主与自由的空气吹入，统治集团内部也有一些人在鼓吹变法，社会变革的风气空前浓厚。由明末到清末，社会一直处于不断的变化中，社会的变革直接影响了思想的变化，思想的变化又导致了学术的转型。因此，认识清代的学术研究以至《管子》的研究，首要的就是理清社会的变革与发展。

明朝末年，皇帝无能，阉党惑乱朝政，阶级矛盾凸显，以李自成为首的农民起义以席卷全国之势危及明朝的统治，外族的入侵又让明政权雪上加霜。明朝统治者对此束手无策，政权已岌岌可危。这样的社会场景必然引起人们对社会的反思，反思的结果引发思想上的剧烈变化，思想的变化也导致社会的更大的动荡和变革。不久，明朝在外族的强大军事攻击面前无能为力，一个朝代油尽灯枯，迅速灭亡了。

清朝初期，统治者为缓和阶级矛盾和民族矛盾，一定程度上使用了怀柔政策，对汉族权贵与士大夫拉拢利用；同时也削弱满族贵族各旗的势力，一方面消除其对皇权的威胁，另一方面也缓解了汉族对其的敌对心理。经过数十年对反清斗士的镇压和政治策略的逐渐调整，终于形成了以满族贵族为核心的、满汉贵族阶级联合执掌的、稳定的、统一的政权，而且作为封建专制史上的最后一个王朝，清代初期将中央集权制、皇权及专制发挥到了极致。康、雍、乾三帝励精图治，治国有方，通过一系列政治策略，形成了巩固的政权和统一的国家，如平息国内各地的抗清斗争和叛乱，消灭了南明政权，平定三藩，收复台湾，打击沙俄的侵略，在西藏建立政教合一的行政体制，在东北推行军府制，在蒙古设置盟旗制等，经过多年的努力，终于形成了历史上最为强盛的"康乾盛世"。清初近百年的文治武功，不仅形成了清代社会的全盛时期，而且也达到了整个封建社会的极盛时代。

清朝中期，随着经济的发展和国力的强盛，中央集权政治进一步强化，统治集团开始采用强权解决各种矛盾，处处用兵，时时镇压。社会处于动荡之中，强大之后出现了衰落之象。乾隆末年，实际上清王朝已经开始衰落，政治上纲纪败坏，大小官吏勾结，贪污贿赂成风，官僚体制日见腐朽；经济上浪费严重，由于连年用兵，皇帝南巡北狩，修河造宫，国家财政十分困难；军事上军队废弛，八旗兵和绿营兵长期养尊处优，纪律涣散，战斗力逐渐下降。因此，清王朝在中期表现出衰败之象。另外，地方秘密结社结会，也使清王朝难以应付。随着社会矛盾的激化，各地秘密社团纷然而起，举行起义，出现了白莲教、天理教、天地会、三合会等起义。其中白莲教起义影响最大，白莲教起义历时九年，蔓延五省，是我国封建时代最后一次大规模的农民起义，沉重地打击了清王朝的统治。还有西方殖民者的侵略也使清王朝"很受伤",以英国为首的西方列强利用传教、通商、大炮等方式,对中国进行了疯狂的骚扰和侵略,尤其是鸦片的输入对中国社会造成了巨大的危害。王朝的衰落、社会的黑暗对学术造成了一定的影响,尤其是促使学术思想的转变和学术思潮的兴起有积极作用,如这时期学者开始意识到崇汉复古和烦琐考据实为无用之学,而转向学以致用上来。

清朝末期,土地的高度集中,封建地主阶级对农民剥削的加强,地租加重,巧立名目的额外剥削增多,地主阶级和农民的矛盾日益尖锐。另外,清朝封建政府对农民进行的赋役剥削也越来越重。另外,清代末期的封建官僚统治机构沿袭中期的积弊,日益腐朽,大小官僚结党营私,互相倾轧,贪污腐化,贿赂公行。在整个宦海中,更是上下攀缘,互相庇护。下级官吏取媚于督抚以为靠山,督抚拉拢京官以为奥援,而在京部院大臣则务求"迎合上意"以固权邀宠。再有,资本主义萌芽受到扼杀。随着工商业的发展和资本主义萌芽的增长,清代手工业工人的反封建斗争也有了进一步的发展。清代手工业雇佣工人的反抗斗争,是新的经济因素在阶级斗争上的反映。当雇工起来进行斗争时,作坊主总是和封建官府勾结起来,对工人进行镇压。所以当时雇佣工人不仅遭受作坊主的剥削和奴役,而且同时还遭受清朝封建政府的压迫和束缚。这种情况给资本主义萌芽的发展带来了灾难性的结果。最后,资本主义列强依靠坚船利炮打开了清政府的国门,掠夺中国的资源,扰乱中国的社会,但也带来了先进的资本主义思想,启动了有识之士的思想观念,促进了社会的变革。

总之,从明末乃到清末,社会大多数时候处于一个动荡状态,动荡则人心思变,思变则引起社会变革,社会变革当然也带动学术的转型。因此,当我们理清有清一代社会背景之后,就会对学术转型有所认识,也会对诸子学兴起的原因有所了解,当然《管子》研究的社会因素也基本清楚了。

二 经济的繁荣

清代的经济是我国封建社会经济的最后阶段,也是封建经济最为繁荣的时期。我国经济是以农业为主的，清前期，粮食的总产量、亩产量以及经济作物的培育，都达到了新的历史水平。另外，城市手工业也达到了新的水平，并出现了由个体生产到群体合作乃至工厂规模化生产的趋势。可见，农业的繁荣是清代经济繁荣的基础，工业规模化生产的出现是清代经济繁荣不同于前代的重要表现。资本主义生产方式在清代发达的经济基础之上萌芽。

首先，作为封建经济支柱的农业，仍然是清朝立国之根本。但清初鼎革之际，农民战争和民族战争造成生产极其萧条。明末土地兼并严重，资源枯竭，国家财政空虚。尽管如此，清朝立国之初仍然出台了一系列的政策，鼓励农业生产，提高了广大农民耕作的积极性和主动性，为国家经济的复苏和发展奠定了基础。直到康乾之世，全国的农业经济出现了鼎盛的局面。其次，清朝的手工业也有了恢复和极大的发展，如纺织业、矿冶业、陶瓷业、井盐业等。不仅如此，行业组织和行业协会蜂出并作，体现了手工业经济的繁荣。在清代后期，资本主义生产方式萌芽于手工业中，自然经济开始逐步解体，新的生产方式已经出现。再次，清代的商业经济也获得了较为自由的发展。虽然统治者仍然"重农抑商"，但某些圣明之帝开始认识到"商民为四民之一"，"通财货血脉者，惟有商贾"。随着利于商业的政策逐步出台，商业活动大为增加，商品种类丰富，贸易行为十分活跃，社会对商品的需求也空前高涨。因此，从农业、手工业、商业三大经济支柱产业看，清代的经济可以视作是封建社会经济的鼎盛时期。

方行认为："一个国家如果能按照其要素禀赋——资本、劳动和自然资源的相对丰富程度所决定的比较优势，来选择产业，其经济就会有自生能力，就能得到较快发展。清代人口大量增加，劳动资源具有数量多、素质好、工价便宜的巨大优势。由于价值规律的作用，它引导资本和大量劳动力进入产值高、利润厚的第二产业和第三产业，使劳动、资本和自然资源等生产要素得到了比较优化的配置，从而促进了包括第一产业在内的整个经济得到发展。"①

清代第一产业的发展，连同第二产业、第三产业相互需求，连锁互

---

① 方行：《对清代经济的一些看法》，《清史研究》2008 年第 3 期，第 12 页。

动，更是形成了经济的繁荣局面。尤其是清代统治者出台了一系列的政策，开放了某些行业的经营权，鼓励民营资本进入市场，前工业化的特征已经形成。关于前工业化，有人认为，前工业化的过程经历了四个阶段和四种组织形式，即：以出卖工业品为主的封建庄园制下的农民家庭工业；作为独立的小商品生产者的农村家庭工业；包买商制；资本主义手工工厂。① 而清代中期的经济现状体现了这种前工业化的特征。接着，清代后期的经济虽然面临着巨大的社会沉沦，但帝国主义列强仍然给封建的中国带来了先进的资本主义经济，使中国的经济产生了具有划时代意义的变化。

任何时代的经济，有兴盛就有衰败；任何时候的社会，有进步就有倒退。经济兴盛的时候，学术随之而高涨；社会进步的时候，学术也随之而活跃，反之则否。而清代由封建经济逐渐进入半殖民地半封建经济乃至资本主义经济，必然有其兴盛之时，也有衰败之季。经济的变化也相应出现学术的转变，因此，考察学术转型时，经济的繁荣与否就是一个很好的参照系。有清一代，是封建经济的繁荣期，又是资本主义经济的萌芽期，经济有所发展也有变革，但总体态势是繁盛的，这也为学术发展与改良创造了坚实的经济基础。

三　学术的转型

社会的变革、经济的发展是学术变化的重要背景，没有这些背景因素，学术的转型也就妄谈。社会变革是引起思想变化的主要因素，也就是说当社会发生剧烈变化时，往往导致思想的明显变化，而思想的变化又是引起学术转型的动因。经济的发展与繁荣是学术变化的条件，学者普遍认为，一定的经济条件就有与之相适应的学术，所以经济的繁荣是学术发展的有力保障。有清一代，学术转型随着社会的变化与经济的发展相对应，大致来说，有以下几个表现。

---

① 前工业化也称作原始工业化，这是新马克思主义学派历史学家德国人克里特、梅迪克和施卢伯姆合著的《工业化前的工业化》一书的理论，本部分节引自史建云的《〈工业化前的工业化〉简介》，见《中国经济史研究》1988 年第 3 期，第 156—158 页。

（一）学术思想的嬗变

一般来说，学术的转型需要学术思想的推动，没有学术思想的变化就没有学术风气的转变，也就不会形成学术的最终转型。

明末清初直至清朝结束，大致共经历了三次大型学术思潮的转变，这三次学术思想的转变导致学术方法及学术成果也产生了相应的变化，影响了学者的学术生涯，因而出现了一批与之相对应的学术成果和较具时代特色的学术手段。下面对这三次学术思潮分别加以论述。

第一次学术思潮大约是在明末清初。满清取代明朝统治以后，清初诸儒鉴于晚明王学的流弊，毅然选取了复兴经学之途，倡导"以经学济理学之穷"。明末遗老、经学大师顾炎武倡言："愚独以为理学之名，自宋人始有之。古之所谓理学，经学也，非数十年不能通也。"① "经学自有源流，自汉而六朝而唐而宋，必一一考究，而后及于近儒之所著，然后可以知其异同离合之指。"② 以顾氏为首倡，清初诸儒很快便发生了呼应，一改宋明理学空疏之风，形成以经学为中心，以朴实穷经、学以致用为主的学术思潮。这种思潮不仅得到了当时儒者的积极呼应，成为学界的共识，并且得到了当时清廷的支持，因此在清初一段时期内，以朴学实学为主的思想成为一时之潮流。

王保顶对清代初期的学术特征有一定的概括，他认为清初的学术是在批判明末心学并且寻找学术出路的行动中建立起来的。他说："心学无益于世，士大夫不关世务，……既失去了汉唐治经的朴实精神，又抛弃了宋元理学中据经言理的积极学风，形成空疏的学术。为了复兴修己治人的儒学，建立经世致用的学术，就必须继承汉唐精专的经学，汲取宋元学术的精华。代替明末心学而兴起的清代学术，吸收了汉唐经学和宋元理学中的积极因素，用当时人的话说即以博物考古之功，讲理明义精之学，这是清代学术的基本特征。"③

魏宗禹也认为："明清之际随着占统治地位的理学就虚蹈空的弊端进

① 顾炎武：《与施愚山书》，《亭林文集》卷三，民国中华书局《四部备要》本。
② 顾炎武：《与人书四》，《亭林文集》卷四，民国中华书局《四部备要》本。
③ 王保顶：《论清代学术的基本特征》，《社会科学辑刊》1990 年第 5 期，第 107 页。

一步暴露，学术思想领域涌现出一大批富有批判精神的思想家，朱之喻、陈确、傅山、黄宗羲、方以智、顾炎武、熊伯龙、王夫之、李颙、唐甄、颜元等人就是其中杰出的代表。虽然他们贡献各有侧重，但对传统思想的总结批判却是共同的特点。他们的思想交织在一起，浑然一体，并贯穿于我国整个 17 世纪，成为学术思潮史上的一个重要思潮。"①

第二次学术思潮大约是乾嘉及以后的一段时期。随着清朝统治者在中国大地站稳脚跟，经济的逐渐复苏，统治者一变清初之怀柔文化政策，开始对学术思想实施打压，以文字狱为主的一系列文化镇压行动造成了学术界万马齐喑的局面。而这种状况致使清代中期的经学走入了为考据而考据的境地，不敢有一丝涉及社会现实，毋论顾炎武倡导的"经世致用"了。总之，清代中期所形成的考据学，以考经籍为主，由于要通经，又推而广之，考及文字音韵、名物制度、历史地理、医药、天文、算术，以及金石书画、草木虫鱼之类，因而形成了一门十分庞杂的学问。大部分清儒以考据为方法，沉溺于古籍整理之中，把毕生精力消耗于古书章句之间，基本脱离社会实际，但经过他们的努力，中国古籍整理方面出现的问题到此时已经基本弄清，这对于后世的学术研究，是相当有益的。因此，将学术禁锢于故纸堆中，为考据而考据就成为清代中期的学术思想特色。

乾嘉汉学实际上是这一时期学术思潮的外在表现。正因为其在考据方面的突出成就，成为清中叶杰出的学术代表，其声势之大，前所未有，因而多数学者将其作为清代学术的标签。梁启超曾言："其在我国自秦以后，确能成为时代思潮者，则汉之经学，隋唐之佛学，宋及明之理学，清之考证学，四者而已。"② 然而，考据学毕竟只是一种学术而非一种思想，只是清代中期学术思想外化的结果，因此不能将其等同于清代思潮。到考据学极盛之后，便走入了为考据而考据，这种极端的表现使考据成为一种文字华丽的堆砌，或者说是一种文字游戏，而失却了其学术地位，成为后学批判的标的。

---

① 魏宗禹：《论明清之际总结批判思潮的历史贡献》，《中州学刊》1990 年第 3 期，第 57 页。

② 梁启超：《梁启超史学论著四种》，岳麓书社 1998 年版，第 21 页。

第三次学术思潮是清代晚期。道光以下以迄光绪、宣统之末，清政府遭遇内忧外患，社会动荡，特别是道光二十年（1840）爆发了鸦片战争，中国社会步入了近代史的历程，原有的满、汉民族矛盾逐步瓦解，随之而来的外国资本主义的政治压迫、经济剥削和宗教、文化的入侵，给当时的知识分子带来了强烈刺激。一些有识之士开始倡言社会改革，变法求新，著书立说，宣扬自己的主张。如康有为、梁启超等资产阶级改良派，提出"中学为体，西学为用"的口号。一些学者从故纸堆中走了出来，从为考据而考据的风气中走了出来，响应变法，关注现实社会。

值得注意的是，清代晚期的学术体现并不仅仅在经学上，而且还表现在以史学、子学等传统学术为主的"国学"上，"通经致用"的"通经"不再是学术的唯一方向，通史、通子等也与经学不相上下；而"致用"没有改变其性质，依然将学术关注社会现实作为终极目的。无论如何，我们可以看出，此时的学术潮流是以"致用"为核心的，但并不完全是清初顾炎武倡导的"经世致用"或"通经致用"了，而是表现为"学以致用"。很多学者的研究范围不仅仅限于经学，而是扩展到更多的社会科学和自然科学领域，并取得了一定的成果。可以肯定的是，清代晚期的学术思潮融入了西方先进的资本主义文化的内容。

总之，整个清代的学术思想呈现出某种复杂性和多元性，而并不像梁启超先生所说的考证学。虽然从清初、清中到清末有相对突出的学术思潮存在，但就某一时期而言并不是十分清晰的。林国标认为："任何想以一种单一的学术作为有清一代思想的统一的标签的做法都是不合历史实际的。实际上，从清初到清末，不同的历史时段分别涌现了不同的学术潮流，要想准确地把握清代的学术实质，就必须对这些不同的学术潮流有一个清楚而且清醒的认识。从清初到清末的历史发展过程中，我们至少不可忽视以下几种学术潮流：清初理学、乾嘉汉学、晚清今文经学、晚清理学中兴潮流。"①

（二）经学的衰落

整个清代，经学处于一个逐渐衰落的过程。

---

① 林国标：《清初理学与清代学术》，《南华大学学报》2005 年第 4 期，第 51 页。

　　清代之初，经学一反宋明理学之弊，讲求经世致用，众儒群起而应之，一时蔚为大观。清初统治者虽倡导程朱理学，也有一些御用学者和之，但没有什么影响。学者们发现，光从经学内部来检讨其流弊以达到振兴的目的已经是不可能的了，而应从思想上彻底解放。一些学者于是跳出理学之囿，回归经学上来，为经学研究推波助澜。顾炎武、黄宗羲、王夫之、毛奇龄、张尔岐、朱鹤龄、阎若璩、胡渭等成为此举的领军人物，其中以顾炎武影响最大，成为清代"经学开山之祖"。①

　　需要说明的是，顾炎武所倡导的"经世致用"之学清儒践行时只在于治经，而较少致用，但实事求是的学风还是给清初的经学带来了清新的空气。讲求实证是这一时期经学的重要思想，而清儒需要面对的是，以经证经，即从经学内部来求证已渐成末途，经学急需走出困境，摆脱宋明以来的空疏风气。而当清儒彷徨于经学内外时，他们找到了子、史等一直以来被经学所忽视的部门，并用来证经，一时世风日起。以子证经、以史证经等以经学为中心的边缘材料被重视起来。这时期，经学显然输入了新鲜血液，再一次显现出发达兴旺趋势。但从另一角度讲，子、史等长期被冷落的学科也渐次登上了学术圣坛。

　　清代中期，以乾嘉学派为代表的考据学者粉墨登场，他们不仅在经学上发挥到了极致，而且在子、史等其他学科上也多所涉猎。但由于清政府的文化打压，他们的学术活动逐渐远离政治，远离社会，只是为学术而学术，也就是只讲穷经而不敢致用，治经、子、史只作考证而不明讲义理，所用方法多为考据，致使小学之学问独步学林。

　　值得注意的是，清中期经学的故步自封正是其堕落于众学科之中的明显表现。清初经学已经成为四部之一，即使此时还是以经为首。当一个千百年来奉为学术权威的儒学、经学被从统治地位打倒之后，学术的多元化倾向（相当于政治上的多党制）便逐渐形成。此时，子学、史学、文献学、自然科学等开始受到重视，一部分知名学者从事经学以外的学术研究，并产生了一定的影响。可见，经学至此已经基本僵化，沦落到与子、史等平等的地位。

　　道咸以后直到 20 世纪初，经学逐步弱化，并同一些学科一道，被哲

①　梁启超：《饮冰室合集》专集之七十五，中华书局 1989 年版，第 51 页。

学、国学等新兴学术所代替。清末学者重拾经世致用之学，期望通过经义之解来谋求复兴社会之功业。罗检秋认为，经世致用之学内涵丰富，既指积极入世的价值取向，注重外王功业，讲求学问、知识价值的实功、实济，又包括基于现实需要而阐发传统学术，彰显其思想意义。① 其实，清末的经世致用之学已经改变了清初经世之学的范本，而是取向于中西结合的模式。他们面对西方学术对中国传统学术的刺激，试图以"体"、"用"结合的方式闯出一条别样的适合中国国情的路子来，实际上在一定程度上埋葬了中国传统学术，使经、史、子学失却了原来的样式，而一并被西方新兴的科学技术所取代。

总之，经学的衰落代表了一个儒家学术一统时代的结束，学术多元化和复杂化的局面已经到来。尤其是诸子学的兴盛成为令人瞩目的亮点。

(三) 诸子学的兴盛

与学术思潮相适应，诸子学的发展也大致分为清初、清中和清末三个时期，每个时期的诸子学表现为不同特色。清初之诸子学为萌芽时期，实际上是反对明末僵死之理学、解放思想的一个工具。清中期之诸子学是经学的附庸，其研究略逊于经学，但也有一定的发展。清末诸子学呈现出兴盛之势，并结合西学，逐渐摆脱经学之附的地位，向现代中国哲学迈进。

1. 明末清初诸子学生发

晚明时代，学者就已开始对僵化的理学进行审视，给经学重新定位。当时学界对宋儒空疏无用的风气、八股道学的思维方式大为诟病，而推崇务实、致用之学。皮锡瑞曾言："（清初）承晚明经学极衰之后，推崇实学，以矫空疏，宜乎汉学重兴，唐宋莫逮。"② 因而汉学与诸子学一道受到了重视，起因就在于倡导的务实致用之学。王守仁的学生王艮、黄绾、杨慎、李贽在这场思想变革中起到了重要作用。清初以顾炎武为首的一批学者着实举起经世致用的大纛，同时也促进了对诸子学研究的

① 罗检秋：《清末古文家的经世学风及经世之学》，《近代史研究》2001年第6期，第21—54页。
② 皮锡瑞：《经学历史》（周予同注），中华书局1959年版，第295页。

重视。

在这样的学术氛围下，诸子学以迎合实学致用之风而成为经学之外最先兴起的非儒学科。明清之际诸子学的兴起与发展，既受到了这一时期思想文化变革的影响，又对这一时期思想文化的发展具有重要意义。魏宗禹认为主要有三个方面：

> 明清时期对诸子学的研究具有重大的意义。首先，明清时期研究诸子学的兴起，是由务实思想的发展启动的。在明清时期，理学仍处正宗地位，诸子学仍为异端。这时一些学者在务实的思想支配下，主张兴汉学以张信实，辨子学以破锢蔽。实学思想的发展，促使诸子学研究的兴起，此种风尚明显地起了一种思想解放的作用。其次，明清时期诸子学研究的兴起与发展，有力地促进了科学思维方法的发展。方以智提出的"质测"实学便证明了这一点。方以智"质测"之学的一个重要思想来源就是诸子学中的思想数据。方以智认为"质测藏通几"，即质测之学中蕴藏着哲学思维；"通几护质测"，同时质测实学也受着哲学思想的指导。这种建立在自然科学与应用科学基础上的观点，赋予实学以科学求实的内涵，具有近代科学思维方法的萌芽思想。乾嘉诸子学虽然对"质测通几"实学思想未能增添新的内容，但在两个方面有显赫功绩，一是它对先秦诸子学的研究，由注重老庄之学转向墨子荀子一方，说明重视理论思维和逻辑思维的倾向。二是它继承杨慎、顾炎武等倡导的汉学治学方法，对先秦诸子著述进行了全面的整理考据，具有近代历史分析法的萌芽思想，这种源于汉学而高于汉学的方法，以校勘、辑佚和辨伪的形式整理的诸子书，其学术价值越来越受到识者的重视。第三，明清诸子学表现了明清思想发展的梗概，明清思想反映了明清社会发展的轨迹。明代市民经济的存在与发展，市民意识非常活跃，实学思想便是市民意识的一种表现形式，先秦诸子学便成为市民意识兴起的重要思想渊源。明末清初，由于长期战乱对市民经济的摧残，由于清王朝奉行倒行逆施的政策，诸子学的研究被迫趋入乾嘉考据子学一途。从中可见，明清诸子学发展的概况，反映了明清社会发展的坎坷历程。这段不平凡的学术思想史，对于认识中国近代社会

具有重要意义，就是对于认识与推进中国现代社会的发展，无疑亦具有重要的借鉴意义。①

在经世、实学感召下的诸子研究，大约从明万历年间持续到清康熙年间，成为攻击僵化理学的有力武器，也大大冲击了儒学一尊的地位，活跃了学术空气，倡导了学术自由，影响了这一时期的社会思想文化，成为中国学术史上重要的思想渊源之一。

2. 清中期诸子学的低落

清代乾隆、嘉庆之后，形成了以考据为特征的学术风气，诸子学的研究稍逊于明清之际。乾嘉以后，清王朝的文化专制政策严重干扰了正常的学术活动，清儒丧失了仅有的治世热情，回归到原典之中，为考据而考据，将实证进行到底。侯外庐先生认为："自汉武帝罢黜百家，至清初（17 世纪）子学复兴，知见一变，这是中国早期的启蒙运动，民主主义的先驱。这种潮流被清统治者的民族监狱所摧残。"②"乾嘉时代的哲学，不是清代学术的全盛期，而仅仅是清初传统的余绪（极小限度的发展）。"③这种学术政策确实严重地影响了这一时期的学术，学术思想的解放和学术研究的自由受到了很大程度的限制。

尽管诸子学也受到了压抑，但这一时期的诸子学还是在曲折磨难中前行。笔者认为，这一时期的诸子学至少在两个方面作出了重要的贡献：一是在诸子典籍的整理中，乾嘉学者对诸子典籍进行了全面的整理，尤其是在校勘、注释、辑佚、辨伪等方面下了十足的功夫，取得了令人仰慕的成绩。子籍的整理是一项十分浩大的工程，而这项工程的完成，对清末诸子学的复兴以及近现代诸子学的研究提供了便利条件。二是诸子学基本摆脱经学附庸的地位，经、子平等已深入学者之心。乾嘉学者中有很多论述和研究是关于诸子的。如戴震主张经、子一视之，以求至是，以求自得。并撰成《孟子字义疏证》一书，以示其对诸子之学的重视。另一学者焦循指出排斥异端是错误的，他对"攻乎异端"一词的考证可

---

①　魏宗禹：《明清时期诸子学研究简论》，《孔子研究》1998 年第 3 期，第 100—101 页。

②　侯外庐：《中国思想史》（第五卷），人民出版社 1956 年版，第 286—287 页。

③　同上书，第 461 页。

谓经典，在此文中他引用了经史子集中十余种书籍作为论述的佐证。① 这
实际上从一个侧面为诸子等异于儒学正统者设张。此外，乾嘉学者中有
多人对诸子学有研究成果。以《墨子》研究为例，傅山、汪中、毕沅、
孙诒让等都有专著，在学界颇有影响。实际上是他们不满于儒学独占的
局面，而力图恢复先秦时儒墨并举的局势，另外也是因为墨学重实的学
风受到学者的追捧。

　　章学诚虽然没有诸子方面的研究成果，但从他的《文史通义》中我
们还是了解到了他对经学和诸子学在学术史上地位的认识。他认为"六
经皆史"，② 即六经乃言事理之书，是历史的记载，可以重视但不要食古
不化；他又认为子书和子学"必有得于道体之一端"，③ 即诸子乃得圣道
的一隅，正合班固于《汉书》中对诸子的"支与流裔"的论调。

　　乾嘉学者在学术空气压抑的情况下，依旧为诸子学做了大量的基础
工作，尤其是在诸子典籍的整理上的贡献是相当突出的。他们的考据工
作解决了大量前代研究中遗留的问题，产生了一大批精校精注的诸子文
献，为后代的研究作了铺垫。

　　3. 诸子学的复兴

　　道咸至清末，是诸子学的复兴时期。此时期，诸子学已经远远超越
经学，学术上一枝独秀。诸子学空前高涨，主要有几个表现：一是诸子
基本文献业已完成。清代中叶，诸子典籍在考据学的学者努力下，已经
解决了清以前整理过程中的很多问题。清末学者在前人的基础上更进一
步，产生了大量集校集注本和精校精注本，同时也在校勘、辑佚、辨伪
等方面下了很大功夫，这些工作是在前代学者研究基础上的总结与完善，
是非常值得肯定的。二是诸子研究著作和文章大量出现，较有代表性的
综合性研究著作如俞樾的《诸子平议》、刘师培的《刘氏丛书》、陶鸿庆
的《读诸子札记》、孙德谦的《诸子通考》、蒋伯潜的《诸子通考》、罗
焌的《诸子学述》、陈清泉的《诸子百家考》、罗根泽的《诸子考索》、
高亨的《诸子新笺》等；单独校注一子的著作百余种，较有影响的著作

---

　　① 焦循：《雕菰集》（卷九）"攻乎异端解"，《丛书集成初编》第 2192 册，商务印书馆
1936 年版，第 134—137 页。

　　② 章学诚：《易教上》，《文史通义》（卷一），上海书店出版社 1988 年版，第 1 页。

　　③ 章学诚：《诗教上》，《文史通义》（卷一），上海书店出版社 1988 年版，第 18 页。

有孙诒让的《墨子间诂》、王先谦的《荀子集解》《庄子集解》、戴望的
《管子校正》、王先慎的《韩非子集解》等。三是诸子义理研究的出现。
由于经世致用的重倡，再加上西学东渐的影响，如同其他传统学科一样，
诸子学不再以考据为重点，而是强调义理，重视服务于社会。

至于诸子学复兴的原因，首先，儒学危机导致了子学复兴。清代中
期，儒学的地位就已经动摇。清末的落后保守与西方列强的先进强大形
成了鲜明的对比，人们对儒学的价值产生了最根本的怀疑，于是和儒学
大胆决裂，解放思想，引进西学，同时关注作为儒学对立面的诸子，并
开始着手研究，从而导致了诸子学的复兴。其次，近代子学发展与整理
国粹的思想有关。刘师培、章太炎、孙诒让、王闿运、罗振玉、王国维
等人主张保存古学，阐扬先秦诸子，发扬国粹。尤其是梁启超，他晚年
一直潜心研究《墨子》，号召国人要紧跟"孔、老、墨"三圣的路子。再
次，近代西学在子学的发展上有不可替代的推动作用。近代中西会通思
潮汹涌澎湃，人们在落后挨打之后，不得不痛苦地承认西学的先进，但
出于天朝大国的传统虚荣心理，又总是煞费苦心地从历史上寻找西学的
根源以获得心理的平衡。当人们将目光投向历史时，惊喜地发现西学的
某些内容，先秦诸子早在两千年之前就曾提出过，这两者之间有着极相
似的东西，于是，有一些人就大肆鼓吹"西学中源"说。[1]

翁美琪认为："和哲学之兴必然伴随着经学之衰、催促着奴视学界的
经学终于就要走完它的全程一样，中国学术史本世纪初的根本嬗革同时
还表现为，哲学之新兴必然伴随诸子学的从复苏走向繁盛。而子学在世
纪初的这一兴盛，其最显著、也是最深刻的原因，就是受了排挞涌入中
国的西方哲学史的样板示范、刺激生发。从学术史角度来看，西方哲学
对中国固有学术产生影响的一个主要表现，是刺激、引导诸子学不断摆
脱道统的钳制，向现代的中国哲学史的方向嬗变，而诸子学因此也就成
为中西学术最初结合的一个学术生长点。这也清楚地展现了学术史的第
三方面的规律：外来之学术最初必得通过与本土学术的内在固有资源的
相互寻求共同点的呼应、进而结合化生，才能在异域生根发芽；而本土
学术一旦掷弃故步、吸收外来学术的佐养，则将抽绽开新的枝叶花蕾，

焕发出一个堂堂的新气象与新局面。"① 总之，诸子学之兴盛归根到底是思想的进步，无论是传统学术获得自由之空气，还是西方学术之助力，还是二者相互作用。从历史的角度来看，诸子学可以说逐渐从经学的附庸中摆脱出来，成为有清一代独具特色的学术看点。

四　前代的研究

有清一代，《管子》研究者甚众，有其薄发之原因。前代《管子》整理与研究是其厚积之资。因此，有必要将前代《管子》研究之状况作一简要的梳理，理清前代《管子》研究的特色，找出《管子》研究的规律，便于我们认识清儒《管子》研究的来龙去脉，也作为清代《管子》研究的一个背景。

（一）汉魏时期

汉魏时期，儒学虽定一尊而霸天下，但诸子仍有相对自由的发展空间。汉代的诸子思想对先秦诸子有更为广阔的发展。另外，汉代的文化政策也有利于思想的自由和书籍的全面整理，因此，汉代的学术是继战国时代后的又一个高峰。如汉初以刘向为首的一大批学者在汉代帝王的支持下进行的典籍整理，几乎恢复了秦以来遭受灾难的图书，成为汉代最大的文化盛事。

前面我们提及，《管子》并不是一人一时之书，它有一个较为漫长的成书过程，到了汉代刘向整理典籍之时，它有多种版本、不同内容和各种保存形态。刘向的整理使《管子》的内容最后确定下来，成为后世流传的定本。据刘向《管子书录》记载，他整理所用的参考材料有"中管子书"（即皇室图书）三百八十九篇、"太中大夫卜圭书"二十七篇、"臣富参书"四十一篇、"射声校尉立书"十一篇、"太史书"（即史官所保存的图书）九十六篇，共五百六十四篇，校除复重四百八十四篇，得八十六篇。这便是后世传世《管子》的最初内容及篇数。这是《管子》

---

① 翁美琪：《经学的衰落与诸子学向中哲史的嬗变——20世纪初中国学术的转型》，《社会科学战线》1997年第5期，第123页。

书在汉魏时期流传的情况。由于刘向整理后图书保存良好，而且缮写本较多，故这一时期《管子》原本没有多大变化。魏晋后子学受到冷落，《管子》便湮没而不闻了。

班固《汉书·艺文志》将《管子》著录于道家类下，《汉志》来源于刘向、刘歆父子编定的《七略》，看来所著录《管子》规制大致不错。司马迁曾阅览《管子》，并以此为参考而撰成《管晏列传》，由于《管子》在当时还颇为流行，故而司马氏未对《管子》作评价。后《晋书·秦秀传》①、《北齐书·魏收传》② 曾提及《管子》书，可见其书在魏晋南北朝时期仍有流传，只是记载较少。

汉魏六朝时期，学者对《管子》的研究大多只停留在只言片语的评论之中，没有很好的研究，主要有三个原因：一是《管子》为手边常备之书，人人习见之，故而不必研究；二是语言文字变化不大，无晦涩难懂之虞，故无须研究；三是在尊儒的学术及社会环境下，学者不予更多的关注。学者的评论有以下一些：

　　齐桓之时，天子卑弱，诸侯力征，南夷北狄，交伐中国。中国之不绝如线。齐国之地，东负海而北障河，地狭田少，而民多智巧。桓公忧中国之患，苦夷狄之乱，欲以存亡继绝，崇天子之位，广文武之业，故《管子》之书生焉。（刘安《淮南子·要略》）

　　凡《管子》书务富国安民，道约言要，可以晓合经义，向谨第录上。（刘向《管子书录》）

　　《管子》曰四维，一曰礼，二曰义，三曰廉，四曰耻。四维不张，国乃灭亡。使管子愚无识则可，使管子而少知治体，则是岂可不为寒心。（贾谊《新书·俗激》）

　　吾读管氏牧民、山高、乘马、轻重、九府及晏子春秋，详哉其言之也！既见其著书，欲观其行事，故次其传。至其书世多有之，是以

① 其文曰："《管子》有言：'礼义廉耻，是谓四维，四维不张，国乃灭亡。'"房玄龄：《晋书》，中华书局1974年版，第1405页。

② 其文曰："吾曾览《管子》之书，其言曰：'任之重者莫如身，途之畏者莫如口，期之远者莫如年。以重任行畏途，至远期，惟君子为能及矣。'追而味之，喟然长息。"李百药：《北齐书》，中华书局1972年版，第492页。

不论，论其轶事。管仲世所谓贤臣，然孔子小之，岂以为周道衰微，桓公既贤，而不勉之至王，乃称霸哉？语曰：将顺其美，匡救其恶，故上下能相亲也。岂管仲之谓乎？（司马迁《史记·管晏列传》）

《管子》之书是后之好事者所加，轻重尤鄙俗，古史多申韩之言，以智欺其民，以术倾邻国不赀之宝，石壁菁茅之谋，使管仲信然。何以霸哉？（傅玄《傅子》）①

综合来看，汉魏六朝时代《管子》研究表现在几个方面：一是刘向对《管子》的整理，为《管子》定本与传播立下首功；二是一些学者对《管子》的认识与评价，只是粗浅的研究成果；三是对《管子》的传播，通过史籍的记载，我们可以看出这一时期《管子》一书还是比较流行的。

（二）唐宋时期

唐宋时期，由于佛、道的盛行，儒家独霸的局面业已松动，诸子学虽无法与儒家地位相比，但也有学者在涉猎。《管子》在流传过程中也存在需要整理研究的条件，如流传中的讹脱衍倒等文字现象，语言的晦涩难懂义理不明等。另外，由于历史上出现了汉朝后至唐以前比较混乱的政治局面，唐宋时代的学者进行历史的反思，吸取教训，着手研究外王之术。这类活动中最为合适的教材便是《管子》了。

关于唐宋时期《管子》的版刻，主要有三种：一种为唐尹知章所撰刻本，后伪题为房玄龄（故尹《注》与房注本为一书），是汉代刘向之后的又一里程碑式的整理，而其所作之注，则有筚路蓝缕之功；一种为宋代杨忱所刻本，可算作是专门的《管子》刻本，是明、清众多刻本的源头；一种为宋代墨宝堂蔡潜道本，刻于宋末元初。

隋唐以后，《管子》一书在各种史籍中归列为法家类。一些学士开始对《管子》进行研究和评论，研究成果不仅仅是零碎的言论，而且有专著出现。可见，唐宋时期的《管子》研究要比前一时期有较大的发展。以下是对《管子》的一些评论：

① 以上引文部分摘引自戴浚《管子学案》，台北正中书局1950年版，第123—125页。

管子以礼义廉耻为四维，吾疑非管子之言也。彼所谓廉者曰不蔽恶也，世人之命廉者曰不苟得也。所谓耻者曰不从枉也，世人之命耻者曰羞为非也。然则二者果义与？非与？吾见其有二维，未见其所以为四也。夫不蔽恶者，岂不以蔽恶为不义而去之乎？夫不苟得者，岂不以苟得为不义而不为乎？虽不从枉与羞，为非皆然，然则廉与耻义之小节也，不得与义抗而为维。圣人之所以立天下曰仁义：仁主恩，义主断。恩者亲之，断者宜之，而理道毕矣。蹈之斯为道，得之斯为德，履之斯为礼，诚之斯为信，皆由其所之而异名。今管氏所以为维者，殆非圣人之所立乎？又曰"一维绝则倾，二维绝则危，三维绝则覆，四维绝则灭。"若义之绝，则廉与耻果存乎？廉与耻存，则义果绝乎？人既蔽恶矣，苟得矣，从枉矣，为非而无羞矣，则义果存乎？使管子庸人也则为此言，管子而少知理道，则四维者非管子之言也。（柳宗元《四维论》）

管仲九合诸侯以尊王室，而三归反坫，僭拟邦君。是以孔子许其仁，而陋其不知礼。议者以故谓管仲但知治人而不知治己。予读仲书，见其谨政令，通商机，均力役，尽地利，既为富强，又颇以礼义廉耻化其国俗，如《心术》、《白心》之篇，亦尝侧闻正心诚意之道。其能一匡天下，致君为五伯之盛宜矣。其以汰侈闻者，盖非不知之，罪在于志意易满，不能躬行而已。孔子云尔者，大抵古人多以不行礼为不知礼，陈司败讥昭公之言，亦如此。然则其为书固无不善也，后之欲治者庶几之，犹可以制四夷而安中国，学者何可忽哉？（晁公武《郡斋读书志》）

管氏书，独盐策为后人所遵，言其利者，无不祖管仲。使之蒙垢万世甚可恨也。《左传》载晏子言海之盐蜃祈望守以为衰微之苛敛，陈氏因为厚施谋取齐而齐卒以此亡。然则管仲所得齐以之伯，则之晏子安得非之？孔子以器小卑仲，责其大者可也。使其果猥琐为市不肯为之术，孔子亦不暇责矣。故《管子》之尤谬妄者，无甚于《轻重》诸篇。（叶适《水心集》）①

---

① 以上引文部分摘引自戴浚《管子学案》，台北正中书局1950年版，第132页。

余读《管子》，然后知庄生、晁错、董生之语时出于《管子》也。不独此耳，凡《汉书》语之雅驯者，率多本《管子》。《管子》，天下之奇文也，所以著见于天下后世者，岂徒其功烈哉！及读《心术》上下、《白心》、《内业》诸篇，则未尝不废书而叹，益知其功业之所本，然后知世之知管子者殊浅也。……书既雅奥难句，而为之注者复缪于训故，益使后人疑惑，不能究知。世传房玄龄所注，恐非是。予求《管子》书久矣，绍兴己未，乃从人借得之后，而读者累月，始颇窥其义训，然舛脱甚众，其所未解尚十二三。用上下文义，及参以经史刑政，颇为改正其讹谬，疑者表而发之。其所未解者置之，不敢以意穿凿也。既又取其间奥于理，切于务者，抄而藏于家，将得善本而卒业焉。（张嵲《读管子》）①

其中，柳宗元的《四维论》在当时学术界引起了较大的反响，有些学者起而讨论，有些学者因之而潜心于《管子》，进而撰写成专著。这一时期的《管子》研究专著有：魏征的《管子治要》一卷（在《群书治要》内）、房玄龄的《管子注》二十四卷、尹知章的《管子注》十九卷（同房注卷数不同，故列为二）、马总的《管子要语》（在《意林》内）、杜佑的《管子指略》二卷、丁度的《管子要略》五篇等。②

综合来看，唐宋时期的《管子》研究主要表现在几个方面：一是对《管子》的校注等工作，出现了研究专著；二是对《管子》义理的评说，主要以散论的形式出现；三是对《管子》的传播，由于在流传过程中出现的种种情况，对原典的加工时有发生，故《管子》在这一时期的流传表现出一定形制上的改变，如原刘向所定的八十六篇在唐宋时期是以二十四卷的形式存在，再如对《管子》的刊刻形态的变化等。唐宋时期的《管子》研究是整个《管子》研究史的起步阶段，是基础的或开创性的。

---

① 张嵲：《读管子》，见黎翔凤《管子校注》后，中华书局2004年版，第1544—1545页。
② 以上所引著作来自严灵峰《周秦汉魏诸子知见书目》（第三卷），台北正中书局1978年版，第210—213页。

（三）元明时期

元明时期的《管子》研究在唐宋时期基础之上又有较快的发展。主要是因为《管子》的研究环境再一次变得宽松，如学术思想上明代心学趋于僵死，学术思想得以变革；经学的转型有利于子学的兴起，自然也利于《管子》研究的薄发；《管子》的外王政策有利于学者对王朝献言进策，实现经世致用的目的。因此，元明时期的《管子》研究在各方面都取得了可喜的成果。

在版本方面，明代《管子》的版本很多，而且形态多样，有补注本、白文本、校订本、评点本、套印本等。归纳起来，这些版本大多数属于两个系统，一个是刘绩的《管子补注》本系统，一个是赵用贤的《管韩合刻》本系统。其中，对后世影响最大的是赵用贤的《管韩合刻》本。该本是赵用贤在杨忱本的基础上详加校订并吸收刘绩《管子补注》本成果而成的，因此具有较高的价值，成为明末及整个有清一代最为通行的本子。

在评论方面，学者往往在著述的前言或后叙中有一些评价，基本上是对管仲和《管子》的论述。如赵用贤、朱长春、朱熹所言：

> 夫五伯莫盛于桓公，而管仲特为之佐。自其事羞称于圣门，而其言悉见绌。以为权谋功利，学者鲜能道之。及余读是书，而深惟其故，然后知王者之法，莫备于周公。而善变周公之法者，莫精于管子。……世之谭者曰帝降而王，王降而霸。自仲之说行，一变而入于夸诈之习，其末极于秦敕，尽去先王之籍而流毒天下，遂以管商为功利之首。夫商君惨礅少恩，卒受恶名于秦。而仲之政饰四维，固六亲，其论《白心》、《内业》，不可谓无窥于圣人之道，而岂徒以刀锯绳民如商君者，故虽吾夫子亦且大其功而以如其仁归之，奈何跻鞅于仲也？余惧夫读是书者不揆其修政立事之原，而徒辱之以权谋功利，使管子之所以善用周公者，其道不明于天下也。（赵用贤《管子序》）
>
> 按管氏于春秋为齐良五伯十二侯贤士大夫之首。能以区区海东抚弊之齐，起中衰大昏礼乱之末，佐外亡新定之公，用其臣民，三

岁治定,四岁教成,五岁兵出以万数,士方行东西南北无抗。三存
亡国,九合冢君,以卫周天子。此戋戋褊心之夫,刻急小察,足用
笼罩天下,驾使群后而莫訾议者,谓其内政转移,阴中阳外,欺诸
侯如弄眩儿。又以挟兵胁四国以必从,而变破师尚父古法,率其国
人,盱冲奋臂,众走于功名,则大坏三代世风,乃法家开焉。故曰
管仲之器小,不勉至王,乃称伯哉!要以引经扶义,束情从道,盖
过扬善,终信于同盟,其气象雍容,犹王者之遗焉。为相三十余年,
外无欺邻诈敌,内不施钺大臣公姓,下不草艾箕敛编民,而悠然伯。
如《齐语》所志内政军令具在,即局隘不可以王,亦岂如书谈之事,
乃至急削以诈乎哉?(朱长春《管子榷·校管子旧序》)①

《管子》之书杂。管子以功业著者,恐未必曾著书。如《弟子职》
之篇,全似《曲礼》,他篇有似老、庄。又有说得太卑,直是小意智
处,不应管仲如此之陋。其内政分乡之制,《国语》载之却详。……
《管子》非管仲所著。仲当时任齐国之政,事甚多,稍闲时,又有
"三归"之溺,决不是闲工夫著书底人。著书者,是不见用之人也。
其书老、庄说话亦有之。想只是战国时人,收拾仲当时行事言语之
类著之,并附以他书。(黎靖德《朱子语类》一三七卷)②

在著作方面,元明时期关于《管子》研究的著作比较多,可以说是
《管子》研究的兴起乃至较为兴盛的时代。不仅研究成果突出,而且研究
人员众多。比如:牟楷的《管仲书纠辩》、陶宗仪的《读管子随议》(在
《说郛》内)、刘绩的《管子补注》二十四卷、杨慎的《管子叙录》二十
四卷、沈津的《管子类纂》二卷(在《百家类纂》内)、张登云的《管
子参补》二十四卷、赵用贤的《赵校管子》二十四卷、陈继儒的《管子
隽》二卷(在《五子隽》内)《管子粹言》(在《古今粹言》内)《管子
类语》(在《诸子类语》内)、陆可教的《管子春秋玄言评苑》一卷(在
《诸子玄言评苑》内)、凌登嘉的《管子治略窾言》八卷、吴勉学的《校

① 朱长春:《管子榷》,《四库全书存目丛书》子部第三六册,齐鲁书社1995年版,第8—9页。

② 黎靖德:《朱子语类》,中华书局1986年版,第3252页。

刻管子》二十四卷、黄之寀的《校刻管子》二十四卷、张榜的《管子纂》二卷《管子评注》二十四卷（与朱长春合撰）、朱长春的《管子榷》二十四卷、郭正域的《管子评》、梅士享的《管子删评》六卷《诠叙管子成书》十五卷、焦竑等人的《管子品汇释评》一卷（在《新锲三状元会选二十九子品汇释评》内）及《注释管子评林》、黄中色的《管子摘要》、江腾蛟的《管子评注》、凌汝亨的《评注管子》、朱养和的《管子批评》二十四卷、归有光等人的《管子评点》二卷、李元珍的《管子类编》、陈仁锡的《管子奇赏》八卷及《管子选评》、李云翔的《管子拔萃》（在《诸子拔萃》内）、郭应响的《管子钩玄》二卷、姚镇东的《管子纂注》、葛鼎的《合刻管子》二十四卷、薛宏绎的《管子节阅》（在《诸子近编正集》内）等。①

　　综合来看，元明时期的《管子》研究主要在以下几个方面作出了贡献：一是在版本上，以杨忱、赵用贤等人为主形成的《管子》版本是继刘向《管子》整理后的又一大版本贡献，是后世传播与研究的主要版本来源；二是研究成果突出，唐宋时期只零星地出现了几部研究著作，而元明时代的突然兴盛昭示着《管子》研究主流时代的到来；三是《管子》研究的致用功能的凸显，《管子》是外王的最好教材，对其义理的研究在建言献策方面有十分重要的意义，因此《管子》是"经世致用"最为恰当的研究材料。

第二节　清代《管子》研究之成绩

　　清代《管子》研究上承宋明，下启近代，各方面都取得了较为杰出的成绩，无论从学者的数量上，还是从著作的质量上，都有空前的业绩。清代以考据学风为主流，则《管子》研究在众多的成绩中，也以训诂、考据为最大，其次为版本、校勘，再次为义理思想。就时代特色来说，清代前期及末期多以义理思想研究为主，中期多训诂考据为主。下面，

---

① 以上所引著作来自严灵峰《周秦汉魏诸子知见书目》（第三卷），台北正中书局1978年版，第213—229页。

以清代的三个分期为类，详细介绍清代《管子》研究所取得的成绩。

需要说明的是，关于清代《管子》研究的分期问题，整个清代的《管子》研究，可从研究取向上分为三个阶段，即明代遗风及提倡义理时期、训诂考据时期、经世致用及西学东渐时期。根据这三个时期，以清代帝王更迭前后次序，大致将清朝划分为三个时期，即以顺治、康熙、雍正、乾隆前期为第一时期，以乾隆后期、嘉庆、道光、咸丰、同治为第二时期，以光绪、宣统为第三时期。本文的划分依据主要是清代《管子》研究文献的大致内容取向，当然，《管子》研究者及研究内容不可能泾渭分明地分成这三个时期，并且每个时期也不可能只一个研究方向，而是一种浑同状态，故上面的划分有一定的局限。另外，下面所列《管子》研究文献主要参考了严灵峰的《先秦汉魏诸子知见书目》中的清代管子研究部分，同时也参照了个人收集到的一些资料，如《中国丛书综录》①、《管子文献学研究》②、《管子研究》③ 等研究文献，并配入了作者的简介，按语则引用上述诸书的叙述及个人观点。排序以成书大致年代前后为序。

一　清代前期

清代初期，学者从思想上对清朝存在抵触情绪，人们还深陷在战乱的困境中，因此在学术研究上处于停顿状态，著述上没有多少成果。虽然顾炎武一呼通经致用，而实际上学术风气依然延续了明末清谈义理之势，清初的《管子》研究就表现出这样的现象。现列举清初《管子》研究文献如下。

1. 陆贻典：《校管子补注》

陆贻典（1617—1686），字敕先，号觌庵，江苏常熟人，明末清初藏书家。读书室名"山泾老屋"、"玄要斋"，著有《玄要斋渐子》诸集。

按：书成于康熙五年（1666），据刘绩《补注》房玄龄注本用朱墨在

<hr />

① 上海图书馆：《中国丛书综录》，上海古籍出版社 1982 年版。
② 郭丽：《管子文献学研究》，中国海洋大学出版社 2007 年版，第 198—203 页。
③ 池万兴：《〈管子〉研究》，高等教育出版社 2004 年版。

杨忱本批校，又经黄丕烈复校，至前五卷止。丁丙的《善本书室藏志》、郭沫若等的《管子集校》有著录。国家图书馆有藏，手校本。

2. 马骕：《管子著书》（二卷）

马骕（1621—1673），字聪御，一字宛斯，济南邹平人，明末清初历史学家。博学好古，精研经史，致力于先秦史，精春秋左氏学，撰春秋《辨例》、《图表》、《随笔》、《名氏谱》等，又成《绎史》一百六十卷。

案：书成于康熙九年（1670），《管子著书》在《绎史》第四十四卷"齐桓公霸业"内，主要是节录《管子》原文，间有极简略的夹注，并附有《淮南子》有关管子的评说，总体上说是摘抄性质的文字，并无大发明。有康熙九年刊《绎史》本、同治七年姑苏亦西斋刊本、光绪十五年刊本和民国 26 年上海商务印书馆《万有文库》本。

3. 陈梦雷、蒋廷锡：《管子汇考》

陈梦雷（1650—1741），字则震，号省斋，晚号松鹤老人，福建侯官（今福州市）人。有《松鹤山房集》十六卷、《天一道人集》一百卷，奉敕编大型类书《古今图书集成》一万卷。蒋廷锡（1669—1732），字扬孙，一字西君，号南沙、西谷、青桐居士，江苏常熟人。有《青桐轩秋风》、《片云诸集》等，雍正朝时奉敕重编《古今图书集成》，在医学部有所贡献。

案：书成于雍正四年（1726），在《古今图书集成·经籍典》内，辑录《管子》有序录、书志、总论、艺文、纪事杂录五类，是研究《管子》不错的参考资料。有雍正四年铜活字本、光绪间上海图书集成局聚珍本、民国 23 年上海中华书局本和 1964 年台北文星书店本。

4. 方苞：《删定管子》

（详见第五章第二节）

二　清代中期

清代中期，考据学大盛，《管子》研究也随之而起。另外，经学考据已显颓废之势，一些经学大家将研究兴趣转移到子、史上来，成就了诸子学包括《管子》学的兴盛，清代《管子》研究以这一时期取得的成果为最，除了考据学即以传统文字、音韵、训诂等方法进行研究外，文献学手段即以版本、目录、校勘、辑佚为手段进行的研究也达到了相当成熟的程度。从文献传播的角度讲，清代中期的《管子》研究是其书籍的全面整理时期，此后的研究就是在清人整理的基础之上进行的。另外，这一阶段的《管子》研究出现了新的学术动向，即以《弟子职》、《内业》、《地员》、《小匡》等篇为目标进行的分篇研究有了突出的成绩。总之，清中期是《管子》研究史上的里程碑，是前期成果的总结，也是后期研究的基石，具有重要意义。现列举清中期《管子》研究文献如下。

1. 王元启：《弟子职补注》

王元启（1714—1786），字宋贤，号坦斋，浙江嘉兴（一作钱塘）人。著有《只平居士文集》、《惺斋论文》、《惺斋杂著》及《读韩记疑》等。

案：书成于乾隆五十一年（1786），在《惺斋先生杂著》内，《中国丛书综录》著录。

2. 任兆麟：《管子述记》

任兆麟（生卒年不详），原名廷轮，字文田，一字心斋，江苏震泽人。著有《竹居集》十三卷、《述记》四卷、《毛诗通说》二十卷、《春秋本义》十二卷等十余种。

案：书成于乾隆五十二年（1787），在《述记》内。主要节录《牧民》、《形势》、《权修》、《版法》、《枢言》、《八观》、《法法》、《大匡》、《霸言》、《戒》、《君臣》、《内业》、《封禅》、《禁藏》、《地员》、《版法解》、《轻重》诸篇文字，间或有双行简注。《中国丛书综录》著录。

3. 任兆麟：《弟子职述记》

案：亦在《述记》内，主要节录《弟子职》原文九章，断句间附校语，前有小叙。

4. 任兆麟：《弟子职集注》（一卷）

案：书成于乾隆五十三年（1788），在《合刻孝经弟子职集注》内，《诸子要目》著录。

5. 顾广圻：《校宋墨宝堂残本管子》（二十四卷）

顾广圻（1766—1835），字千里，号涧苹，别号思适居士，元和（今属江苏苏州）人。通经学、小学，尤精校雠学。著有《思适斋集》十八卷，又有《遁翁苦口》一卷。

案：书成于乾隆六十年（1795），以残宋本校赵用贤本，缺十三卷至十九卷。每卷末有"瞿源蔡潜道墨宝堂新雕印"墨记，末又有"瞿源蔡潜道宅校行，绍兴壬申孟春朔题"等字样。《铁琴铜剑楼藏书目录》著录。

6. 顾广圻：《管子》（二十四卷）

案：手校本，书亦成于乾隆六十年（1795），据绍兴刊本校订文字，北京图书馆由港运回，书目有著录。

7. 孙同元：《弟子职注》

孙同元（1771—?），字雨人，一作与人，浙江仁和人。

案：书成于嘉庆六年（1801），主要采《说文》、《尔雅》、《释名》、《礼记》及先秦汉魏诸书作注，前有王宗炎序、汪家禧序及自序，末有赵之谦题跋。有嘉庆六年梅东书屋刊本、光绪八年《仰视千一百九十二鹤斋丛书》重刊本、民国 18 年绍兴墨润堂书苑影印本、民国 24 年上海商务印书馆《丛书集成初编》本、1970 年台北艺文印书馆《百部丛书集成》影印本。

8. 姚文田：《管子古韵》

姚文田（1758—1827），字秋农，号海漪，浙江归安（今湖州市）人，精通小学、天文、历算。与严可均合撰《说文斠议》三十卷、《说文考异》三十卷；自著有《说文声系》三十卷、《古音谐》八卷、《四声易知录》四卷、《易原》一卷、《广陵事略》七卷、《邃雅堂学古录》七卷、《诗文集》十卷、《春秋经传朔闰表》二卷等。

案：书成于嘉庆九年（1804），在《古音谐》内。主要节录《管子》文句中有韵的部分，并将协韵之字加以圆圈标出，下注篇名或章名，依韵别类辑。有道光二十五年归安姚氏刊本、光绪二十一年重刊本。

9. 洪亮吉：《弟子职笺释》（一卷）

（详见第四章第二节）

10. 张道绪：《管子选评》（四卷）

张道绪（生卒年不详），生平事迹无考，曾著有《庄子选评》、《管子选评》、《荀子选评》、《韩非子选评》、《吕氏春秋选评》等（均在《文选十三种》内）、《周易义传合订》十五卷。

案：书成于嘉庆十六年（1811），在《文选十三种》内。主要据方苞删本选录《管子》各篇文字，略加增减，并加圈点、旁注，并引朱长春、张榜等评语附诸篇末，或双行夹注。前有《史记·管晏列传》。有嘉庆十六年人境轩刊本。

11. 洪颐煊：《管子义证》（八卷）

（详见第五章第三节）

12. 江有诰：《管子韵读》（一卷）

江有诰（？—1851），字晋三，号古愚，安徽歙县人。著有《音学十书》。

案：书成于嘉庆十二年（1807），在《音学十书》、《先秦韵读》内。同姚文田《管子古韵》类似，节录《牧民》、《形势》、《枢言》、《侈靡》、《心术》、《白心》、《七臣》、《度地》、《地员》、《弟子职》、《轻重》等篇有韵文字，用"○"加以句读，并注明部别、四声及叶韵。有嘉庆十九年刊本、民国17年上海中国书店影印本、1960年四川人民出版社复刊、1968年台湾广文书局影印"音学十书"本和1971年台湾艺文印书馆《百部丛书》影印本。

13. 庄述祖：《弟子职集解》（一卷）

（详见第四章第二节）

14. 王念孙：《管子杂志》（十二卷）

（详见第二章第二节）

15. 王绍兰：《管子说》（一卷）

王绍兰（1760—1835），字畹馨，号南陔，自号思维居士，浙江萧山人。于《仪礼》、《说文》致力尤深，著述三十余种，有《漆书古文尚书逸文考》一卷、《周人礼堂集议》四十二卷、《仪礼图》十七卷、《周人礼说》八卷、《周人经说》八卷、《说文集注》一百四十二卷、《袁宏后汉纪补证》三十卷、《读书杂记》十二卷、《思维居士存稿》十卷等。

案：书成于嘉庆二十五年（1820），据记载，国立北京大学图书馆善本书目有著录。手稿本。

16. 王绍兰：《弟子职古本考注》（一卷）

案：在《萧山王氏十万卷楼辑佚七种》内，《中国丛书综录》著录。有道光年间知足知不足馆抄本。

17. 陈昌齐：《管子正误》

陈昌齐（1743—1820），字宾臣，广东海康人。

案：书成于嘉庆二十五年（1820），据记载，《吕氏春秋正误》伍宗曜题跋曾提及。

18. 宋翔凤：《管子识误》（一卷）

宋翔凤（1779—1860），字虞庭，一字于庭，江苏长洲（今苏州吴县）人。著有《论语说义》十卷、《论语郑注》、《孟子赵岐注补正》、《大学古义说》、《孟子刘熙注》、《四书释地辩证》、《卦气解》、《尚书说》、《五经通义》、《过庭录》、《周易考易》等。

案：书成于道光五年（1825），在《过庭录》内。为札记一百五十八条，校诂管子重要文句，正其讹误，末附后语。有道光五年刊本、咸丰三年刊本、光绪七年会稽章氏重刊本、民国19年北平富晋书社影印本、民国间中国学会《周秦诸子斠注》影印本及1972年台湾广文书局影印《过庭录》本。

19. 王绍兰：《管子地员篇注》（四卷）

（详见第四章第四节）

20. 瞿镛：《校宋本管子》（二十四卷）

瞿镛（1800—1864），字子雍，江苏常熟人。著有《续海虞文苑诗苑稿》、《续金石萃编稿》、《集古印谱》、《铁琴铜剑楼词稿》等。

案：书成于道光三十年（1850），据记载，主要以宋刊本为底本，校订文字。其孙瞿启甲所编《铁琴铜剑楼藏书目录》著录。

21. 许瀚：《弟子职正音》一卷

许瀚（1797—1866），字印林，山东日照人。著有《韩诗外传勘误》、《攀古小庐文》。

案：书成于道光三十年（1850），《中国丛书综录》著录。有光绪七年《天壤阁丛书》刊本、民国24年上海商务印书馆《丛书集成初编》影印本。

22. 王筠：《弟子职正音》

（详见第四章第三节）

23. 马国翰：《管子内业》（一卷）

马国翰（1794—1857），字词溪，号竹吾，山东历城（今济南市）人。博览经史，文思敏捷。有《玉函山房辑佚书》七百余卷、《目耕帖》

三十一卷、《红藕花轩泉品》、《玉函山房文集》、《玉函山房诗集》等。

案：书成于道光三十年（1850），在《玉函山房辑佚书》"子编儒家类"内。主要是辑《管子·内业》佚文。有同治十年济南皇华馆补刊本、光绪九年长沙郎嬛馆刊本、光绪十年章邱李氏刊本、光绪十年楚南书局刊本。

24. 许光清：《管子校》（一卷）

许光清（生卒年不详），初名洪乔，一名丙鸿，字云堂，号心如，改号蕢那，别号天田牧，浙江海宁人。著有《阴骘文图证》、《校正详增间训周礼句解》、《尔雅南昌本校勘记订补》等。

案：此书约成书于咸丰元年（1851），未见，据《道家书目举隅》记载，有蒋氏宜年堂刻本。

25. 许光清：《管子校补》（二十四卷）

案：书成于咸丰元年（1851），在《涉闻梓旧》和《斠补隅录》内。主要据花斋本以影宋本校补元本。前有杨忱《管子序》。有咸丰元年蒋氏宜年堂刊本、民国 13 年上海商务印书馆影印本、民国年间武林竹简斋影印本、1970 年台北艺文印书馆《百部丛书》影印本。

26. 蒋光煦：《管子札记》

蒋光煦（1813—1860），字日甫、爱荀，号雅山、生沐、放庵居士，浙江海宁人。辑刻有《别下斋丛书》，《涉闻梓旧》；著有《东湖丛记》、《斠补隅录》、《花树草堂诗稿》、《别下斋书画录》等。

案：书成于咸丰十年（1860），在《涉闻梓旧》内。主要以元本为底本，用花斋本、影宋本、许光清校宋本等来校勘文字。

27. 周悦让：《管子通》（一卷）

周悦让（1809—1847），字孟白，山东莱阳人。著有《经通》十六卷、《倦游庵椠记》四十五卷及《倦游庵文集》等。

案：书成于同治元年（1862），在《倦游庵椠记·子通》内。《管子集校》引用校释书目提要著录。

28. 陈奂：《管子辨误》

陈奂（1786—1863），字硕甫，号师竹，晚自号南园老人，江苏长州（今苏州）人。毕生专攻经学，于《毛诗》用力最勤。著有《毛诗传疏》、《毛诗说》、《毛诗九谷考》、《毛诗传义类》、《郑氏笺考征》、《公羊逸礼考征》及《三百堂文集》等。

案：书成于同治二年（1863）。以宋绍兴蔡潜道宝善堂刊本为底本，并据赵用贤刊本校录，对校之余遂成此书。《著砚楼书跋》著录。

29. 陈奂：《校宋宝善堂本管子》

案：书亦成于同治二年（1863）。以宋绍兴二十二年蔡潜道宝善堂刊本为底本，用隆兴二年张嵲序本及赵用贤刊本加以校录，并与刘绩补注本对校。《著砚楼书跋》著录。

30. 俞樾：《管子平议》（六卷）

（详见第二章第二节）

31. 丁士涵：《管子案》（残稿）

丁士涵（1828—?）：字永之、刚臣，江苏元和人。师从陈奂。

案：书成于同治十二年（1873），未刊刻，为手稿残卷。存《形势》至《四称》篇，前有自序，云："经兵燹仅存《管子案》一书，然亦未得刊行。"《著砚楼书跋》著录。

32. 丁士涵：《管子注》

案：书成年代同上，未刊刻。以为尹知章注属空谈，刘绩补注亦疏漏，遂启遍遮义训而成是书。《著砚楼书跋》著录。

33. 丁士涵：《管子韵》

案：书成年代同上，未刊刻。《著砚楼书跋》著录。

34. 丁士涵：《管子臆解》

案：书成年代同上。戴望《管子校正》征引，于省吾《管子新证序》谓"有失翦裁"。

35. 丁士涵：《管子校本》（二卷）

案：此本成书年代不知，仅存第二卷，上有陈奂批字。王绍曾《清史稿艺文志拾遗》据《中国古籍善本书目三十六卷》著录。

36. 丁士涵：《管子校议》

案：此本成书年代不知，上亦有陈奂批字。王绍曾《清史稿艺文志拾遗》据《中国古籍善本书目三十六卷》著录。

37. 丁士涵：《管子按》

案：据记载仅存稿本。王绍曾《清史稿艺文志拾遗》据《中国古籍善本书目三十六卷》著录。

38. 戴望：《管子校正》（二十四卷）

（详见第二章）

39. 杨沂孙：《管子今编》

杨沂孙（1813—1881）字咏春，号子舆，晚署濠叟。常熟人。清道光二十三年（1843）举人。官至安徽凤阳知府。少时从李兆洛学诸子，精于《管子》、《庄子》。擅书法，尤爱"篆籀之学"，初学邓石如，后吸取金文、石鼓文、汉碑篆书等书体笔法，久而有独到之处，为清代有突出成就的书法家。辞官返里后，篆书名重一时，兼工篆刻。有《管子今编》、《庄子近读》、《观濠居士集》、《文学说解问讹》、《在昔篇》等。

案：成书年代不详。有稿本存于南京图书馆，据中国国家图书馆中国古籍善本书目联合导航系统著录。

40. 桂文灿：《弟子职解诂》

桂文灿（1823—1884），字子白，广东南海人。著有《四书集注笺》、《周礼通释》、《经学博采录》、《子思子集解》、《潜心堂文集》、《毛诗释地》、《广东图说》等五十余种。

案：书成于同治十三年（1874），在《南海桂氏经学》内。有同治年间刊本。《中国丛书综录》著录。

41. 张文虎：《管子校》（一卷）

张文虎（1808—1885），字孟彪，一字啸山，号天目山樵，南汇人。著有《舒艺室杂著》、《怀旧杂记》、《舒艺室随笔》、《古今乐律考》、《春秋朔闰考》、《驳义余编》、《湖楼校书记》等。

案：书成于同治十三年（1874），在《舒艺室随笔》内。主要根据尹知章注、《说文》、《尔雅》、《群书治要》、《艺文类聚》及王引之、丁士涵等说，校正文字讹误。有同治十三年冶成宾馆刊本、1968 年台湾大华印书馆《大华文史全书》影印本。

三　清代末期

清朝末期，汉学式微，宋学渐起。经世致用思想再次影响了整个学术界，因而学术研究产生了比较明显的转型。在《管子》研究上，清末学者抛弃了以子证经的治子思想，依通经致用之说而建立通子致用学说，将《管子》的治世之术宣扬开来，以传统学术为内在动力，以西学涌入为外在因素，两相结合而开创《管子》研究的新局面。无论是中体西用，还是西学释管，都毫无疑问地形成了《管子》研究的新风气，带有清代末期子学研究的鲜明特色，产生了一批颇有代表性的研究著作。现将清末管子研究成果罗列如下。

1. 宋枏：《读管子寄言》（二卷）

宋枏（生卒年不详），永川人。

案：书成于光绪十一年（1885），《贩书偶记》著录。有光绪十一年蜀东宋氏刊活字本。

2. 吴汝纶：《校勘管子读本》

吴汝纶（1840—1903），字挚甫，安徽桐城人。著有《深州风土记》、《东游丛录》、《桐城吴先生全书》、《桐城吴先生日记》、《尺牍续编》及《挚甫诗集》等，点勘古籍多种。

案：书成于光绪十一年（1885），在《桐城先生点勘诸子》内。主要依据《管子》房玄龄注本点勘文句，并圈点加眉评。有宣统元年衍星社排印本、宣统二年重庆启渝印刷公司排印本、1970年台湾中华书局影印改题"诸子集评"本。

3. 何如璋：《管子析疑》（三十六卷）

何如璋（1838—1891），字子峨，号淑斋，广东梅州人。著有《使东述略》、《使东杂咏》等。

案：书成于光绪十二年（1886），《管子集校》引用校释书目提要著录。前有自序，对房玄龄、刘绩、朱长春、王念孙诸家多所批评。有稿本存于上海图书馆。

4. 黄彭年：《弟子职句读》（一卷）

（详见第四章第三节）

5. 黄彭年《弟子职考证》（一卷）

（详见第四章第三节）

6. 黄彭年《弟子职补音》（一卷）

（详见第四章第三节）

7. 王贞：《弟子职诂》

王贞（生卒年不详），女，字慕贞，江苏太仓人。

案：书成于光绪十四年（1888），在《百本书斋藏书》内。《中国丛书综录》著录，有光绪十四年海阳韩氏刊本。

8. 杨钟羲：《弟子职音谊》（一卷）

杨钟羲（1865—1940），原名钟广，戊戌政变后改为钟羲，冠姓杨，字子勤，号梓励，又号雪桥、雪樵等，辽宁辽阳人。著有《雪桥诗话》四十卷、《留垞杂著》、《骈体文略》、《圣遗诗集》、《铁史余习》等。

案：书成于光绪十六年（1890），在《留垞丛刻》内。主要集洪亮吉笺释、庄述祖集解、王筠正音三书，并略加按语而成，末附洪亮吉、庄述祖、王筠原叙各一篇。有光绪十六年刊本、民国年间中国学会影印《周秦诸子斠注十种》本。

9. 杨钟羲：《弟子职音谊补》

案：书亦成于光绪十六年（1890），在《留垞丛刻》内。主要是对《弟子职音谊》的补充。附于《弟子职音谊》后。

10. 王懿荣：《弟子职正音》（一卷）

王懿荣（1845—1900），字正儒，一字廉生，山东福山（今烟台市）人。著有《汉石存目》、《南北朝石存目》、《天壤阁杂记》、《翠墨园语》等。

案：书成于光绪十六年（1890），《中国古籍校读》著录。严灵峰疑为王筠《弟子职正音》之误，未考。

11. 郭嵩焘：《读管札记》

郭嵩焘（1818—1891），字伯琛，号筠仙，晚号玉池老人，湖南湘阴人。著有《使西纪程》、《养知书屋文集》。

案：书成于光绪十七年（1891），《管子集校》引用《校释书目提要》著录，民国19年7月起发表于武汉大学《文哲季刊》第一卷第二期至第二卷第二期内。

12. 刘光蕡：《管子小匡篇节评》

刘光蕡（1843—1903），字焕堂，号古愚，陕西咸阳人。著有《尚书微》、《五经臆解》、《大学古义》、《史记货殖列传注》、《前汉书食货注》等，后人辑为《烟霞草堂文集》、《刘古愚先生全书》等。

案：该书初刻年代不详，在《烟霞草堂遗书》内。有民国10年王典章思过斋刻本。

13. 孙诒让：《管子札迻》

（详见第二章第四节）

14. 张佩纶：《白帖引管子》

张佩纶（1848—1903），字幼樵，一字绳庵，又字箦斋，直隶（现河北）丰润人。著有《涧于集》、《涧于日记》等。

案：成书年代不详。王绍曾《清史稿艺文志拾遗》据《中国丛书综录补编》著录。

15. 张佩纶：《抄太平御览引管》

案：成书年代不详。王绍曾《清史稿艺文志拾遗》据《中国丛书综录补编》著录。

16. 张佩纶：《管子学》（十二卷）

案：书成于光绪二十一年（1895），杂引先秦、汉魏诸子以及字书古韵以为眉批、旁注，并多异见，略嫌驳杂。末附民国17年戊辰张志潜述记。有宣统间影印本、民国17年手稿石印本、1971年台湾商务印书馆手稿影印本。

17. 张佩纶：《管子识语》

案：成书年代不详。王绍曾《清史稿艺文志拾遗》据《中国丛书综录补编》著录。

18. 邵承照：《弟子职章句训纂》

邵承照（生卒年不详），大兴人。著有《东篱纂要》、《肥城县志》、《五峰山志》等。

案：成书年代不详，在《安乐延年室丛书》内。《中国丛书综录》著录。有光绪二十一年山东书局刊本。

19. 江瀚：《管子识小》

江瀚（1857—1935），字叔海，号石翁，室名慎所立斋，福建长汀人。著有《慎立斋稿》、《北游》、《东游》、《片玉碎金》等。

案：成书年代不详。郭沫若《管子集校》引用《校释书目提要》著录。有光绪末年刊本。

20. 金廷桂：《管子参解》

金廷桂（1840—1921），字染香，晚号石顽老人，江苏常熟人。著有《史记札记》、《前汉书札记》、《管子参解》、《自娱吟草》等。

案：书成于光绪二十二年（1896），《常熟图书馆旧书目录》著录。有光绪二十二年排印本、民国 11 年排印本等。

21. 李宝淦：《管子文粹》（六卷）

李宝淦（1864—1919），又名李宝潜，字经宜、经畦、经彝、汉堂，晚号荆遗，江苏武进人。著有《三国志平议》、《诸子文集》、《汉堂诗钞》、《汉堂文钞》等。

案：书成于光绪二十三年（1897），在《诸子文粹》内。主要节选《管子》"牧民"、"形势"、"轻重"等篇重要文字共六十七条，删节并加断句，间附双行附注。有光绪二十三年原稿本、民国 6 年上海商务印书馆排印本。

22. 蒋德钧：《管子钞》

蒋德钧（1852—1937），字少穆，湖南湘乡人。著有《匡山图志》、《三通序》、《三才略》、《求实斋类稿》、《读史论略》等。

案：书成于光绪二十四年（1898），在《群书治要子钞》内。主要节钞《管子》之牧民、形势、权修、立君、七法、五辅、法法、中匡、霸形、言戒、君臣、小称、治国、桓公问、形势解、明法解、轻重诸篇文字，无注。有光绪二十四年湘乡蒋氏求实斋刊本。

23. 唐咏裳：《管子宙合篇补注》

唐咏裳（？—1914），字健伯，号允公，浙江杭州人。著有《周礼地官冬官徵》、《庸谨堂文存》、《疏花深梦草堂媚铁》等。

案：书成于光绪二十五年（1899），《中国古籍校读新论》① 著录。

24. 段凌辰：《管子集注》

段凌辰（生卒年不详），生平不详。

案：书成于光绪三十四年（1908），《中国古籍校读新论》著录。

25. 刘师培：《管子斠补》

刘师培（1884—1919），字申叔，号左盦，江苏仪征人。著有《中国民约精义》、《中国中古文学史讲义》、《黄帝纪年论》、《汉宋学术异同论》等。

案：书成于宣统二年（1910），主要依据宋杨忱刊本，引用类书，校

① 郑鹤声：《中国古籍校读新论》，台北世界书局 1947 年版。

正文字异同。有民国 25 年宁武南氏校印《刘申叔遗书》本等。

26. 于鬯：《管子校书》（一卷）

于鬯（约 1862—1919），字醴尊，一字东厢，自号香草，江苏南汇人。著有《香草校书》六十卷、《周易读异》、《尚书读异》、《仪礼读异》、《新定鲁论语疏正》、《史记散笔》、《古女考》、《香草随笔》、《香草谈文》、《花烛闲读》、《澧溪文集》和《闲书四种》等。

案：书成于宣统二年（1910），在《香草续校书》内。主要杂引先秦子史及清代王念孙、俞樾、张文虎等说，校正文句文义，并附己意。有 1961 年张华民点校本、1963 年台湾中华书局排印本。

27. 许玉瑑：《读管子》（一卷）

许玉瑑（生卒年不详），初名赓扬，字起上，号鹤巢，江苏吴县人。著有《诗契斋诗钞》。

案：书成于宣统三年（1911），在《诗契斋十种》内。《中国丛书综录》著录。有光绪、宣统间手稿本。

28. 陶鸿庆：《管子札记》（三卷）

陶鸿庆（1859—1918），字小石，号腰斋，江苏盐城人。著有《左传别疏》、《读通鉴札记》、《读诸子杂记》等。

案：书成于宣统三年（1911），在《读诸子杂记》内。主要据浙江书局校刻赵用贤本，引尹知章注、俞樾及王念孙父子说，校正文句。有民国 6 年文字同盟排印本、1959 年中华书局排印本等。

29. 王仁俊：《管子训纂》

王仁俊（1866—1913），一名人俊，字扞郑，江苏吴县人。撰有《汉书艺文志考证校补》、《补宋书艺文志》、《补梁书艺文志》、《补西夏艺文志》、《辽书艺文志补正》、《说文解字考异订》、《白虎通义集校》、《正学堂内编》、《碑板丛录》、《正学堂集外编》、《王氏著述目录》、《辽文萃》等。

案：书成于宣统三年（1911），《中国古籍校读新论》著录。

30. 王仁俊：《管子集注》（二十四卷）

案：书成于宣统三年（1911），王绍曾《清史稿艺文志拾遗》据《中国古籍善本书目三十六卷》著录。

31. 梁启超：《管子评传》

（详见第五章第四节）

32. 任大鹤:《弟子职选注》

任大鹤（生卒年不详），生平不详。

案：成书年代不详，暂附后。刘仲华《清代诸子学研究》的《清代诸子学著作目录》"法家类"著录。①

33. 黄巩:《管子编注》（六卷）

黄巩（生卒年不详），著有《孙子集注》。

案：成书年代不详，暂附后。刘仲华《清代诸子学研究》的《清代诸子学著作目录》"法家类"著录。

34. 杨深秀:《管子校误》（一卷）

杨深秀（1849—1898），字漪村或仪村，号夔夔子，山西闻喜人。维新变法人士，为"戊戌六君子"之一。

案：成书年代不详，暂附后。王绍曾《清史稿艺文志拾遗》据《中国丛书综录补编》著录。有民国 3 年成都书局刻本。

35. 王先谦《管子误文勘》（四卷）

王先谦（1842—1917），宇益吾，号葵园，湖南长沙人。一生著述达五十种，三千二百余卷，有《尚书孔传参正》、《诗三家义集疏》、《释名疏证补》、《汉书补注》、《后汉书集解》、《荀子集解》、《庄子集解》、《管子集解》、《虚受堂文集》、《虚受堂诗存》、《续古文辞类纂》、《骈文类纂》、《六家词抄》等。另还辑选了《皇清经解续编》、《东华录》等鸿篇巨制，校勘了《郡斋读书志》、《合校水经注》等。

案：成书年代不详，暂附后。王绍曾《清史稿艺文志拾遗》据《中国古籍善本书目三十六卷》著录。有清抄本。

36. 王先谦:《管子集解》

案：成书年代不详，暂附后。据郭沫若在 20 世纪 50 年代初期编写《管子集校》时，曾向社科院考古所借阅此书，后于《管子集校引用校释书目提要》中著录，曰："杨树达《积微居小学述林》卷七有'王葵园先生《管子集解》序'一文，曾函询杨氏该书下落，据查复，原稿已由王氏家人售出，不知去向。"②

---

① 刘仲华:《清代诸子学研究》，中国人民大学出版社 2004 年版，第 343 页。
② 郭沫若、闻一多、许维遹:《管子集校》，科学出版社 1956 年版，第 23 页。

37. 宋育仁：《管子弟子职说例》（一卷）

宋育仁（1857—1931），字芸子，四川富顺人。著有《时务论》、《泰西各国采风记》、《四川通志》等。

案：成书年代不详，暂附后。王绍曾《清史稿艺文志拾遗》据《中国丛书综录》著录。有问琴阁丛书本。

38. 李慈铭：《弟子职集解》（一卷）

李慈铭（1830—1894），初名模，字式侯，后改今名，字爱伯，号莼客，室名越缦堂，晚年自署越缦老人，会稽（今浙江绍兴）人。著有《越缦堂诗文集》、《越缦堂日记》等。

案：成书年代不详，暂附后。在《越缦堂杂著十二种》中，有稿本。

以上罗列之目所据为《清史稿·艺文志》、王绍曾的《清史稿艺文志拾遗》、严灵峰的《周秦汉魏诸子知见书目》所引，并参照池万兴的《管子研究》、刘仲华的《清代诸子学研究》、郭丽的《管子文献学研究》所述及参考文献所引，也有个别书目为中国国家图书馆"中国古籍善本书目联合导航系统"网络平台查得。其中部分为亲眼所见，其余为上述著述所引而转述，可略为清代管子研究文献之总成，除个别后面有专门章节讨论外，大部分清儒管子研究文献未作过多触及，全面而深入的研究尚需时日，并非一时一文可就，留待以后再论。

第三节　清代《管子》研究之内容

有清一代，《管子》研究出现了全盛的局面，各个方面都取得了骄人的成绩，尤其是在研究内容上，要比前代丰富了许多。因此，在整理清儒《管子》研究成绩的基础上，有必要理清清代学者在哪些方面取得了实质性的进展，即从哪些角度入手进行《管子》研究的。通过对上一节《管子》研究人员和著作以及言论的整理与总结，我们认为，清代《管子》研究有以下几方面的内容。

一 文字、训诂等小学研究

虽然说清代学术以考据学为学术标签有点不合实情，但作为最具特色的一项学术活动是不过分的。乾嘉以来，以考据为主要手段的学术活动极其普遍，清儒在以考据为手段的学术研究中取得了巨大的成就，并且逐渐形成了考据理论，构成了一门新兴的学问——考据学。考据学的主要构成是小学，即包括文字学、音韵学和训诂学，因此，清代《管子》研究内容的首要方面自然就是以文字、音韵、训诂为主的小学研究。

小学包含了文字、音韵、训诂，其实在文字学研究实践过程中，三者是很难划分得界限分明的。一般来说，在说解文字过程中，既有对字形的说解，也有对字音、字义的说解，也就是说，在文字解释中，字的三要素中哪一个对文字理解作用大，就用哪一个，有时候可能用到一个，也有时用到两个或三个。因此，小学研究的考察就是一个整体的认识，而分类只是一种主观的辨别，而无实际意义。本书对《管子》小学方面的研究内容也是在这样的观念下划分的，而实际文献中没有这样的界限。

（一）文字方面

在文字方面，清儒的《管子》研究中特别注重异体字、古今字、通假字等方面的辨别。由于在文献传播过程中人为的因素比较多，如传抄、刻板、方言地域差别、主观臆断等，导致文献在传播过程中与原本出现差异，再加上一些自然灾害的因素，如书籍焚毁、残缺、脱落等，也造成文献的变异。这样，在较为久远的文献中，版本间存在较大的差异是不可避免的。清儒认识到了这一点，因此文字研究是学术著作中较重要的部分。《管子》的研究正是如此，学者十分注重对文字差异的说解，并在著作中加以指出。

1. 指出异体字

异体字是由于地域、使用群体或年代等差异而形成的，又称或体，即以一个通用字体为中心形成的多个字体，其不同形体的字在使用过程中是没有差别的。《管子》一书本身流传至清代，时代久远，地域广阔，语言殊类，自然在某些文字中出现或体。清儒为扫清文字障碍，说解异体字是必需的工作。如：《七法第六》"百匿伤上威"，王念孙的解释：
"'匿'与'慝'同。'百匿'，众慝也。言奸慝众多，共持国柄，则上失
其威也。"① 日本学者安井衡亦以为"匿"与"慝"通，实与王氏一致。

在《管子》校释中，清儒一般用"同"或"通"一类的术语表达对
异体字运用的分析，"同"即为相同，"通"即通用，两者一律。清儒一
般很少用"通"表示通假，这是比较特别之处。

2. 指出古今字

古今字是由于历时变化、文字孳乳发展等原因而形成的，因此不同
时代所使用的文字形体是不同的。作为一种传承了近两千年的典籍，《管
子》的一些文字形体因不同时代而呈现出不同的状态。虽然古今字运用
对文字理解不会产生很大的影响，但理清文字的古今关系，对字义和文
字发展规律的认识还是有帮助的。如《兵法第十七》"不能用适者穷，不
能至器者困"，陈奂对此的说解："'适'，古'敌'字。'至'，古'致'
字。下文'不能致器者困'，'致器'二字当作'利适'。"②

在《管子》校释中，这样的例子很多，大多是由于文字分化孳乳而
形成的，古字与今字在字义上存在着很多联系，而且有时在字形上也有
一定的相似性，故在判定古今字上比较容易。对古今字的分析，清儒在
术语的运用上比较随意，如上面提到的"古×字"，还有"古当作×"、
"×字古文"等。

3. 指出通假字

通假字是由读音相同或相近的字借代本字，从而形成本字与借字的
通用与假借关系，主要是由于古代字义与读音的特殊关系而形成的。《管
子》文本由手工传抄到雕版刊刻，期间由于各种原因，也会形成一些文
字的通假现象，而且越到后期，这样的现象越为严重。清儒面对流传近
两千年的《管子》，指出并分析其中的通假现象，也是一项极为重要而艰
巨的任务。俞樾认为："诸子之书，文词奥衍，且多古文假借字，注家不
能尽通，而儒者又屏置弗道传写，苟且莫或订正，颠倒错乱，读者难

---

① 王念孙：《读书杂志》，江苏古籍出版社 1985 年版，第 418 页。
② 转引自黎翔凤《管子校注》，中华书局 2004 年版，第 327 页。

之"，故"治经之暇，旁及诸子"。① 如俞氏对《立政第四》"大德不至仁"的说解是："'仁'乃'人'之假字，谓虽有大德而独善其身，不能及人也。下文曰：'卿相不得众，国之危也。'即承此文而言，惟不至人，故不得众，'人'即众也。"②

由于声音相同或相近而通假，古书多有，《管子》亦类此。清代研究者皆有考据之法，亦有小学之功，对通假现象多所发现。在《管子》的注释中，此类现象普遍存在。清儒所用术语也不一致，如"×与×通"、"×乃×字假字"、"×读为×"、"×读曰×"。当然，由于清儒说解术语这种随意性，有时所用术语也并不完全就确定为这一类，还需要进行必要的文字学求证。以上两种文字运用现象所用术语仿此。

异体、古今、通假，本为古人用字的三种情形，但也造成了文字使用及解读的障碍，这就是为何后人以此为注释说解重点的原因。《管子》流传既久，此类文字现象固然不少，清儒对此也就说解颇多，从而也说明了清儒在小学方面的成就。

（二）音韵方面

音读是识字的辅助手段，也是教育的手段，更是文字孳乳的手段。由于时有古今，地有南北，语音差异在古代也是相当严重的，无论是分裂割据时代，还是统一集权制时代。音韵学从汉魏时期发轫，到清代已经相当成熟。清代的音韵学虽为治经的辅助物，但有人甚至认为其学术成绩超过经学或是其他学术。清代的音韵学始于清初之顾炎武，他著有《音学五书》，影响甚巨，其后学戴震、段玉裁、王念孙等均在音韵方面有很高的造诣。清儒在《管子》音韵的研究上也颇下功夫，尤其是利用音韵来释读通假、辨正误字、韵读、释义等方面有突出的表现。以下分述之。

1. 依据读音而辨识通假情况

我们知道，判定通假字的主要依据是读音，二者读音相同或相近，意义又毫无联系，则有可能就是通假字。《管子》一书历时愈久，其文字

① 俞樾：《序目》，《诸子平议》，上海书店出版社 1988 年版，第 2 页。
② 俞樾：《管子平议》卷一，《诸子平议》，上海书店出版社 1988 年版，第 7 页。

所含之通假现象则愈多，形成文字障碍，使后学难以卒读。因此，清儒的研究任务之一就是扫清文字障碍，通过音同音近而义通的通假原理而指出通假现象，解决文字因字形不同而义隔难通的问题。

借助通假原理来解读《管子》中的通假字现象，清儒著作中多所体现，如对《幼官第八》"刑则烧交疆郊"一句"交"、"郊"的理解，章炳麟先生曰：

> "交"借为"烄"、为"𤏋"。《说文》："烄，交木然也"，"𤏋，交灼木也"，与"烧"义相承。"疆郊"者，"郊"即"硗"之借。《左传》"数疆潦"，贾注："疆磽硗角之地。"《月令》"美土疆"，《注》："强硗之地。"是也。强硗之地，古人每以他物变化之。《月令》季夏之月云"硗薙行水，利以杀草，如以热汤，可以粪田畴，可以美土疆"，是即"烧烄疆硗"之谓。①

"交"与"烄"、"𤏋"为音同字，二者义相隔，故只能是通假，而不是古今字关系。"郊"与"硗"音近通假，文义因此而通顺。

其实，由于文字量的不足，古人往往以同音替代的方式来解决这个问题，有些字由于音同而义近的关系而没有形成通假，有些字音近义相隔而造成字义的障碍。当时可能并不觉得文义不能理解，因为这种义相隔的文字通用是被普遍承认了的。但随着岁月的流逝，义相隔的文字相通变得模糊直至不可理解，后学就会试图解决它，因此，找到一个读音相同或相近，字义又与文本相匹配的文字就成为必要，当一个合适的字出现时，通假关系便确立了。《管子》文辞古奥，又屡遭变故，数易其手，历代学者深有感触，这也是清儒特别是考据学者努力为之的原因，文字障碍不扫除，何谈考释，更何况义理。

2. 依据音韵而解决识字问题

先秦时期，一些成韵的骈句就已经出现，如《诗经》就是整篇用韵的诗歌样式，再如《左传》也存在一些用韵的句子。到汉代，随着用韵经验的积累，一种以用韵为主要形式的文章样式出现，那就是赋，并成

---

① 转引自黎翔凤《管子校注》，中华书局2004年版，第175页。

为汉代杰出的文学体裁展示于文学史中。因此，我们可以看出，早期的文学样式中，有韵文学正处于一个不断成熟的状态。《管子》成书于战国末年至汉初，书中自然也带有成韵的句子，其中比较明显的部分是《弟子职》，整篇用韵，这就为后学根据韵读来解决一些实际问题提供了条件。

清儒在这一点上作出了一定的贡献。他们根据韵读来改正《管子》中传抄错误之字。如对《牧民第一》"地辟举则民留处"一句，戴望解释道："朱东光本作'地举辟则可留处'，据尹《注》似亦作'地举辟'。举、处为韵，上下文皆协韵，此不宜独异。《轻重甲》篇曰'地辟举则民留处'，《事语》、《地数》二篇并曰'壤辟举则民留处'是其明证。"①"举"、"处"皆是上古鱼部字，故可押韵，戴氏的推断很有道理。

另外，还可以借助押韵来解决弟子教学中遇到的问题。在《管子》书中，《弟子职》是一部学校学则，为更好推行，《弟子职》采用韵文的形式使弟子读起来朗朗上口，非常有利于记忆乃至遵行。但传至清代，随着语音的巨大变化，这样的韵文有些地方也似乎不很顺口，需要清儒研究和阐释。当然，这类研究成果不仅仅是解决了音韵、义理方面的问题，更主要的是很好地传播了古代的教育理念。在这一点上，清代学者王筠成就最为显著，他有《弟子职正音》一卷，在读音方面做了两个方面的工作：一是给那些难认字和多音字标音，利于弟子的自学和互学；二是辨韵，即辨别各章和整篇的用韵情况，王筠在每一章后都有该章的用韵分析，特别说明"正韵"、"闲韵"和"叶韵"，并标出具体的韵字和数目，强化了音读的准确性，对初学者是非常有利的。

3. 依据读音而解决字义问题

音近而义通，是古代一个普遍承认的规律，所以有"右文说"的存在，也有以音而系联的同义字字群，更有以韵编排而成的辞典。因此，通过音近义同或音同义近的原理来解决义理问题就是训诂学上所说的因声求义，也可以用这种方法来探求语源。无论是从时间还是从地域的角度来考察，在古代汉语中，有相当数量的词语存在着音义之间的这种联系，因此，我们就可以通过词语语音与意义之间的联系来考求意义，不

---

① 戴望：《管子校正》，《诸子集成》第五册，上海书店出版社1991年版，第17页。

仅可以找到词语的基本特征，还可以追溯其得名的来源。

《管子》流传较久，地域较广，必然产生字源问题。清代音学成熟，有些学者就会探讨《管子》的语音，推求字源，乃至解决字义。在对《霸形第二十二》"何不当言"中"当言"的说解，王念孙在《管子杂志》中是这样解释的：

> "当言"，谠言也。谠言，直言也。蔡邕注《典引》曰："谠，直言也。"《皋陶谟》"禹拜昌言"，《孟子·公孙丑》篇《注》引作"禹拜谠言"。字亦作"党"，《逸周书·祭公》篇曰："王拜手稽首党言。"《尔雅》"昌，当也"，郭《注》曰："《书》曰：禹拜昌言。""昌"、"谠"、"党"、"当"，并声近而义同。①

"党"与"谠"为文字衍生关系，"党"、"当"、"昌"为同音或近音字，四者音近义同，故古书中有互用的现象。

其实，上面所提到的通假现象，也是一种由同音关系来找到本字的方法，找到了本字，也就间接得到文字的意义，与因声求义的原理是一致的。解决通假是为了排除同音替代的现象，解决了通假造成的形义分离现象，从而求得本字，从根本上说是依靠了因声求义的作用。

（三）训诂方面

训诂即解释，在文字方面就是解释字义。一般来说，文字除其常用义或者叫字典义之外，当它进入不同的语境之后，又形成不同的语境义，而这种语境义有时候并未被辞书收录。因此，遇到这种情况时，就需要有较深的文字学和文献学功底才能分析出其语境义。《管子》是一本早期文献，后人又多加附益、删改，故而难解之字很多。清儒在这方面做了大量的工作，他们埋首于文献，专注于考据，取得了丰功伟绩，为后学的研究打下了扎实的基础。

如，《五辅第十》"士修身功材"：

---

① 王念孙：《读书杂志》，江苏古籍出版社1985年版，第449页。

王念孙曰:"功",成也,谓修身成材也。《尔雅》曰:"功,成也。"《大戴礼记·盛德》篇曰:"能成德法者为有功。"《周官·槀人》"乃入功于司弓矢及缮人",郑《注》曰:"功,成也。"《庄子·天道》篇曰"帝王无为而天下功",言无为而天下成也。《荀子·富国》篇曰"百姓之力,待之而后功",言待之而后成也。"修身功材"与"任官辩事"、"任事守职",皆相对为文,是"功"为成也。尹说皆失之。①

俞樾曰:"功"读为攻,谓攻治其材艺也。尹《注》谓"士既修身,必于艺能有功",非是。②

王氏直接将"功"解释为"成",即成材,并以《尔雅》、《礼记》、《庄子》、《荀子》为书证,颇有考据之功,很有说服力。俞氏则认为"功"应是"攻"的通假字,本字为"攻",即治理,没有书证,有主观臆断之嫌。

清儒将注意力集中于文字训诂是有道理的,因为只有正确的训诂才能够获得正确的内容,得知正确的义理,这是首要的条件。《管子》古奥难读,文字错讹频出,确实需要花大力气去分析研究,清儒中有七十多人对此有过专门研究,并撰写了大量的著述,可见其不易,也显示出清代学者知难而上的勇气。考据之学确实是清代最具特色的学术活动,在各类学术研究中皆有应用,也取得了巨大成功。《管子》之所以在近现代有很多人去研究并取得了超迈前代的成绩,与清儒依考据而进行的文字训诂基础工作是分不开的。

二　校勘、辨伪等文献研究

清儒以校勘、辨伪、辑佚先秦诸子与其他古籍为研究之要,主要是受到当时学术思潮变化的影响。前此已涉及清代诸子学之成绩,作为《管子》研究之背景阐述。此处所述乃清儒在校勘、辑佚、辨伪方面的工

---

① 王念孙:《读书杂志》,江苏古籍出版社1985年版,第426页。
② 俞樾:《诸子平议》,上海书店出版社1988年版,第17页。

作，故列名目为文献研究。梁启超先生在《中国近三百年学术史》一书中，对清代学者整理旧学之成绩有相当精要的叙述，下面所述将有所涉及。在他的理论指引下，《管子》研究的文献学成绩亦可有目可张了。

（一）版本方面

一种书籍经过多次传抄、刻印或其他形式下形成的不同本子，我们统称为不同版本。严格来说，抄本每抄写一次就是一个不同的版本，刻本只要不是同一版刻也算不同的版本，即使是影印本、石印本也是如此。由于时代、地区、条件、写刻人等有所不同，各种版本之间，必然产生差异，具有不同的特征，如写或印的形式、年代、版次、字体、行款、纸张墨色、装订；内容的增删、修改、变化，以及一书在流传过程中形成而留存于书上的题跋、识语、批校、藏章印记等等。这种特征即构成一书的不同版本。清代书院盛行，各地藏书甚富，官刻、私刻书籍极其丰富，再者清代学术思想比较开放，并非只是尊儒礼经一路，故经、史、子、集，全面发展。因此，有清一代，书籍版刻，官刻家藏，大为流行。

清儒在《管子》版本方面乏善可陈，主要是以明代赵用贤的《管韩合刻》本为依据，进行考据、校勘等工作。唯一可以提得上对版本有所贡献的是戴望的《管子校正》本，该本是在唐尹知章所注本为底本，以刘绩《管子补注》本为主要参照材料，并同时对能力可及的其他版本如朱东光本、元刻本、宋本、中立本、绍兴本等相互比对，再吸收前贤时人对《管子》的研究成果，如王念孙、丁士涵、高诱、俞樾、宋翔凤、张文虎、陈奂、洪颐煊、日本学者安井衡等，故而在版本上有所创新，可以视之为不同于明代诸多版刻的又一新版本。因此，戴望的《管子校正》在清代《管子》版本成就上值得一提，也是后代学者所公认的。如巩曰国的论文就将其作为清代影响最大的《管子》版本对待。① 而且民国时期的学者大都以戴望的《管子校正》为研究参考。

在《管子》研究中，清儒的成果中虽然没有像明代刘绩、赵用贤那样的版本成绩，但清儒对版本的参照及相互比对还是相当重视的。他们尽可能地将看到的版本与工作底本相参照，以便得出合理的解释。戴望

_____

① 参看巩曰国《〈管子〉版本述略》，《管子学刊》2002 年第 3 期，第 18 页。

的《管子校正》之所以出众，就在于他参照了足够多的其他本子。王念孙治《管子杂志》时，是以家藏赵用贤《合刻》本为底本，并参照了刘绩《补注》本、孙星衍所采宋本、洪颐煊的考证和其子王引之的意见，由此可见清儒对版本的推重。通过不同版本的比对，择善而从，是清儒常用的方法。如对《七法第六》"世主所贵者实也"一句的校释，戴望曰："元本、朱本'实'皆作'宝'。"① 王念孙："'实'当从朱本作'宝'，下文'令贵于宝'是其证。又《侈靡》篇'万世之国必有万世之宝，必因天地之道'，'实'亦当从朱本作'宝'，下文'弃其国宝'是其证。"② 像这样的例子，在清儒所作的研究工作中，极其常见，而且往往信手拈来。可见，清儒已经将版本意识融入到文献研究的常态工作中去了。

（二）校勘方面

所谓校勘，即搜集某书的不同版本，并综合有关资料，互相比较、核对，别其同异，定其正误。该门学问开始于西汉的刘向，其《别录》一书，奠定了校勘学的基础。至宋代而独立门户，至清代而达鼎盛。《书目答问》所附清代学问家，其中列校勘名家三十一，可见清代校勘学之盛。另外，校勘之原理、方法、内容、范围、意义等校勘学的主要理论框架在此时就已经形成。近代校勘学开创者陈垣所提出著名的校勘四例，其实在清代学者的著述中早已经提及。梁启超先生说："注释之学，汉唐以来已经发达的很灿烂。清儒虽加精密，也不能出其范围，所以不必多讲。校勘之学，为清儒所特擅，其得力处真能发蒙振落。他们注释工夫所以能加精密者，大半因为先求基础于校勘。"③ 此后，他阐述了校勘学的四个特质（笔者案：实为校勘学的四种方法），并举俞樾之《古书疑义举例》的末三卷为清儒校勘学规律及经验的总结。

在这样的背景下，《管子》的校勘也取得了骄人的业绩。以王氏父子、孙星衍、洪颐煊、俞樾、戴望、丁士涵等为代表的一大批学者经过

---

① 戴望：《管子校正》，《诸子集成》第五册，上海书店出版社1991年版，第34页。
② 王念孙：《读书杂志》，江苏古籍出版社1985年版，第418页。
③ 梁启超：《中国近三百年学术史》，东方出版社1996年版，第249—250页。

一番努力，互为补充，刊谬正误，补漏发覆，使管学蔚为大观。总结起来，他们在《管子》校勘上的贡献主要有以下几个方面。

1. 指出各本的不同

这是校勘的最基本工作，即指出各抄本、版本文字内容的不同，而不作是非评说，也不妄下断语。这是以一种客观的心态来对待所校订的书籍，所提供各本之间的不同平等罗列，不加评析，为后学研究提供方便。这种存异而不论的学术态度也是可取的，它是在没有深入考证的基础上的一种阙如，是科学的态度。这要比那些强不知以为知，主观臆说的态度要好得多。

《管子》一书古文古训极多，讹衍脱倒现象亦不少，通过各版本的对比，自然会发现其中的问题。如何处理这些问题，是清儒必须直面的。存异而不论是其中一种做法，这种做法应用得比较好的当属戴望，其《管子校正》中每遇到版本上的不同时，首先便是通过对比后列出各版本之间的不同，当不能考证其孰是孰非时，戴望便只列出其异，而不作评判。如《枢言第十二》"万物之指也"一句，戴望曰："宋本'指'作'脂'。"① 至于二本何者正确，戴氏不作评判。也有的列出版本不同之后引用其他学者的评判，如《七法第六》"必顺于礼义故不礼不胜天下"一句，戴望曰："宋绍兴本、杨忱本'礼'皆作'理'。丁云：作'理'是也，《形势解》俱是'理'字，《吕览·劝学》篇'此生于不知理义'。"② 此处即引丁士涵所注为二字的判断，而戴望自己亦不作评判。也有的列出版本之异后下断语，这是后面讨论的问题，此处暂不论。

校勘的本意即是校出异同，这种目的极易达到，只要有条件罗致各种抄本、版本之类的就可办到，对学者学术水平的要求不是很高。但既要校出异同，又有所判别，是校勘的更高层次，也需要学者具有较高的学术水平。因此，存而不论是校勘的基础工作，清儒大多擅长校勘，也不仅仅局限于阙如的态度，他们要靠着自己富有的学识、经验和大量的文献来略下已意，做出求证。

---

① 戴望：《管子校正》，《诸子集成》第五册，上海书店出版社 1991 年版，第 72 页。

② 同上书，第 35 页。

2. 指出版本之中存在的讹衍脱倒

这一点应该说是清儒所做的核心工作，后学就是以此来肯定清人的成绩的。梁启超所谈到的清儒擅长校勘之学，指的就是这一点。确实，以清儒的学术思想来看，校勘是先于其他学术研究的最为根本的工作，没有校勘，就不可能涉及注释、义理、辨伪等事情，这是清儒重视校勘的主要原因，所以清儒在古代典籍的校勘方面成绩是非常突出的。但纯粹的阙而不论并不能显示出学者的真正学识水平，所以，大多学者是在校出异同之后接着判断是非，并引用大量书证，显示其校勘能力。

《管子》流传既久，可校勘之处甚多，这也是清儒将注意力集中于《管子》的原因之一。清儒指出《管子》众多版本之间的异同，并判断其中的是非，或者指出传抄过程中的讹衍脱倒之误，此工作可谓得心应手。乾嘉学者此方面尤其杰出，如王氏父子、俞樾、孙诒让、戴望等，他们将校勘与考据结合起来，既体现了其判断的准确性，又展示了其宽广的学术域度和良好的把握文献的能力。如《形势第二》"抱蜀不言而庙堂既修"，王念孙赞同朱东光本的"蜀"为"器"之误，并断定"修"为"循"之误，并引诸多文献佐证。① 此为误字。再如《乘马第五》"理不正则不可以治而不可不理也"，丁士涵和戴望都认为此句中有衍文，丁氏认为此句衍"理"及最后一个"不"字，此句依此应表述为"不正则不可以治而不可不理也"；戴氏认为此句衍"以"及"而不可不理也"七字，此句依此应表述为"理不正则不可治"。② 又如《法禁第十四》："财厚博惠，以私亲其民者，正经而自正矣"，王念孙认为"财厚"当依注作"厚财"，此言废上之法制，及厚财博惠，以私亲于民者，皆圣王之所禁也。"厚财博惠，以私亲于民者"，与"正经而自正矣"文义不相属，两句之间当有脱文。③ 此例说明倒文与脱文。

由于工作底本有优劣之分，所以所要校勘的文字有多少之别，再加上学者对文字讹误现象的判断水平有高下，因此我们要正确对待清儒的校勘成果，对校勘结果要有所甄别。但可以肯定的是，清儒在《管子》

---

① 王念孙：《读书杂志》，江苏古籍出版社 1985 年版，第 411—412 页。

② 戴望：《管子校正》，《诸子集成》第五册，上海书店出版社 1991 年版，第 25 页。

③ 王念孙：《读书杂志》，江苏古籍出版社 1985 年版，第 432 页。

校勘上的成绩是主要的，也得到了后学的承认。如郭沫若等人所编的《管子集校》、黎翔凤所著《管子校注》所引用的书证大量是清儒所取得的，特别是校勘方面的成果。

3. 说明致误的原因

指出文字之讹衍脱倒，并以校勘之法证实它，已经体现了清儒校勘的较高水平，但有些学者并不满足于此，而是在校正错误的同时，指出导致失误的原因，这就更展示了他们一流的校勘功夫和丰富的校勘经验。古籍在传抄、版刻过程中致误的原因有多种，有的是因为文字音近或形近而误，有的是因为后人不明原文之义而误抄，有的是因为古书流传过程中自然的损耗而致误，如自然灾害、磨损、断裂等，也有的因为避讳等而误。清儒的分析是在文献阅读及体验过程中获得的，所以具有十分接近事实的合理性，这也是后学崇尚清儒学术的缘由。

《管子》自刘向整理后以定本流传，几经传写，其内容有所改易。清儒有意识地发现文字的讹误现象，并指出致误的原因。如《版法第七》"安高在乎同利"，张佩纶云："'同利'当作'利民'，因《解》与天下同利，而唐写本又避'民'字，辗转致误。《解》'能以所不利利人，能以所不有予人'，正申明利民之意。贤、民为韵。"① 此因避讳而辗转致误。

清人在《管子》校勘方面确实是非常注重的，并且笔者认为在清代《管子》研究总成绩中排名第一。另外，清儒的校勘成绩不仅仅局限在《管子》原文上，而且针对后学的研究成果也做了大量的校释。如对唐代尹知章之注，清儒就下了很大力气，在他们各自的著述中皆有体现。再者，清儒在校释方面有良好的学术风气，他们互相吸取研究成果中有益的成分，互相砥砺、切磋。如王念孙、王引之、孙星衍、洪颐煊等人在校释《管子》时就互相参照他家之说，参以己意，成一代学术之作。

（三）辨伪方面

辨伪是通过对古籍本身的鉴定或辨认，来确定古籍真伪的一项活动。一般分为古籍形态（即名称、作者、年代等）和内容（即事实、论述等）

---

① 转引自黎翔凤《管子校注》，中华书局 2004 年版，第 131 页。

的考辨，形态的考辨一般是与版本学、目录学相联系的，内容的考辨一般是与校勘学、历史学等相联系。辨伪的目的不是为了剔除伪书，而是为了更好地考证清楚这些书的真实情况，以便人们了解其价值和正确地利用。清代是辨伪的兴盛时期，这一时期不仅有大量的辨伪著作出现，而且在于理论上的建树。梁启超认为："清儒辨伪工作之可贵者，不在其所辨出之成绩，而在其能发明辨伪方法而善于运用。对于古书发生问题，清儒不如宋儒之多而勇，然而解决问题，宋儒不及清儒之慎而密。宋儒多轻蔑古书，其辨伪动机，往往由主观的一时冲动。清儒多尊重古书，其辨伪程序，常用客观的细密检查。"① 梁氏还着重叙述了清儒考辨伪书之细密之法，其考证之细，可见一斑。

清代辨伪成就最为突出者，当数清初学者姚际恒，他既有专书的辨伪，如《尚书通论》、《礼经通论》、《诗经通论》等，也有专门的辨伪书，如《古今伪书考》。姚氏也将《管子》一书作为考辨的对象，他认为《管子》是真书中夹杂着作伪的成分，他说："其《大匡》、《中匡》、《小匡》诸篇，亦本《论语》'一匡天下'为辞。又曰：'召忽之死也，贤其生也；管仲之生也，贤其死也。'亦本《论语》。又'兵车之会六，乘车之会三'，本《国语》。又言'《春秋》所以纪成败'，管未见《春秋》也。《汉志》八十六篇，今篇数同。大抵参入者皆战国周末之人，如稷下游谈辈，韩非李斯辈，袭商君之法，借管氏以行其说者也。故司马迁尝取之，以为《封禅书》。"② 俞樾的《古书疑义举例》，虽不是专门的辨伪书，但疑古之风颇烈。他的书中有"古书传述异同例"，关于《管子》，他说，《国语·齐语》本齐国史记，而《管子·小匡》篇多与《齐语》同，而稍变之，由管氏之徒，刺取国史，以为家乘，于是更易其文，专美夷吾。③ 可见，俞樾疑《管子》为伪的思想不下姚际恒。另一本对《管子》辨伪有所贡献的是《四库全书总目提要》，《提要》所著录之书，不为辨伪而来，但明斥或怀疑一些书为伪，其中就包括《管子》。《提要》说："今考其文，大抵后人附会，多于仲之本书，其他姑无论。即仲卒于

---

① 梁启超：《中国近三百年学术史》，东方出版社 1996 年版，第 276 页。
② 姚际恒：《古今伪书考》，《姚际恒著作集》第五集，台北出版社 1933 年版，第 57—58 页。
③ 俞樾等：《古书疑义举例五种》，中华书局 1958 年版，第 44 页。

桓公之前，而篇中处处称桓公，其不出仲手已无疑义矣。"① 梁启超总结已有的辨伪成果，将伪书分为已定案、未定案、全部伪、部分伪、人名伪、书名伪等几类，将《管子》放入"撰人名氏及时代错误者"一类，他说："《汉书·艺文志》题为管仲、商鞅作，乃汉人误推。大抵属战国末年法家者流所编集。"②

辨伪的目的是发现古书的价值与正确利用，《管子》成书历来受学者争议，自梁启超之后，此争议便不再出现，大多遵从梁先生的结论。那么，辨伪为后人《管子》的研究提供了启示，即考证某些篇目产生的时代，根据时代的断定来重新定位其价值，以便更好地加以利用。

(四) 辑佚方面

辑佚是通过对其他传世文献中所保存的引用已经失传的文献材料加以收集整理，得到或恢复全部或部分的佚失文献的学术活动，这种活动的结果是得到佚失的文献，这个文献称为辑本或辑佚本。宋代的王应麟是较早从事辑佚工作的学者，他辑成的《三家诗考》和《周易郑氏注》成为较早的辑佚文献。南宋的郑樵是最早的辑佚理论与方法的倡导者，他的《通志·校雠略》标志着辑佚学的发端。辑佚学发展到清代，已经成为专门之学，辑佚工作遍及经、史、子、集各方面，辑佚理论全面成熟，从事辑佚的学者很多，而且形成一大批较有影响的辑佚成果，如四库馆臣从《永乐大典》中辑出四百多种佚书，严可均辑《全上古三代秦汉三国六朝文》七百七十六卷，马国翰辑《玉函山房辑佚书》六百零一种，七百零一卷，等等。清代是辑佚学兴盛的时代，辑佚实践不仅丰富了古籍的品类和种数，而且弥补了传世古籍的缺陷。

《管子》乃传世文献，不存在全佚情况，但部分散佚是有可能的。我们知道，《管子》最初经刘向整理，最后定本，据《汉书·艺文志》著录，其书八十六篇，其中十篇有目无文，即《王言》、《谋失》、《正言》、《言昭》、《修身》、《问霸》、《牧民解》、《问乘马》、《轻重丙》、《轻重庚》，另外《封禅》是从司马迁《史记·封禅书》中选取管仲的言论补

① 《管子提要》，《四库全书》子部法家类。
② 梁启超：《中国近三百年学术史》，东方出版社 1996 年版，第 285—286 页。

上的，实际也属佚篇。这些篇目唐之前就已经亡佚了，因为尹知章所注之《管子》就没有了以上十一篇的内容。虽然《管子》亡佚十一篇之巨，但清儒对辑补传世古书的工作并不感兴趣，因此在《管子》的辑佚上并没有下多少功夫，只少数几人有过努力，其中以洪颐煊成绩较为突出。洪氏在《管子义证序》中说："今本《管子》阙《王言》、《谋失》、《正言》、《言诏》、《修身》、《问霸》、《牧民解》、《问乘马》、《轻重丙》、《轻重庚》凡十篇。据《文选注》引江邃文释《管子》曰：'夫士怀耿介之心，不荫恶木之枝。恶木尚能耻之，况与恶人同处？'《管子》无此文。李善曰：'今检《管子》，近亡数篇，恐是亡篇之内而邃见之。'《史记·封禅书索隐》云：'今《管子·封禅篇》是也。'尹知章注《封禅》篇云：'元篇亡，今以司马迁《封禅书》所载《管子》之言以补之。'则此篇之亡又在司马贞所见本后，故自汉魏以迄隋唐，《管子》著录以《北堂书钞》、《初学记》、《艺文类聚》、《太平御览》诸书所引证之，即是今本，其间有不在今本中者，或在阙篇之中，或是他书引《管子》之言，非复有别本也。"① 这段文字说明了这样几个问题：一是《管子》在流传过程中有散佚现象，洪氏认为这只是典籍的阙失，而不是别有所本；二是《管子》的辑佚应当依据史书及类书所引；三是《管子义证》中也对《管子》进行了辑佚并附于书末。虽然我们从现今所刻《管子义证》中没有发现洪氏所辑佚的《管子》佚文，但对他所作的贡献应当给予肯定。

辑佚之事用力甚勤，所得成果却能作为后此之学者研究的参考，功不可没。清代辑佚盛行，辑佚成就巨大，为后世提供了丰富的可研究之资。《管子》一书亡佚十一篇，清儒对此所辑不多，或再次散佚。因此，当今学者有必要对此作一番努力。当代学者巩曰国曾辑得十九条，② 对《管子》研究是十分有意义的。

总之，清儒在《管子》的文献研究方面作出了极大的努力，其中以校勘成就最大，这种成绩的取得也是和清儒在小学研究上极为擅长分不开的。再者，校勘是注释的前提，没有正确的校勘就难以得到符合文本

---

① 洪颐煊：《管子义证》，《续修四库全书》子部法家类，第 970 册，上海古籍出版社 2002 年版，第 511—512 页。

② 巩曰国：《管子佚文考论》，《管子学刊》2004 年第 4 期，第 20—24、45 页。

原意的释义，故清儒特别注重校勘。清儒在《管子》的辨伪、版本、辑佚三方面都有所贡献，在这几个方面，戴望、姚际恒、洪颐煊三人成绩相对突出。

三 章句、义理等思想研究

有清一代，学风数变，清初与清末倡"经世致用"之风，古籍研究以思想义理为重；清中行"皓首穷经"之实，古籍研究以训诂考据为要。《管子》研究持续于整个清代，其研究内容以训诂考据较为杰出，但也并不摒弃章句义理之学，清初与清末之义理研究自不待言，清中训诂考据也在"义理明由训诂明"的思想指导下走上以训诂代义理的道路，其实训诂之归属仍然是义理。因此，整个清代的《管子》研究除校勘考释之外，义理思想之张扬也占有一席之地。

清初《管子》研究多袭明代遗风，固守儒学之清谈，回归王道之本真，故其研究多为坐而论道，或以意删节，不喜《管子》所提之霸道风尚。因此，有些学者对《管子》乃至法家总体评价不高。清初张尔岐认为法家坏人心，败德业，他说："若《申》、《韩》、《管》、《商》及稗官小说，最坏人心，败人德业，不可不慎也。"[①] 对《管子》多加否定的是方苞，他说："《管子》之用《周礼》也，体式之繁重，一变而为径捷焉，气象之宽平，一变而为严急焉。非欲为此也，势也。盖周公之时，四海一家，制礼于治定功成之后，故纪纲民物，可一循其自然之节，以俟其迟久而成。管子承乱，用区区之齐，将以合势之散，正时之倾，非及其身不能用也，非及其君之身不能用也，而岂可俟哉？惟欲速而苦其难成，故其行之也，亦不得不严且急焉，是管子之不得已也。然《周官》之作，依乎天理，以尽万物之性；而管子之整齐其民也，则将时用以取所求，是则其根源之异也。"[②] 方苞认为《管子》之礼繁重而严急，急功近利，与周公制礼之根本相乖离，最后他认为《管子》"其学既离道而趋

---

① 张尔岐：《蒿庵闲话》，《四库全书存目丛书》子部，第 114 册，齐鲁书社 1995 年版，第 298 页。

② 方苞：《读管子》，《方苞集》卷二，上海古籍出版社 1983 年版，第 37—38 页。

于术"。① 方苞有《删定管子》一卷，大致删去的是那些言语不通和思想诡异的部分，或已意取之。

除此之外，清初另外一些学者受"经世致用"之影响，厌恶明末空谈之习气，从实用角度出发，对《管子》及法家思想给予充分的肯定。清初学者刘献廷，就颇好《管子》书，曾说："《管子》虽不全出敬仲之手，而其经世，允为一家之言，自是宇宙间不可少之大章句，三代而后经纶天下者，俱不能出其范围。儒者过信孟轲氏之言，束之高阁，不思仲尼以仁许管仲是何意旨，可叹也。……《管子》虽不纯乎一家言，自是经世奇书。……三代而后，欲经纶天下者，非颍上遗言何从着手。诸葛孔明为千古一人，其学术全从此书出。"② 这完全是从经世致用的立场出发肯定《管子》的价值。张履说："《管子》实致用之书，李悝之平粜、贾谊之积贮、晁错之言兵、诸葛武侯之毋赦皆本于此。至《度地》一篇，亦后世治河之所当考也。而余尤爱其《入国》篇，谓九惠之教俾老幼孤独疾病穷困皆得其所，诚能是，民之生其时者何其幸与！"③ 此为《管子》实用之学的张扬。

清中期考据学兴盛，清儒治学以实学著称。但在义理方面的研究并不突出，这主要是因为考据学者过分重视考据，即注重一词一义之训诂而轻视了义理的发掘。虽说一词一义之释也是义理的基础部分，但对句段篇章乃至总体思想的研究没有提高到应有的地位。"训诂明而义理明"只是为读者提供了一定的理解典籍的条件，却没有更明确地表达出撰写者的意图和研究者的理解，笔者认为这是不够完美的。另外，从思想上说，清儒极力避免宋明空谈思想心性之风，故试图避免空疏义理的发挥，只做考据功夫，少谈义理。

但绝不能认为清代中期的学者就放弃了对《管子》义理的追求，既然明训诂的目的是明义理，那么对《管子》的解释怎么能完全抛开义理呢？乾嘉学者王念孙，著有《读书杂志》，其中《管子》部分就有对其义理的说解，王氏主要是解决《管子》书中的讹误的，而讹误的解决则以

---

① 方苞：《删定荀子管子序》，《方苞集》卷四，上海古籍出版社 1983 年版，第 86 页。

② 刘献廷：《广阳杂记》卷三，中华书局 1957 年版，第 161—163 页。

③ 张履：《续书管子后》。转引自刘仲华《清代诸子学研究》，中国人民大学出版社 2004 年版，第 251 页。

疏通文义为前提，因此他在辨误时就要先释文义，后指明文字讹误之处。之后有学者戴望则对《管子》义理给予更多的关注，他的《管子校正》就显示出考据与义理并重的特征，如对《形势》篇的理解，《管子》书本身有《形势解》，尹《注》又作了补充说明，其实对形势的理解已经够明确的了，但戴望不满足于此，而是引用刘向所叙，指出"山高名形势"，以地理状况来解释形势，这对《形势》篇的理解更形象化了，作用是显而易见的。

清末重拾致用之学，诸子研究已经从学术边缘走向了学术的主流。晚清学者更加关注先秦诸子匡弊救世的实用功能，并开展更为广泛的子书整理与研究，而此时清儒的兴趣不仅仅停留在对子书的校勘与训诂上，而是在义理方面作了极大的努力，并且随着西学的传播，诸子研究汇通中西，倡明义理尤其显得突出。曾国藩是晚清倡导子学经世的著名学者及政客，他说："周末诸子各有极至之诣，其所以不及仲尼者，此有所偏至，即彼有所独缺，亦如夷、惠之不及孔子耳。若游心能如老、庄之虚静，治身能如墨翟之勤俭，齐民能以管、商之严整，而又持之以不自是之心，偏者裁之，缺者补之，则诸子皆可师也，不可弃也。"① 此言仍然维护了班固《汉志》中诸子乃六经之支与流裔的观点，还是从儒家正统的观点来考察诸子的，但我们从中可以发现，晚清学者开始重视诸子义理思想的价值，并且有的学者将研究的重点转向了诸子。

《管子》的经世致用特征更为明显，自然会被当作研究的对象。其中以融通中西之学于《管子》研究的成果最具代表性。近代科学与民主的启蒙思想家之一郑观应，非常称道管子的财政政策，他说："商务者，国家之元气也；通商者，疏畅其血脉也。试为援古证今，如太公之九府圜法，《管子》之府海官山，《周官》设市师以教商贾，龙门传货殖以示后世。当时讲求商法，与今西制略同。"② 这种将《管子》与西方各种相关制度进行对比研究，是晚清《管子》研究的一大亮点，使《管子》研究具有强烈的时代特色。此后，梁启超著《管子评传》，全面评价了管子的一生，重点剖析了管子的法治理想和经济思想，并兼论管子的爱国主义

① 曾国藩：《曾国藩全集·日记一》，岳麓书社 1987 年版，第 652—653 页。
② 郑观应：《盛世危言》，华夏出版社 2002 年版，第 304 页。

以及教育、外交、军事等，但梁氏更多的是从西方法制与经济制度的视角来审视《管子》，书中充斥着大量的"新式词汇"，因而在《管子》义理思想的说解上融入了近代西方工业文明的东西，特别是在制度、思想、政策等方面。

总的来说，《管子》的义理研究在清代只是一个起步，在经世致用思潮下有所发展，继而在西学东渐影响下又有所改进，体现了《管子》研究是在整个学术思想大背景下的律动，符合学术前进的节拍。

第四节　清代《管子》研究之影响

《管子》研究自唐以来渐为流行，至清达到研究的鼎盛时期。清代的《管子》研究以考据与义理研究为主要特色，形成一系列颇有影响的研究成果。可以肯定的是，有清一代的《管子》研究是中国传统学术的重要组成部分，也可以说是中国传统学术在《管子》研究上的集中体现。如果我们把清代《管子》研究作为传统学术的代表的话，近现代的《管子》研究就是西方学术和现代学术的代表。从研究手段和内容上看，清代的研究多采用考据法来训释义理，近现代的研究则用现代学科体系来关照义理。当然，传统与现代的研究并不是截然分开的，现代研究或多或少吸纳传统研究的精华，或受传统研究的影响。清代《管子》研究成绩斐然，必然会对后世《管子》研究产生影响。笔者以为，清代管子研究对后世研究的影响主要有以下数端。

一　清代管子考据成果为后世所接受

清代以考据为显学，并以考据成果影响于后世。在进行具体的考据活动时，必然有两个方面准备，一个是证据，一个是证明。证据是形成科学考据成果的基础，证明是形成观点的论证过程。清代考据学的形成是建立在长期的、大量的实践基础之上的，并且将实践经验上升到理论认识，促使考据学学科体系建立乃至鼎盛。清代考据工作以经学为主，兼及子史。《管子》是先秦诸子中极为著名的一种，并在安邦治国的实施策略上有其他诸子不具备的优势，而清朝又是一个多事且纷乱的时代，急需一门有效治国之学问来为我所用。另外，《管子》辗转既久，传抄讹误极多，文字漫灭难读，考订注释文字义理则为当时学界政界的迫切任务。因此，清代《管子》研究以考据为核心的一系列成果应时而出，订文字而明义理，经世致用，成就了一番宏烈之业。在诸多《管子》考据成果中，不乏有真知灼见者，对时贤及后世学人产生影响。

（一）文字考证的影响

有清一代，学者在语言研究方面以小学见称，而小学是以文字、音韵、训诂三学构成。一直以来，小学都是经学的附庸，以解经为最终目的，因此，小学长时期与经学相伴，并发展为一门相当成熟的学科。当清儒将学术关注投放到诸子的时候，小学便成为最恰当的解子工具。清儒对《管子》以考证见长，文字考证尤为重中之重，他们的考证成果为后学所重视，并被普遍引用。

近人颜昌峣有《管子校释》一书，以光绪五年景宋常熟瞿氏铁琴铜剑楼藏宋杨忱本为底本，以明赵用贤本为参校，并参考清代王念孙《读书杂志》、俞樾《诸子平议》、戴望《管子校正》、孙诒让《札迻》等，一合己意，则全采上述诸子之说，不加删改。如：

> 《牧民第一》：地辟举则民留处。
> 举，尽也，言地尽辟，则人留而安居处也。戴望云："朱东光本作'地举辟则可留处'。据尹《注》，似亦作'地举辟'。然举、处为均，上下文皆协均，此不宜独异。《轻重甲》篇曰：'地辟举则民留处'，《事语》《地数》二篇并曰'壤辟举则民留处'，是其明证。朱本'可'字亦误。"①

以上颜氏注，前采唐尹知章注，后续清戴望注，可见其尽信戴注。戴注以朱本为参校，用音韵知识证明此处的"地辟举"不应作"地举辟"，否则不协韵，同时又引《轻重甲》、《事语》、《地数》三处文字为

---

① 颜昌峣：《管子校释》，岳麓书社 1996 年版，第 1 页。

证。戴注可谓展示了考据之风，他的考证也颇为合理。除颜氏引用外，当代学者黎翔凤著《管子校注》，亦引戴氏此注，赞同戴氏对"辟举"的考证。然黎氏对"举"字之义的解释又有超越前人之处，他说："《说文》：'举，对举也。'古人偶耕，对举末耜，故言'辟举'。"并以前人对《诗经》《大田》、《七月》中诗句的解释为依据，认为"辟"当训为"法"，假借为"闢"。他说："古本误认'举'训皆，改为'举辟'，不知训皆为'与'之借。'辟举'改为'举辟'失韵，决非管书之旧。"①

　　这里，罗列了民国间成书的《管子校释》和当代成书的《管子校注》二书所征引戴望《管子校正》一说。笔者认为，无论《校释》还是《校注》，对戴望此说皆表示赞同。颜氏引尹《注》后全用戴氏之说，以戴氏为的诂。黎氏在引戴氏之说后，又进一步，不仅诠释了"举"字的含义，而且说明了"举"、"辟"二字的来源，更加确实地证明了戴氏之说，也指出了古本存在的问题。因此，我们说清儒的考证成果在后世得到重视，并且启发和影响了后学更为深入的研究工作。

　　（二）句读考证的影响

　　由于《管子》流传时间较长，流传地域较广，这种现象造成该书文字漫衍难以卒读。在考释《管子》文字上，清儒作了很多努力。在句读方面，他们也下了不小的功夫。文字明则义理出不假，但句读失误也易导致义理的偏差。清人以考据见长，以小学为学术研究根基，自然对句读考证颇为留意。《管子》号称漫衍难懂，主要是因为文字在传抄过程中出现了不少问题，其中比较普遍的错误是由于对字义的不明而形成句读的失误。在清代，同其他经史子籍一道，《管子》的文字考证是首要的，但句读也是明义理的重要保证，故而句读考证成为清代《管子》研究的重要组成部分，并取得了大量的成果，成为后世学者研究征引的对象。如下例：

　　　　《法禁第十四》："毋事治职，但力事属。私王官，私君事，去非
　　　其人，而人私行者，圣王之禁也。"

----

① 黎翔凤：《管子校注》，中华书局 2004 年版，第 4 页。

樾谨按："但力事属"四字为句，"毋事治职但力事属"，言不以治职为事，而其所竭力从事者，惟在互为连属也。"私王官"为句，"私君事"为句，言以王官为私，以君事为私也。"去非其人而人私行者"为句，"去"乃"法"字之误，言法本非其人所宜行而其人私行之也。尹失其读，故所解皆非。①

俞樾对此句重新作了断句，并分别指出所断之句的含义。尹于"私"下断句，并注曰："其所勉力事务者，但属其意于私。"于"去"下断句，注曰："王之官，私事则营之，君事则去之也。""私"、"去"二字属上读，语义难明，故俞樾纠正之。年龄比俞樾略大的张文虎和比俞樾略小的吴汝纶都认为这句话难明，怀疑其中有衍误伪脱之处。后学多依俞樾，郭沫若虽未对句读作明确说明，但他的说解显然采用了俞樾的断句，他说："'但事力属'，力，务也；'事'与'吏'古字通。'私王官，私君事'，'事'亦当为'吏'。官与吏分言，官者在上位，吏者在下位。"②从郭氏的解释中明显体现了俞樾的断句成果，郭氏解释中的断句与俞樾的句读考证结果是完全一致的。另外，中华书局新编诸子集成本的《管子校注》，黎翔凤所用亦为俞樾的句读，并在注释中全面引用了俞樾的观点。

句读对于一部流传既久的著作是非常重要的，句读不明，往往造成断章取义或望文生义。清代学者对《管子》的断句为后学明义理提供了依据，以此为基础的思想义理之说才能正确地从《管子》中萃取出来，成为人们学习借鉴的思想来源。

（三）名物制度考证的影响

名物制度是在人们生产生活过程中所产生的，笔者认为主要有名物和制度两个方面，名物是指专有名称和事物，比如人名、地名以及器物名等，都属于名物；制度是指体制、约束及规范等层面的范畴，比如政治制度、名物使用约定、礼俗以及道德规范等，是需要共同遵守的。名

① 俞樾：《管子平议》，《诸子平议》，上海书店出版社 1988 年版，第 22—23 页。
② 郭沫若、闻一多、许维遹：《管子集校》，科学出版社 1956 年版，第 217 页。

物制度总体上变化不大，体现了文化的传承性，但也有一些具体名物制度随着时间的推移而发生了较大的变化甚至消失，这些名物制度被文献记录下来并传于后世，造成后世之人对这些变化了的或消失了的名物制度的不理解。历代文献释读者早已注意到这样的现象，并试图通过不懈的努力传承古代的名物制度。清代学者对《管子》的考证活动中也有这类内容的体现。如：

> 《幼官第八》：二千里之外三千里之内诸侯五年而会，至习命，三年名卿请事，二年大夫通吉凶，十年重适入正礼义。五年大夫请受变。
>
> 丁云："至"字疑衍，与上文"诸侯三年而朝习命"句例同。上文言"常至"，即指会朝言。《周礼》"时见曰会"，是诸侯至王所见天子，非诸侯相会别来见天子也。"变"读为辨，《说文》曰："辨，治言也。"诸侯大夫请命于天子，受教于象胥鼓史，若言语书名之属，比当身习之。《周官·大行人·注》可证。俞云："三年"、"二年"之下，又云"十年"、"五年"，于义难晓。诸侯既"五年而会习命"矣，安得又使"大夫请受变"？再及五年，即为十年，亦是"五年而会"之期，安得又使"重适入"？今以上下文求之，盖传写误也。盖三千里内之诸侯，二年而使大夫通吉凶，三年而使名卿请事，至五年则自来会矣。计五年之中，止空闲二年，适当未会前一年，及既会后一年，不容更有五年十年之事。此二句当在下文"三千里之外诸侯世一至"之下。盖世一至，则太疏阔，故五年必使大夫请受变，十年必使重适入，正礼义也。①

会盟之礼是春秋时期重要的政治体制，会盟之礼的完善与否体现了礼仪制度的成败和诸侯强大的过程。春秋时期，诸侯会盟约二百次，但会盟的具体细节后人多数不甚了了，因此有必要对此进行阐释。此处所引为戴望《管子校正》中一节，实际是戴氏为阐释诸侯之会盟而引用了丁士涵及俞樾的论证，此处所讲礼仪为《管子》中所记载的桓公称霸时

---

① 戴望：《管子校正》，《诸子集成》第五册，上海书店出版社 1991 年版，第 52—53 页。

的"九合诸侯"中第九次所订立的盟誓，确立了诸侯对天子的朝拜时间、等级和范围，重申了会盟的礼仪制度。丁士涵、俞樾分别从词义和制度两方面对会盟作了解释，戴望引用丁、俞也正说明这两个方面的内容，显然三人的意见是一致的。

关于《管子》中提到的会盟之制，后人多以丁氏、俞氏、戴氏为确论。颜昌峣引俞氏之说，并以此为是。① 郭沫若丁、俞皆引，未加案语，亦以为是。② 黎翔凤亦引丁、俞，不过他否定丁、俞的传写之误说，至于会盟之制则与二人同。③ 由此可见，后世学者在对《管子》名物制度的研究上同样接受了清代学者的阐释。

二　清代管子整理成果为后世所参照

有清一代，以考据见长，考据的最终目的是明义理，而明义理的手段是多样的。清儒的考据多解文字之义，此外，通过考据手段来接近原著文字也是重要的内容。而这些又是典籍整理的重要一环。典籍整理的目的一是为了让当代人能读懂古代的作品，这就涵盖了典籍的注释、校勘、句读等工作；二是为了保存典籍的原有风格，即求真，这就涵盖了典籍的审定、辑佚、辨伪等工作。前一目的表现为解释，即以今语释古语；后一目的表现为整理，即保存古籍原貌。清儒在《管子》整理方面的成果也是非常突出的，尤其是在校勘、辑佚、辨伪方面有较为显著的成就，并对后世产生较大的影响。

（一）校勘成果的影响

清代的校勘是我国古代校勘学的鼎盛时期，校勘名家甚多，校勘理论和实践成果甚多。据张之洞的《书目答问》记载，清代的学术名家中就有 31 人列入校勘。这些名家具有广博的学识和求实的学风，凡经过他们校勘的典籍大多成为善本。他们不仅校勘了大量的典籍，而且在校勘

---

① 颜昌峣：《管子校释》，岳麓书社 1996 年版，第 83—84 页。
② 郭沫若、闻一多、许维遹：《管子集校》，科学出版社 1956 年版，第 125—126 页。
③ 黎翔凤：《管子校注》，中华书局 2004 年版，第 163 页。

理论上也有所建树，如叶德辉在校勘方法上提出"死校"与"活校"等。其中在《管子》校勘中有突出贡献的有王念孙、孙星衍、俞樾等，他们在较为成熟的校勘理论的指导下，在丰富的实践经验的基础上，对《管子》传承过程中存在的问题进行了研究，以校勘记或读书杂记的形式写出了研究心得，这些成果颇为精审，又成为后世学者借鉴和引用的典范。

校勘的原则和内容主要有存真、校异、订讹，存真是为了保存古本，校异是为了对比不同版本而由读者或研究者判断，订讹是为了改正原本之误或后来版本的讹误，并且说明致误的原因。在成熟的考据理论和实践经验基础上，清儒的校勘工作也显得游刃有余。在《管子》文字的校勘上，他们收获良多。如：

> 《法法第十六》："是故先王制轩冕所以著贵贱，不求其美；设爵禄所以守其服，不求其观也。"
>
> 两"所以"皆当作"足以"，"足"与"不求"文义正相承。下文曰"明君制宗庙，足以设宾祀，不求其美。为宫室台榭，足以避燥湿寒暑，不求其大。为雕文刻镂，足以辨贵贱，不求其观"，是其明证也。后人改"足以"为"所以"，则非其指矣。《群书治要》及《艺文类聚·封爵部》、《太平御览·封建部一》引此并作"足以著贵贱"、"足以守其服"。《文选·羽猎赋·注》引作"足以章贵贱"。①

此处为王念孙对《管子》的校勘，认为文中两"所以"皆当为"足以"，并以本校、他校的方式证明了校勘的可信度。宋翔凤也认为"所"与"足"通，他说："'所'，宋本作'足'。'所'与'足'古字通用。盖古字多以'足'为'所'也，说见《弟子职》篇。"② 总的来说，二人的意见是一致的，王说径改，宋说可通。后学多依此而行，如颜昌峣注《管子》引赵用贤本前一"足以"为"所以"，并认为后一"所以"当为

---

① 王念孙：《读书杂志》，江苏古籍出版社 1985 年版，第 435 页。
② 宋翔凤：《管子识误》，《过庭录》卷十四，中华书局 1986 年版，第 230 页。

"足以"，同时引用王氏之说为证。① 黎翔凤并引王氏、宋氏之说，但他认为，"轩冕惟大臣有之，小臣无有，故用'足以'。爵禄则大臣小臣均有之，故用'所以'"②。黎氏同意了前一"所以"为"足以"之说，而认为后一"所以"不应为"足以"，并认为是大臣、小臣的关系。笔者认为，黎说理由不太充分，根据语义，轩冕、爵禄皆起到区分等级的作用，而不应追求极致，故应以"足以"为恰当。当然，这种认识也是建立在语义基础上的，除王氏、宋氏的考证外，亦无更多的证据。

清儒于《管子》校勘成果不胜枚举，此处仅仅谈到订讹一例。当然，他们的校勘成果也有失误之处，但瑕不掩瑜，后人从他们那里学到了很多有用的东西。

（二）辑佚成果的影响

《管子》流传时间很长，经手众多，载体多样，故而在复杂的环境中能够保存下来，是一个奇迹，但必然会有散佚之文。从现存的《管子》看，共八十六篇，有十篇只有目录而没有正文，可见在传抄过程中已佚。另有《封禅》篇是由《史记》的《封禅书》中管仲的言论填补的，也属佚文之列。巩曰国在前人研究的基础上，详细地考证了《管子》中各散佚之篇的亡佚时间，认为《管子》佚篇的亡佚时间不是一次性的，而是从南北朝后期一直到隋末唐初的一段时间内渐次亡佚的。③ 因此，典籍亡佚是不可避免的，那么辑佚工作就显得比较重要了。所谓辑佚，就是将流传过程中亡佚的图书或文字从现存的典籍引文中整理出来，以便恢复或部分恢复业已散佚的图书或文字，这种活动就是辑佚工作。

清儒在《管子》辑佚中所起的作用不被人所知，笔者认为有必要对清儒的辑佚成果加以说明。一般来说，清儒研究《管子》著作大多以笔记体形式存世，笔记体的特点为散而无系统，因此某一方面总结时便很困难。比如在辑佚上，我们可以看到在清儒著作中关于《管子》文字的拾零，但令人遗憾的是这种存在形式必然是不系统的、不全面的，学者

---

① 颜昌峣：《管子校释》，岳麓书社 1996 年版，第 144 页。
② 黎翔凤：《管子校注》，中华书局 2004 年版，第 300 页。
③ 巩曰国：《管子佚篇亡佚时间考》，《管子学刊》2007 年第 3 期，第 10—13 页。

各有所得，各执一端。再者，从校勘的角度来讲，原著散佚的文字一般是用"脱文"这样的术语来指明的。当然，脱文主要是指那些抄写版刻过程中脱落的文字，但如果一旦脱落的文字较多，并且原著各版抄中再难觅得，但可以从其他文献引文中得到，这样，脱文就可以认为是辑佚性质的工作了。清儒在《管子》研究中，以标注大段脱文、带有辑佚性质的工作普遍存在。如王念孙于《小称》篇"齐卫之间，不容数日之行"下注曰："此下脱'于亲之不爱，焉能有于公'十字。"并言明《群书治要》有之。① 此处王氏便有辑佚工作之实。另外同书所引其子王引之于《戒》篇"其孰能一人之上也"下注曰："'其孰能一人之上也'，若作一句读，则文不成义，当以'其孰能'绝句。言此四子者，其孰能以国宁也。'其孰能'下当有'管仲谓其不能以国宁'之语。"② 显然，这是以语境推断原文有脱文之处。后人颜昌峣于其著《管子校释》便直接采用王氏父子之说，但未提出更为合理的意见。③

　　清儒对《管子》辑佚性质的工作大多限于此，即从语意上意识到原文某处有脱文，参以原著他处或他书所引，或者是他书中与《管子》记载近似的地方加以解释，至于真正全面的辑佚，却十分罕见。值得一提的是，清儒洪颐煊在这一方面倒有较为突出的表现。就《管子》的辑佚成就，我们从目前所见的洪氏《管子义证》中没有得到答案，因为目前刊刻的八卷本后没有附录他在序言中所提到的"逸文"。但我们还是从这段序言中看到了洪氏在《管子》辑佚方面所取得的进步。他在序文中谈到《管子》所阙十篇，可从《文选注》、《史记·封禅书》、《北堂书钞》、《初学记》、《艺文类聚》、《太平御览》等书中辑得，并于书后附逸文，可惜此逸文在今本《管子义证》中未见，实为遗憾之事。而洪氏序中所言，或许就对上文提到的巩曰国辑佚成果产生了影响。

（三）辨伪成果的影响

　　从《管子》的成书过程来看，《管子》成于众手，初非一人一时之

---

① 王念孙：《读书杂志》，江苏古籍出版社 1985 年版，第 460 页。
② 同上书，第 453 页。
③ 颜昌峣：《管子校释》，岳麓书社 1996 年版，第 274、240 页。

书，后经刘向整理而成定本。之后在传播过程中，《管子》也几易其手，增删之例甚是普遍。因此，《管子》的真伪一直是历代学者比较纠结的问题。

《管子》并非管仲自著，历来为学者认同。《傅子》曰："《管子》之书半是后之好事者所加。"（王应麟《汉书艺文志考证》引，刘恕《通鉴外纪》引）苏辙曰："至战国之际，诸子著书，因管子之说而增益之。其废情任法远于仁义者，多申韩之言，非管子之正也。"（《古史·管晏列传》）叶石林曰："其间颇多与《鬼谷子》相乱。管子自序其事，亦泛滥不切，疑皆战国策士相附益。"（《汉书艺文志考证》引。案《鬼谷子》晚出书，抄《管子》，非《管子》抄《鬼谷子》。）叶适曰："《管子》非一人之笔，亦非一时之书，莫知谁所为。以其言毛嫱、西施、吴王好剑推之，当是春秋末年。又持满定倾，不为人客等，亦种蠡所遵用也。"（《水心集》）朱子曰："《管子》之书杂。管子以功业著者，未必曾著书。如《弟子职》之篇，全似《曲礼》，他篇有似老庄；又有说得太卑，真是小意智处，不应管仲如此之陋。内政分乡之制，《国语》载之却详。"又曰："《管子》非管仲所著。仲当时任齐国之政，又有三归之溺，决不是闲工夫著书底人；著书者，是不见用之人也。其书想只是战国时人收拾仲当时行事言语之类著之，并附以他书。"（并《朱子语录》）……至如宋濂《诸子辨》，姚际恒《古今伪书考》，纪昀等《四库提要》，皆有疏辩之言，以其习见之书，不一一征引。唯既"非一人之笔，一时之书"。而各篇作于某家，成于某时，无人究论，故治周秦两汉学术者，终于踌蹰却顾，而割而弃之也。① 罗根泽简述了历代关于《管子》真伪的大讨论，目的是佐证其"战国前无私家著作"的理论。如果抛开罗氏此理论的正确与否不论，我们看到的是《管子》一书确有相当的复杂性，历代学者细数《管子》之真伪，却也讨论不清。

清际，由于考据学的兴盛，疑古之风甚健，文献辨伪相应也取得了显著的成就。清初学者万斯同，著《群书辨疑》，大胆质疑《周礼》、《左传》等经书，在当时学术界产生了影响。之后姚际恒，是清代第一位对《管子》进行辨伪研究的学者，曾著《古今伪书考》，在子类下有

---

① 此段自《傅子》始引自罗根泽《管子探源·叙目》，中华书局 1931 年版，第 3 页。

《管子》一节，定其为伪书。① 姚说是有道理的，说明了早期著作并非一
人一时之作，而是出于众人之手。那么，出于众手的书便为伪书，是否
对我国早期著作过于苛刻了些。纪昀主编《四库全书》，在《管子提要》
中亦引历代对《管子》辨伪之辞，主伪书之说。

后代学者受清人辨伪的影响，对《管子》辨伪一仍清人之旧，只
是在证据上更为全面深入。如上面提到了姚氏《古今伪书考》，今人
有黄云眉的《古今伪书考补证》，在《管子》辨伪上是对姚氏证据的
补充，即补入陈澧的《东塾读书记》、徐时栋的《读书志》相关学
说，又略加案语，佐姚氏之说。也有罗根泽《管子探源》一书，其说
近是。可见，关于《管子》真伪问题一直是历代学者关注的焦点，尤
其是清儒以考据为手段，在这一问题的解决上表现出了令后人信服的
能力。

三 清代管子义理研究为后世所借鉴

事实上，清代《管子》义理研究是基于两点：一个是《管子》书本
身包含了丰富的义理思想内容，至少儒、道、法三家思想皆包容在内；
另一个是《管子》非一人一时之书，必然造成书中所包含的思想并不统
一，因此，将内容义理相近的篇章归纳在一起加以研究是最为恰当的办
法。可以肯定的是，无论是否为伪书，《管子》都是一本思想价值极高的
著作。清人对《管子》义理的研究，在下面两个方面对后学产生了影响。

（一）分篇研究

《管子》的分篇研究的出发点是在于《管子》中蕴含着丰富而复杂的
思想内容，学者历来认为，通过对思想类似篇章的研究可以更清晰地认
识管仲本人的思想，也可了解春秋战国时代管仲学派的主体意识。因此，
分篇的目的是对不同的义理思想进行针对性的研究，其根本点还是思想
研究。

清儒在《管子》分篇研究上用力甚勤。这首先归功于自汉代以来

---

① 姚说见前。

对《管子》复杂思想的认识和一定的研究基础。其次，诸子学的发展
再一次将《管子》研究推向深入，考据之后，义理成为易为操作而且
十分必要的研究内容。《管子》义理思想不像其他诸子那么单纯，分
篇研究可能是最适合《管子》的办法。再次，《管子》义理思想的研
究又符合了政治的迫切需要，学者分别从《管子》的不同部分汲取不
同的义理营养，升华管仲治国方略的现实可行性，从而可报效国家。
最后，《管子》的思想体系十分庞大复杂，清儒靠一己之力难以遍及
全部，选取不同的切入点，即不同的篇章进行专门性的研究要比全面
研究更有成效。因此，清儒在《管子》的分篇研究上显得更为坚决。
从清初到清末，《管子》分篇研究绵延不绝，主要在《弟子职》、《地
员》篇、《小匡》篇、《内业》篇等方面有极大的贡献。后面有详细
的阐述。

我们看到，近现代的《管子》最为普遍的研究内容为思想研究，而
且基本上是就《管子》中的某一思想为核心进行讨论的。而这种研究内
容的选择，明显是受到清儒分篇研究的影响。分篇的目的是分义理的研
究，而近现代的研究则是某一思想的研究，一脉相承，当然后出转精。
现代的《管子》思想研究呈全面深入之势，实际上无论从哪一角度切入，
皆可从《管子》中找到立论的依据，形成一定的思想认识。据个人所见，
今人除对《管子》的儒、道、法三大思想进行研究之外，还进一步延伸
至更为细微之处，如德治、法律、边防、分配、伦理、教育、心理、管
理、生态、军事、农本、人口、科技、社会保障、行政、地理、消费、
犯罪、货币、人才思想等等，这些文章虽然是站在全局的角度来阐释
《管子》的某一思想，但往往是将注意力集中于具体反映该思想的篇章
中，实际上也采用的是分篇思想研究的手段。另外，受清儒的影响，今
人也有大量分篇研究的成果，如对《侈靡》、《地员》、《弟子职》、《度
地》、《内业》、《轻重》、《水地》、"三匡"（即大匡、中匡、小匡）、"四
篇"（即心术上、心术下、内业、白心）、《问》等篇的研究，就取得了
一定的成绩。

（二）中西结合的思想研究

清代末期，清儒在接触西方先进的科学技术和思想之后，尝试运用

这些理论来解决中国的实际问题。在政治上表现为与守旧传统对立的维新革命，在学术上表现为用西方思想研究中国传统问题。《管子》是一本经世致用之书，在清末疲敝之际，必然受到欲济世治国学者的欢迎。当《管子》思想再次遭遇西方先进思想时，两种思想的冲突与融合便成为清儒研究的主要内容。虽然清儒的研究处于初始阶段，但也足以对近现代学人的深入研究产生积极的影响。

　　清代中西结合的思想研究成就突出者首推梁启超。他是变法维新的主将，曾旅日本、欧洲，接受了大量先进的资本主义思想。著《管子评传》一书，该书从管子出身及时代背景谈起，全面评价了管子的一生，对管子的功绩及建功立业的条件有所分析，并重点分析了管子的法治主义与经济政策，同时将其与近代资本主义的相应社会制度作对比，彰显管子思想的优越性。总之，这本传记不仅仅是管子的评传，或者说不只是对管子一生的评说，更重要的是它体现了梁启超以近代西方资本主义思想家的眼光对管子外王思想的认识，而这种认识是近代管子义理研究的重要贡献。再如郭嵩焘的《读管札记》、李宝淦的《管子文粹》、刘师培的《管子斠补》等，都是在西学影响之下写成的，在著作中时常点缀着对西学的理解，教育和勉励时贤和后学学习对社会有用的理论及实用策略，积极入世，成就功业。

　　近现代时期，学者对西方理论的应用更为得心应手，运用这些理论反观中国古代的思想也更为普遍。学者对《管子》各种思想的研究自然运用新式的西方思想理论体系，自然取得了极高的成就。司马琪主编的《十家论管》一书，精选了十位在《管子》研究中杰出的学者，除梁启超为清末学者外，其余皆为近现代《管子》研究名家，如罗根泽、马非百、俞寰澄、黄汉、胡寄窗、冯友兰、关锋、巫宝三、王德敏等，他们的研究心得大多是在西方思想影响下的时代成果。比如黄汉的《管子经济思想》，就是20世纪40年代以来重要的研究《管子》经济思想的著作。李春博在介绍黄汉及其著作时说：

　　　　综观全书，黄汉对《管子》经济思想的研究有如下特点：其一，利用西方近代经济理论学说对《管子》进行分析阐述，同时运用中国古籍中的文献资料进行论证，将两者有机结合融为一体，为中国

经济思想史研究开拓了新的思路和方法。……其二，较早运用唯物
主义理论研究中国经济思想史。黄汉明确提出《管子》经济思想的
基础是唯物主义，并利用马克思主义哲学理论解释唯物主义与唯心
主义的概念。……20世纪30年代即将唯物主义理论讲得如此透彻，
并在实际研究中灵活运用，对于促进马克思主义在中国的传播有着
重大的历史意义。……其三，理论研究与社会现实的紧密结合。黄
汉在对《管子》经济思想研究中，多次联系现实社会情况进行
思考。①

　　这里，李春博明确了黄汉在研究《管子》的经济思想时运用了西方
的经济理论、唯物主义理论、马克思主义哲学理论等。可见，利用外来
理论来解决中国传统学术已经得到普遍的应用，并且容易取得较有影响
的成果。

　　总之，清儒在《管子》研究方面取得了十分突出的成就，并对后世
产生了较为深远的影响。近现代《管子》研究中有两个里程碑式的著作，
一个是郭沫若等人的《管子集校》，一个是黎翔凤的《管子校注》。郭沫
若等的《管子集校》所引校释书共四十二种，其中所用清代学者管子研
究著作二十四种，占所引著作的57%。黎翔凤的《管子校注》，参考郭
注，亦重清儒之说。这充分说明了清儒在《管子》研究领域所作出的努
力，也证明了后学对清儒管子研究成果的认可。

---

　　①　李春博：《黄汉的〈管子经济思想〉》，见司马琪《十家论管》，上海人民出版社2008年
版，第163—164页。

第 二 章

乾嘉学人与《管子》研究

第一节　乾嘉学人《管子》研究概述

一　乾嘉学派概述

乾嘉学派，顾名思义，就是以清代乾隆、嘉庆二帝年号命名的一个学术流派，一般说来是以经学为研究中心，兼及小学、诸子、史学、文献学等学科的研究领域，以考据为治学的主要方法，以汉代朴学之风为崇尚，而形成的一个具有鲜明特色的学术流派。由于该派主要活动时代在乾隆、嘉庆两朝，故称"乾嘉学派"；又由于其汉学手段主要是考据，故称"考据学派"；又由于其崇尚汉代朴实学风，故又称"汉学"或"朴学"。

乾嘉学派产生的原因比较复杂，笔者认为与当时的历史条件密切相关。比如民族高压政策，清初曾大兴文字狱，迫使一些学者的注意力转向故纸之中。再者，政治的稳定局面和社会经济的繁荣对学术文化的发展提供了必要的基础。乾嘉时期，清朝已经相对稳固，统一的多民族的国家政治体制已基本完成，民族矛盾已经缓和，民族融合已成趋势，在这样的背景下，乾嘉学派具有潜心于学术研究的外部环境。同时，清代社会稳定，经济也有了长足的发展，这也为文化的传播和研究提供了必要的条件，乾嘉学术由此而产生，是符合时代的要求的。另外，统治者的大力提倡也是重要的因素。乾隆即位后，大力提倡对经学的考据，一些达官贵人如阮元、毕沅等，也出而倡导经学。一些蜚声中外的典籍也是在这一时期完成的，如《四库全书》、《佩文韵府》、《古今图书集成》等，这些典籍是在统治者的倡导下组织著名学者完成的。另外，明末理学的僵化也是促使新兴学术产生的重要因素。

乾嘉学派是以明末清初学者顾炎武为先行，他关于考证、训诂、音韵的研究，都为乾嘉学派的发展奠定了基础。稍后于顾炎武的胡渭、阎若璩，考据学风已大致定型。乾嘉时期，以惠栋为首的吴派公开打出"汉学"的旗帜，强调考证、训诂，由字求义，其门人有余萧客、王鸣盛、钱大昕、江声等；以戴震为代表的皖派，用考据的方法整理古籍，在文字、训诂、校勘等方面卓有成绩，著名的学者还有段玉裁、王念孙、王引之等。清代后期的焦循、阮元，是乾嘉学派的总结者，侯外庐先生说："阮元是扮演了总结十八世纪乾嘉汉学思潮的角色的。如果说焦循是在学说体系上清算乾嘉汉学的思想，则阮元是在汇刻编纂上结束乾嘉汉学的成绩。他是一个戴学的继承者，并且是一个在最后倡导汉学学风的人。"[1] 因此，乾嘉学派以顾炎武为先导，兴盛于吴、皖学派，最后以阮元、焦循为总结。

从研究方法上看，乾嘉学派的整个过程是以考据为核心手段的，考据学以顾炎武为发轫，到乾嘉时期达到鼎盛。但乾嘉的学风却经历了一个不断发展的过程。顾炎武重视考证的目的是提倡经世致用，一反明末的空疏学风。以惠栋为首的吴派和以戴震为首的皖派使考据学走入了一个全新的时代，他们以实证为基础，无证不立言，立言必有证。但随着考据的发展，一些乾嘉学者逐渐走向为考证而考证的境地，乾嘉学派渐趋没落。

乾嘉学者在诸多方面取得了极高的成就。首先，是其整理古籍之功。乾嘉学派以考据学为主要方法，整理了大量古籍，除儒家经典之外，广泛涉猎子、史，厘正了典籍中的讹误，为后人的研习创造了较好的条件。其次，是其研究问题之法。乾嘉学派主要使用的方法是考证，大体上是从文字、音韵、训诂入手，训释典籍的内容、含义，接着扩展到典籍的校勘、辑佚和辨伪，并留意金石、地理、天文、历法、数学、典章制度

---

[1]　侯外庐：《阮元的研究方法》，《中国思想通史》第五卷第二编，人民出版社1956年版，第577页。

的考究。最后，是其开创的实学之风。乾嘉学者立义必凭证据，孤证不为定说，隐匿或曲解证据为不德，剽袭旧说为不德，文体朴实简洁，辩诘不避本师，词旨务笃实温厚，等等，这些都成为后人治学的典范。

当然，乾嘉学派也存在着一些缺点，如考证脱离实际，引证烦琐细碎。考证脱离实际主要表现在厚古薄今、舍本求末。他们考订问题时把同类材料罗列一起，旁征博引，然后得出结论，只讲证据而不讲道理。结果在细枝末节上功夫很深，涉及思想的需要说明解决时，就无能为力，造成了不通世务，不切实用。引证烦琐细碎主要表现在许多考据家的作品，都是以繁为贵，一字的偏旁、音训引证动辄千言。结果是杂引衍流，不知所归。学者们毕生的精力，耗于一字一句的正讹，一名一词的渊源，造成很大的浪费。随着时代的变迁，特别是西方殖民主义者的入侵，这种脱离实际、沉溺于故纸堆的学派便失去了存在的价值。同治、光绪之后，乾嘉学派渐渐走向穷途末路，俞樾、孙诒让等作为乾嘉学派最后的灵光，从此便沉寂了。

二　乾嘉时期诸子学兴起的背景

虽然明末理学被一些学者认为是明朝学术毁灭的重要原因之一，但是在清初仍然被提到了极高的地位。这主要是清初统治者对理学仍情有独钟。清初对理学的提倡不外乎两个原因，一是安抚由明入清的一些学者的敌对情绪，二是试图以理学的高头讲章来禁锢学者的思想和政治激情。但进入乾隆朝以来，学术思潮发生了重大的变化。以乾隆帝举办经筵为例，乾隆帝在位六十年，共举办经筵五十一次，大都是先讲《四书》，后讲《六经》。虽然在前几次经筵乾隆帝对理学宣扬作了不懈的努力，但学者们并不以此为目标，而是顾左右而言"经"。后来，连乾隆帝自己也丧失了崇理的信心，在经筵上开始对朱子的《四书章句集注》提出质疑，这样，学风为之一转。① 清代学风的转变预示着以经学为中心的时代的到来，也为乾嘉学派的形成打下了基础。

---

① 可参看陈祖武、朱彤窗《乾嘉学派研究》第一章，河北人民出版社 2007 年版，第 1—68 页。

另外，乾嘉时期图书事业的发达对学术的传播与研究起到了至关重要的作用。清朝初年，康熙帝为笼络学者，就曾组织编写大型图书《古今图书集成》。乾隆时，统治者亦乐此不疲，组织学者编写大型丛书《四库全书》，此项大型工程成为清朝重大的文化举措，对后世产生了极大的影响。由中央而及地方，全国各地形成了一股总结整理古代学术的热潮，图书整理带动了相关事业的发展，图书出版、发行等方面都有了长足的进步。以出版为例，清代一些畅行图书并不以当时先进的活字版印刷，而是以传统的雕版为主，其主要原因是减少版次间印刷的成本，这从一个侧面反映了当时图书流通量极大的情况，也说明了学术研究风气极为普遍。而图书事业的发达不仅为学术传播提供了有利条件，也为学术视野的扩大提供了保障。在儒学一统的时代中，诸子文献能在这样的条件下滋长，除了学术思想的松动外，很大程度上依赖于图书事业的进步。美国学者艾尔曼曾评论道："乾隆时代的图书业在重建中国传统中发挥了重要作用。考据学者辑录了佚失的文献，纠正了过去千百年来文献累积的错讹、附会之处，以显示自己的复古愿望。"① 图书事业的发展实际上是为学术事业准备了必要的条件，无论做什么，复古还是颂今，这都是必不可少的。

以经学为中心的考据学除了挖掘经学内证之外，还试图走出经学围城，将子、史等材料拿来为经学所用。这种目的极大地促进了子学的前行，成为学者将目光转向久已尘封的诸子中寻求不被理学重视的资料的动力，而学者们的这种尝试正是经学视野扩大和子学复兴的表征，同样也满足了考据者们跳过宋明以来的理学直接回归两汉的复古意图。另外，考据学者试图越过宋明以来理学之清谈的成果，而把视线定位于两汉，其原因是诸子与儒经的关系在两汉的文献中表现得极为密切，班固《汉书》中的诸子略，将诸子与儒学共同维系在一个大的思想体系中。清儒鄙视宋明之空疏之风，必然要剔除儒学中的非儒因素（比如佛道），而回归到他们认为的纯洁的儒学上来，那么他们就不能忽视诸子与六经乃至儒学的关系。当作了以子证经的初步尝试之后，考据学者们欣喜地发现他们可以轻而易举地从诸子中得到对儒经的考据和辨伪的成功。"清代考

---

① ［美］艾尔曼：《从理学到朴学》，赵刚译，江苏人民出版社 1995 年版，第 118 页。

据学研究范围的扩大，从儒学向其他领域的扩展以及在研究方法上的多样化，包括'以子证经'旁证的引用，是一种主动性的探索，也是其生命力不断延续的基础。清代乾嘉诸子学的兴起就是这种努力的结果。乾嘉诸子学的兴起不仅刺激和推动了儒学研究的深入，更重要的是它使得诸子学本身获得了摆脱'边缘学术'、改变自身历史地位的契机。"① 阎若璩、毛奇龄对古文《尚书》的校勘，就大量使用诸子材料。之后，研究诸子的学者在不断增加，如钱大昕、王念孙、毕沅、焦循、孙星衍、汪中等人；而且对诸子的研究范围逐渐扩大，如汪中对荀、墨的研究。

三　乾嘉学人《管子》研究的成绩

乾嘉学人的《管子》研究是在诸子为经学服务的大背景下开始的。乾嘉学者大多是以考据为主要研究方法而进行考证，虽然不同学者风格上略有差异，但总体的方法大同小异，即利用音韵、训诂等手段，考证文字的形、音、义及名物制度等，其实质等同于现代意义上的归纳法。既然要考证，当然需要各类证据，因此博览群书就成为乾嘉学者的基本功。除儒家经典之外，子史等典籍成为披寻旁证的必需。可见，当经学典籍的本证被开采一空时，诸子对于过度重视证据的乾嘉学者来说就如同一处待开发的宝藏，成为经学考据的新宠，为经学研究注入一股清新的空气。因此，以子证经作为一种独特的考据方式在乾嘉学者中间流行开来。其实，这样的见识早在东汉的王充就已经提出，他说："知屋漏者在宇下，知政失者在草野，知经误者在诸子。诸子尺书，文明实是。"② 当然，王充的见识可谓远见，但也是非常符合汉时经子关系的。清代以子证经的兴盛主要是在乾嘉时期，学者在顾炎武的倡导下一反宋明以来的空疏学风，而崇尚汉代实事求是的朴学，那么诸子为经学服务便成为这个时代背景下的一种必须，如同救世主一样匡正在朴学家眼里渐已背离儒家之根本的宋明理学。

---

① 林军：《清代考据学的兴起与诸子学历史地位的升降》，《福建师范大学学报》2004 年第2 期，第112 页。

② 黄晖：《论衡校释》，中华书局 1990 年版，第 1160 页。

清代《管子》研究正是基于"以子证经"、"以子证史"这样的目的而产生的。当然，自唐以来，对于《管子》一书就有很多的注疏和研究成果，如唐代尹知章的注本、明代刘绩的《管子补注》、明代朱长春的《管子榷》等。到清代，管子研究出现了前所未有的兴盛局面，注疏和研究者比前代多很多。其主要原因是借着诸子学复兴的东风，另外《管子》的内容又极具针砭时弊的作用。乾嘉学者在考据方面颇下功夫，在以子证经、博览群书的形势要求下涉及《管子》，做了大量的校释工作。具体说来，有以下几位学者在《管子》研究中表现卓著：王念孙，王引之，洪亮吉，庄述祖，姚文田，王绍兰，洪颐煊，宋翔凤，张文虎，俞樾，戴望，孙诒让，等等。①

可见，乾嘉学风影响了整个清代学术界，从顾炎武朴学的提倡一直到清末今文经学的复兴，学者不乏以子证经的热情，也逐渐将目光转移到诸子的研究上来。《管子》作为一部重要作品，一开始并没有进入乾嘉学者"以子证经"的视野内，其原因主要是有的学者认为其书有伪，难作信史。后来，随着时代思潮的发展，"经以致用"成为学者校释经书的终极目的，而致用之书当以《管子》为最。

四　乾嘉学派《管子》研究的总体特点

作为影响有清一代的学术流派，乾嘉学派有其自身独特的学术风格，并以独特的学术研究方法和研究成果影响了清以后的管学世界。在《管子》研究上，乾嘉学派也表现出一贯的特色。如果我们观照整个乾嘉时代乃至前后的学术流变，就会发现《管子》的研究在这一学派的眼里具有不同于其他学派、其他诸子研究的独特魅力。

（一）去政治化的学术研究规约

由于清初封建专制文化高压政策的影响，再加上统治者的政治利诱，乾嘉时期及以后的学风较之早期发生了根本性的变化。清代早期学术大师们的"务博"、"求实"学风仍在，而"经世致用"的学风却在文字狱

---

① 以上人物参考支伟成《清代朴学大师列传》，泰东图书局 1926 年版。

的打压和其他因素的影响下渐渐内隐,许多知识分子由"外王"走入了
"内圣",埋头于故纸堆,从事古书的校勘、注释、考证等。一些学者认
为,乾嘉学派将注意力集中于古代典籍而不问政治,是严重脱离社会现
实的学术。如杨绪敏、安超撰文认为:"但是应该看到,乾嘉学者在治学
的过程中,往往只能进行一些脱离实际的烦琐考据,满足于一事一物的
孤立考证,对一些重大问题无法作出带有规律性的解释,更无法将他们
对某些问题的认识提高到哲学的高度(戴震例外)。"① 从整个学术发展
史的角度来看,乾嘉学者在学术研究上脱离政治是时代的必然,但如果
说乾嘉学派的学术研究脱离现实则为过激之辞,它是适应现实需要而形
成的学风,有其产生并发展的现实基础。

明末清初之际,学风由空疏转而求实,以顾炎武为代表的学者举起
朴实之大旗,一反明末之空疏学风,并提出"经世致用"的主张。从学
术思想的角度出发,顾氏对朴学的张扬是新时代学术变革的要求,也是
学者试图"以学治国"的表现,可以说走的是"外王"的路子。但清初
的政治策略并不能让这些饱学之士获得政治认可的机会,而他们的学术
成就却受到了清朝统治者的青睐。于是实际上出现了两种结果:一是明
末空疏的学风得到了扭转,朴学、实学得以流行;二是"以学治国"的
试图受到打压,脱离政治的纯学术却得到了承认并宣扬,清初文字狱等
就是前者的体现,组织编撰大型图书及在全国兴办书院就是后者的注脚。

乾嘉学者对《管子》的研究,依然遵循着这一学术规约,即使是在
学术空气较为自由的清代中后期。这里的原因主要有两个:一是清廷的
政治打压,虽然清代中后期相对学术自由,但学者依旧对文字狱等政治
迫害心有余悸,再加上民族矛盾的逐渐深入,乾嘉学者仍不敢放心大胆
地提出自己的主张,而是借助考据之功复原古籍;二是考据手段对义理
发挥的限制,考证是一种求真务实的治学方法,虽然"由文字训诂而义
理""训诂明而后义理明"是乾嘉学派的终极任务,而更多学者是实践了
前者而轻视或忽视了后者,当然在求真上比前代更进了一步,但在义理
发挥上是一种倒退。总之,乾嘉学者的《管子》研究,从总体思想上仍

---

① 杨绪敏、安超:《明清学风嬗变之大势及对学术的影响》,《徐州师范大学学报》2007 年
第 3 期,第 119 页。

然是就学术而学术，由考据而考据。当然，其对《管子》的整理研究之功，还是具有重大意义的。刘仲华认为："清代考据学者试图通过文字训诂以阐明圣贤之道这种学术逻辑的建立，致使清代学者对先秦古籍的研究从群经开始，接着为求证经学，又涉及先秦诸子。诸子之中最先遭遇到的是儒家阵营之内不受欢迎的《荀子》，接着是儒家以外的'异端'，如《墨子》、《老子》、《管子》等。当然考证的目的是为了义理，所谓'训诂明而后义理明'，所以在对子书作过深入的整理之后，又必然导向对诸子思想的再发现与再评估。"① 刘氏的评价是从宏观的角度探讨整个先秦诸子的，但也涵盖了对《管子》的评价。而去政治化的学术规约无疑使乾嘉学者只问学术而不及其余，其积极意义是《管子》的基础研究取得了相当大的改善，并为后世进一步研究做好了储备。

（二）考据学方法的规模化运用

明末清初理学的式微和乾嘉时期的学术延展给了乾嘉时期学者更多的压力与动力，他们既要考虑同旧有的宋明理学风格迥异，也要照顾学术的延续与继承。因此，学者们试图找到二者的平衡点，于是，他们将儒学仍定为亘古不变的研究对象，但研究手段有所变化，考证作为重要的研究方法被提到重要的位置。美国学者艾尔曼认为："清代学者不仅注意学术进步的连续性，还追求学术的独创性。尽管宋明理学也推崇学术发明，但直到清代，学术创新才成为明确的学术目标。考据研究各个领域都面临着'发前人所未发'的压力。……考证是四库馆臣审议其著录图书的标准之一。'发明'、'心得'则是他们评判古今图书的另一标准（如同数据引用，史料考证等）。人们鼓励学者们超越前代的学术成就，充实已有的学术定论。"② 因此，考据方法的运用是作为有别于理学空谈的重要方法论而提出的，是学术的创新，其目的是对宋明理学说解的纠偏，最终目的是建立新的学术研究体系。

清初顾炎武曾主张博学于文，并在经学之外对诸子有所重视，他说："子书自《孟》、《荀》之外，如《老》、《庄》、《管》、《商》、《申》、

① 刘仲华：《清代诸子学研究》，中国人民大学出版社 2004 年版，第 102 页。
② ［美］艾尔曼：《从理学到朴学》，赵刚译，江苏人民出版社 1995 年版，第 142—143 页。

《韩》，皆自成一家言。至《吕氏春秋》、《淮南子》则不能自成，故取诸子之言汇而为书，此子书之一变也。"① 他对那些自成一家之言的子书青眼有加，即强调了立言的重要性。乾嘉学者以博学为第一要务，应当是受到顾炎武启发。而考据的形成条件之一就是这种博学兼采的学风。另外，考据学的显性表现是重视实事求是、无征不信的考证方法，立论一定要有证据，而且要广征博引，故有"言必有征，典必探本"② 之说。

乾嘉时期，考据达到了规模化运作的程度，就以四库馆臣为例，据李杰援引清代学者张之洞《国朝著述家姓名录》介绍，四库馆臣中学者虽然多达360人，但实际著述者仅21人，这21人除7人外，均为汉学派，并在四库馆内担任要职，"充分发挥考据学派的特长，都为《四库全书》的编纂做出了重要贡献"③。《四库全书》的编纂是乾嘉时期重要的学术活动之一，得到统治者的大力提倡，其中所用的编纂人员多用考据学者，不难想见当时考据风气达到了一个空前的高度。

《管子》的研究虽然在不同时期的乾嘉学者表现为不同的研究内容和研究成果，但其研究方法却极其相似，这种方法便是考据。考据也称"考证"，是研究古代文献的一种方法，主要方法是根据事实的考核和例证的归纳，尽可能找出大量的可信的材料，然后总结出一定的结论，其主要使用的方法包括训诂、校勘、辨伪、辑佚等一系列小学及文献学的方法。考据讲求实证，而实证在当时又被认为是科学的方法，因而大量使用，并逐渐形成无所不用其极的情形。我们看乾嘉学者的《管子》研究，大多表现为烦琐的考据，最为典型的是王绍兰的《管子地员篇注》，注一句而动则千言万言，因此郭沫若《管子集校》称其为"说颇滋蔓"。④ 笔者认为，考据的烦琐也不失为是一个优点，起码在后学看来，这样的结果为他们的研究提供了充足的材料基础。现代《管子》研究一派繁荣局面，无不得利于乾嘉学者扎实的考据成果。

---

① 顾炎武：《著书之难》，《日知录校注》，陈垣校注，安徽大学出版社2007年版，第1046页。
② 《毛诗古音考提要》，《四库全书》经部小学类。
③ 李杰：《乾嘉学派与〈四库全书〉》，《图书情报工作》2004年第4期，第47页。
④ 郭沫若、闻一多、许维遹：《管子集校》，科学出版社1956年版，第19页。

（三）札记体的学术研究范式

一般来说，札记是读书时摘记的要点和心得体会及见闻的单篇文章，汇集多篇成书，仍称"札记"。而清代乾嘉学者多采用这种形式对诸子研究进一步总结。美国学者艾尔曼认为："宋明理学家的多数作品是抽象思辨的记录，它们大多采用问答、格言、辩论、诗歌等著述形式。理学信徒逐字逐句地把朱子、王阳明的谈话内容记录下来，尊为其学说思想加以传播。与之相反，从 17 世纪的顾炎武到 19 世纪的学海堂学生，清代学者都十分推崇札记体，用以记录偶尔碰到、读到乃至听到的有价值的史料。清代考据学者运用札记册子，收集与有关选题相关的史料。事实上，札记体本身即是清代学者重要的著述形式，又可被视为供其他学者引用的资料性著作。"① 以札记为考据学的最终表现形式，是与宋明理学以问答、格言、辩论、诗歌为著述形式最大的不同。

清代以经学为中心的学术建构依然有强大的话语场，它必然要求学者在学术研究时以经学为主，这导致学者在扩大学术视野时难以脱离经学的束缚。因此，当诸子研究重新恢复学术生命时，便以被利用或者"以子证经"的身份出现，即使在道咸以后，也摆脱不了为经学服务的干系。刘仲华将清儒"以子证经"的用途列为四端：解经、古音、训诂、辨伪，并于训诂下有一段比较精要的论述，兹引于下：

> 一般来讲，六经与先秦诸子的产生时代，早于史书和文集。也正因为经、子的时间更与三代相符或相近，所以治小学者往往特别重视六经与先秦子书中的证据。至于六经，自汉代以来，一直是训诂的主要对象和材料来源，对于先秦诸子的重视则不够多。明末清初以后，考据学逐渐兴起，尤其是音韵学与训诂学发达起来。清儒治小学在前人成果的基础上，除了立足于六经以外，更注重于先秦子书以及其他书籍。他们不仅援用子书的材料进行音韵训诂学研究，而且对众多子书进行训诂注释。因此，在某种意义上讲，清儒对子

---

① ［美］艾尔曼：《从理学到朴学》，赵刚译，江苏人民出版社 1995 年版，第 122 页。

书的研究在一定程度上推动了清代音韵训诂学的发达。①

"以子证经"正说明了诸子在学术研究中的地位，而正由于处于这样的地位导致诸子研究成果的形式便以札记体为主。札记体的研究比较符合以经学为中心的诸子研究观念，即博搜广考经学以外诸子的客观需要，当材料被累积成书时，其原有的札记形态仍然保留在著述中。

乾嘉前期学者王念孙父子，后期学者俞樾、孙诒让，他们对诸子的研究乃以札记的形态呈现。王念孙的《读书杂志》中有《管子》札记的部分，俞樾的《诸子平议》中有《管子》札记的部分，孙诒让的《札迻》也有《管子》札记的部分。这些都是比较典型的札记体研究。如果我们把目光转向其他乾嘉学派《管子》研究者，就会发现札记形式是他们研究的共性。比如戴望有《管子校正》二十四卷，表面看似乎是著作形态，但实际上仍保留着札记形态的影子，或者说保留着由札记而成书的形成过程。戴望博览群书，于《管子》版本及校释著作皆有所涉猎，就其《管子校正》编撰的形态来看，即以各本及研究著作为参照，以自己的心得体会为总结，有则出注，无则不出，体现了札记式的自由。当然，在最后辑集刊刻时，经过了后期的加工，使其更加规范及有规律性可言。值得注意的是，上面所提到的乾嘉学者在《管子》研究中都普遍受到札记体的影响，形成了在形式上较为自由的札记体著作。

(四) 经世致用的隐性表达

前面提到，乾嘉学者在著述时往往有去政治化的思想倾向，致使有些学者认为其脱离现实，如前面所提到的杨绪敏、安超的观点，他们认为，清朝考据学者摒弃了清初学者所倡导的"经世致用"的学风，致使大批学者埋头故纸堆，从事古书的校勘、注释、考证等，使这一时期的学风严重地脱离现实。② 笔者认为，这样的评价过于严厉。乾嘉学者之学风并不是严重地脱离现实，而是出于对现实社会的考虑而作出的无奈选

---

① 刘仲华：《清代诸子学研究》，中国人民大学出版社 2004 年版，第 122 页。

② 见杨绪敏、安超《明清学风嬗变之大势及对学术的影响》，《徐州师范大学学报》2007 年第 3 期，第 118—119 页。

择。更何况他们校勘、注释、考证的终极目的是"明义理"，其真实意图仍与"经世致用"暗合。

汪高鑫先生曾对"通经致用"（笔者案：应与"经世致用"类同）有很好的注释，兹引如下：

> 所谓"通经致用"，顾名思义，是指通晓经术以求致用。这个"经"，是指以"六经"经传为主要代表的儒家经典；而这个"用"，其具体内涵即为儒家所说的"立德"与"立功"，或者说"内圣"与"外王"，前者主要是指个人的儒家道德修养，后者则是指用经术经世干政。在"通经"与"致用"二者关系中，"通经"是"致用"的前提，而"致用"则是"通经"的目的。在中国经学发展史上，"通经致用"一直是作为一种中心观念和核心价值被加以标榜和提倡的。①

汪氏指出，无论是通经、立德、内圣，还是致用、立功、外王，两者虽然有明显的不同，但两者研习的是相同文本的儒家经典，遵循的是儒家共同的伦理道德和价值观念。从上述观点我们可以认为，乾嘉时期学者表面上追寻的是通经、内圣的路子，但也不排除他们通过对经典的习得而达到致用、外王的诉求。

之所以对经世致用之说作如此多的叙述，是为了更好地说明乾嘉学者的《管子》考据成果是对这一思想的隐性表达。前面我们提到，乾嘉学者的《管子》研究遵循着去政治化的学术规约，但去政治化并不等于不关心"致用"。其实，乾嘉学者热衷于《管子》研究的原因即是《管子》具有极其丰富的"外王"内涵。黎翔凤先生的《管子校注》对《管子》的义理有过总结，他说："《管子》树义有五：曰政治，曰法令，曰经济，曰军事，曰文化。政治以《牧民》为主，……法令以《法禁》、《任法》、《明法》、《重令》为主，……经济以《国蓄》为主，……军事以《参患》、《七法》为主，……文化以《幼官》、《水地》为主，……别有故事，在政治理论之外而兼有其内容，以《小匡》为主，……主要者

---

① 汪高鑫：《论"通经致用"的经学传统》，《安徽大学学报》2009 年第 3 期，第 96 页。

不过六七篇，为全书之纲领，而《幼官》则为脑神经中枢，理论体系由
是出焉。"① 如果我们将古代学术分为"内圣"与"外王"两个方面的
话，乾嘉学者对《管子》的研究恰好是两者巧妙的结合，表面是"内
圣"，即"独善其身"；内里是通过《管子》的内容来暗示学者们经世致
用的企图。笔者认为，与其他子书的考据略有不同的是，《管子》一书内
容的独特性，决定乾嘉学者对其考据的独特性，除了"证经"、"证史"、
提高自身修养之外，还有学者们"兼济天下"、建功立业思想的隐性
表达。

五　乾嘉学派《管子》研究的意义

乾嘉学派的《管子》研究在整个管子研究的历史上占有相当重要的
地位。他们用比较成熟的考据方法，以"通经致用"为指导思想，对前
人的成果兼收并蓄，去粗取精，去伪存真，创造了管子研究的一个新局
面。他们的研究成果绝大部分成为后世管子研究的重要资料，并为后人
所借鉴和研究，因此乾嘉学派的管子研究具有深远意义。

首先，乾嘉学者的《管子》研究是清代乃至整个《管子》研究史上
的重要成果。有清一代，是重要的文献整理时代。清代学者对我国两千
多年以来的文献典籍进行了大规模的总结整理，并逐渐形成了比较完整
的文献整理理论体系，这个理论体系又指导学者进行更为科学的文献整
理实践。因此，乾嘉学者取得很高的学术成就基于成熟的典籍整理经验
总结和理论的指导。他们在《管子》的研究上也有上佳的表现。毋庸置
疑的是，乾嘉学者的《管子》研究不仅成为清代《管子》研究的重要成
果，而且还影响了后世的研究，如近现代学者大都以乾嘉学者为楷模，
崇尚实学，立说重证据。黎翔凤先生的《管子校注》是当代《管子》研
究的名著，其校注非常重视证据。他说："余之为校注也，有问题之句，
每字必考，不以常见之字而忽之。""余之为校注也，扩展旧法，通用之
法四：有问题之字，先求说文本训；不可通，求之于假借；不可通，求
之于声训；最后均不可通，则定为形误。""余校管另有专用之法，非一

---

① 黎翔凤：《管子校注·序论》，中华书局 2004 年版，第 21 页。

般所能采用。其法有三：（一）汉隶别体。（二）齐国方言。（三）管书中心理论。"① 不论是校勘态度还是校勘方法，黎氏皆将乾嘉考据之法运用得近乎完美，正因为如此，他的《管子校注》才成为当代学者奉为《管子》研究的不可多得的经典之作。

其次，乾嘉学者的管子研究奠定了《管子》科学研究的基础。中国作为一个文明古国，两千年来流传下来的浩瀚典籍是研究古代历史文化的珍贵史料，但这些典籍在长期辗转相传中，由于各种原因，不少已亡佚残缺，颠倒讹误，真假错乱。再者，因年代久远，字形音义变化，一些典籍艰涩难解，使人无法卒读。《管子》就是一个极为典型的个案，其文献流传时间长，中间环节复杂，故而整理难度非常大。乾嘉学者凭借丰富的古籍整理经验，在文献整理理论的指导下，在吸收前人成果的基础上，通过训诂注释、版本鉴定、文字校勘、辨伪辑佚等手段，对《管子》进行了整理与研究，为后代科学研究奠定了基础。王俊义、黄爱平撰文认为："中国古代浩如烟海的古籍，正是通过乾嘉学者的注疏、校勘、辑佚、辨伪等整理工作，才得以正本清源、去伪存真，成为信谳。研究古代历史文化，离不开对文献资料的搜集、整理、阅读与鉴别。乾嘉汉学恰恰在这方面给后人创造了条件，提供了方便，这方面的成就尤值得称道。"② 此论具有普遍性，对清代乾嘉学者的《管子》整理与研究的评价尤其合适。以郭沫若等人的《管子集校》为例，该书是以许维遹所著的《管子校释》和闻一多的参校基础上形成的，而许氏的《校释》又以戴望的《管子校正》为底本的扩充，这从一个角度说明了乾嘉学者的《管子》研究成果成为后代研究的基础。

最后，乾嘉学者的《管子》研究昭示了先秦诸子在经学一统下地位的完全回归。从清代诸子研究的历史来看，子学的复苏是以荀学和墨学为开端的。荀子在宋代以前与孟子齐名，宋以后被开除出儒家，被贬斥为杂学。清以来，随着反理学声浪的提高，荀子得到正名，重回儒学大家庭之中。墨子一直被视为同儒家相对立的学说，以其"非圣无法"、"离经叛道"受到正统儒者的诟病。宋明以来，墨家更受到理学家的批

①　分别见于黎翔凤《管子校注·序论》，中华书局2004年版，第7、8、11页。
②　王俊义、黄爱平：《清代学术文化史论》，台北文津出版社1999年版，第47—48页。

判。有清以来，一切被理学打倒的都被反理学者重视，墨子获得了平反。以毕沅、孙星衍、汪中等人为领军，清初学者对墨子有了更大的关注。但法家思想依然不被清初学者看好，总体评价不高，其主要原因是法家思想多与儒家政治理想冲突。而附属于法家之下的《管子》也不被学者看好，方苞就认为《管子》中的"礼""繁重"而"严急"，其目的是"将时用以取所求"。① 乾嘉时期的学者对《管子》的研究大多是利用其来"他证"六经，即"以子证经"。后来，清代后期的学者不仅仅关注经学，而且试图进行学术重建，诸子逐渐摆脱经学附庸的地位，真正实现了复兴。由于受到新兴思潮的影响，清代后期的乾嘉学者便不再以考据为终极目的，而将注意力更多地转移到子学的重建上来。刘仲华认为：

> 乾嘉考据学以"训诂明道"为途径，从音韵、训诂、校勘、辑佚等方面着手，追求"归本原始"，力图重建学术。在经、史考证需要的带动下，先秦子书得到了前所未有的整理，子学也走出了理学时代的"异端"境地，回到了"子为六经羽翼"的学术体系中，并为近代子学的复兴奠定了基础。清儒研究子学，在考据方面较好地完成了学术文献真实的建立，但由于尊经、尊儒的取向，子学思想并没有真正复活，许多方面还只是在儒学一统局面下的局部调整与调和。②

虽然说法家思想并不受到重视，但乾嘉学者依旧用考据的手段对此作了不懈的努力，管子研究的累累硕果就是有力的证据。

总之，乾嘉学派也受到了一些学者的指责，认为其埋头故纸堆而不问政治，纯考证而不问义理等，如胡适就认为："清代的汉学家，最精校勘训诂，但多不肯做贯通的工夫，故流于支离碎琐。""这三百年之中，几乎只有经师，而无思想家；只有校史者，而无史家；只有校注，而无著作。"③ 我们应该用辩证的观点来看待问题，既要指出他们的不足，也

---

① 方苞：《读管子》，《方苞集》卷二，上海古籍出版社 1983 年版，第 37—38 页。
② 刘仲华：《清代诸子学研究》，中国人民大学出版社 2004 年版，第 260 页。
③ 依次见于刘梦溪《中国现代学术经典·胡适卷》，河北教育出版社 1996 年版，第 24、700 页。

要肯定他们的成绩。如果抛开时代的局限，乾嘉学者还是给后人留下了丰富的文化盛典，为我们的古籍整理与研究打下了坚实的基础，其功卓著。乾嘉学者积几十年之功形成的考据方法，也被后学证明为科学的方法，并至今仍被采用。正是凭借了他们的《管子》研究成果，近现代管学才出现了"井喷"之局面。

第二节　王念孙与《管子》研究

在乾嘉学派中，王氏父子可谓是重要的代表，其学术成果也很多，著名的有《广雅疏证》、《读书杂志》、《经义述闻》等，"高邮王氏一家之学，海内无匹"。① 王念孙的《读书杂志》不仅在乾嘉学术中占有很重要的地位，而且在管子研究中也有很广泛的影响。因此，清代管子研究的历程中，我们不能无视王念孙与《读书杂志》的存在，而且很有必要深入研究王念孙与《读书杂志》对管子研究的贡献及对后世的影响。

一　王念孙生平及其学术成就简述

王念孙（1744—1832），字怀祖，号石臞，又作石渠，高邮州（江苏高邮）人。我国清代音韵学家、训诂学家、校勘学家。自幼聪敏过人，四岁能读《尚书》，七岁能作文，八岁就已经读完了《十三经》，并读了《史记》、《通鉴》等史籍。他读书不过十遍就能背诵，因此被当地人誉为神童。这些学问的获得与其有良好的家学是分不开的。其高祖开运，州学生，研究《尚书》有得，在当地很有名望；其曾祖式招，是康熙年间的副榜贡生，博通五经，学问渊深；其祖曾禄，字西受，号古堂先生，深谙理学，在当时赫赫有名，师从者甚众；其父安国，字书城，号春圃，雍正间进士，官至吏部尚书，谥为文肃，《清史稿》有传。王氏少年时便师从当时的乾嘉之学皖派大师戴震，习文字、声韵、训诂之学，打下了

---

① 阮元：《王石臞先生墓志铭》，《揅经室续集》卷二，王云五主编《丛书集成初编》文学类第 2198 册，商务印书馆 1935 年版，第 93 页。

良好的学术基础。

　　乾隆帝南巡之时，王念孙以大臣之子的身份迎接銮驾，并接受当场作文献策。高宗观其聪颖且学识渊博，甚为赏识，赐为举人。乾隆四十年（1775）选为翰林院庶吉士，散馆，后改为工部主事，升任郎中，擢任陕西道御史。嘉庆四年（1799），仁宗亲政，当时川楚两地教匪猖獗，念孙上陈剿贼六事，弹劾大学士和珅，在疏奏中引经据义，很得嘉庆帝的赞许。同年，任直隶永定河道。六年，因所管辖的河堤决口而被罢免，但蒙圣恩而督办河工，事情办理之后，受赏为主事衔。后任山东运河道，六年后调永定河道。在一次关于引黄入湖的廷议中，王念孙认为引黄入湖会有淤沙，但暂时还没有灾害。这个建议得到嘉庆帝的认可，下诏依此实行。可是不久永定河水像六年前一样暴涨，王念孙引咎辞职，获旨在家休养。① 罢官后，王念孙赋闲在家，以著述自娱，编撰了多部著作，在学术上取得了很大的成就，影响非常大。道光十二年（1832）卒，年八十九。可见，王念孙在做官方面并不十分精通，而在学问方面倒有很好的天赋，成就了一代学术宗师。

　　在其出任陕西道御史之前，王念孙就打下了深厚的学术基础。他的学术渊源主要有三个方面：一是他天生有很好禀赋，有超强的记忆力和勤学乐思的性格；二是他受家学的影响很深，从高祖到父亲，都在学术上有很高的成就；三是师从汉学大师戴震，得到了相当优良的教育。罢官之后到谢世之前，有比较充足的时间潜心进行学术研究。这段时间是他学术成果的总结和陆续展现时期，是他学术研究的高峰时期。

　　王念孙一生的学术成果很多，小学方面主要有《广雅疏证》十卷，其引书范围涉及了经、史、子、集各个方面，真可谓是"引申触类，不限形体"之大作。文献学方面主要有《读书杂志》八十二卷，校勘古书十八种，在书后还附有《汉隶拾遗》一种。水利方面的实践与理论一是治理河道的实践经验，二是著《导河议》和《河源纪略》两部理论著作。

---

　　① 王念孙的生平除上面提到的阮元《王石臞先生墓志铭》之外，还可参看《清史稿》卷四八一儒林传二的《王念孙传》以及《清儒学案》卷一百。

二　《读书杂志》及《管子杂志》

王念孙在学术上的贡献，首推《广雅疏证》。他从小师从戴震，在文字、音韵、训诂之学上有很深的造诣，《清史稿》的撰写者认为他和段玉裁同样得到了戴震的真传。王念孙虽然广泛涉猎经史子集，但小学尤为擅长，并穷毕生精力研究《广雅》，作《广雅疏证》。齐佩瑢先生曾评价说："当时治雅学者，以高邮王氏父子为最精。"① 齐先生盛赞王氏父子在雅学研究上的贡献，在这一点上得到诸多学者的认同。除《广雅疏证》外，另一部学术专著是《读书杂志》，下面就对《读书杂志》及其中的《管子杂志》作一阐述。

（一）《读书杂志》简述

《读书杂志》是王念孙的又一部在学术史上较有影响的著作，是王念孙在校读古史、诸子、汉碑以及集部若干篇目时所做的读书札记，故名曰《读书杂志》。它虽然是一本札记体的学术著作，但其在训诂学上依然有相当重要的价值。据《清史稿》本传记载，这部著作是王念孙晚年时完成，但实际上并不是只在晚年时才开始写作。由于这是一部随记性质的著作，其初始写作时间比实际要早得多。再者，《读书杂志》也被公认为是一部校勘学专著，主要理由是这部书除了在文字训释上的重大成就之外，还对前代流传的一些典籍的内容进行了校勘，改正了不少前代版本传抄、注释中的错误，为后代学者对相关典籍的研究提供了正确的方向。

《读书杂志》共八十二卷，余编两卷。正编包括《淮南内篇杂志》、《战国策杂志》、《史记杂志》、《管子杂志》、《晏子春秋杂志》、《荀子杂志》、《逸周书杂志》、《汉书杂志》、《墨子杂志》、《汉隶拾遗》。这些札记在王念孙生前于嘉庆十七年（1812）至道光十一年（1831）陆续写成并得以刊行。余编上卷为《后汉书杂志》、《老子杂志》、《庄子杂志》、《吕氏春秋杂志》、《韩非子杂志》、《法言杂志》，下卷为《楚辞杂志》和

---

① 齐佩瑢：《训诂学概论》，中华书局1984年版，第233页。

《文选杂志》，共有札记二百六十余条，后由其子王引之于道光十二年
（1832）整理刊行。

从《读书杂志》所校释文献来看，王念孙研究的范围在很大程度上
不受经学所囿，广泛涉猎史部、子部、集部文献乃至汉代的碑文材料。
除了内容的广博之外，该书还体现了王氏独到的见解、成熟的校释方法
和对校勘理论的探索。总之，它虽然是一本杂记式的著作，有琐碎考据
的缺陷，但仍是王念孙考据学的重要代表作之一，而且在校勘理论和方
法上做出了很大的功绩，其影响直至当代。

《读书杂志》有王引之道光十二年的刊刻本（世称家刻本），同治九
年（1870）金陵书局刊本，1985 年江苏古籍出版社据王氏家刻本影印，
2000 年 9 月重印。

（二）《管子杂志》对《管子》的研究

《管子杂志》是《读书杂志》的重要组成部分，共校《管子》六百
四十余条，集中体现了王念孙文字训诂、文献校勘方面的成就。我们在
研究《读书杂志》的时候，也可以通过《管子杂志》达到剖析王念孙文
字训诂和文献校勘体例、思想及方法等方面内容的目的。通过对《管子
杂志》的解析，可以帮助我们理解《管子》训释中出现的问题，也可以
帮助我们分析《管子》整理和研究过程中的现象。基于此，下面以《管
子杂志》为研究对象，探讨王念孙在《管子》研究中的成果。

1. 辨文

王念孙是小学大家，继承了乾嘉朴学之风，注释校勘文字当以实证
为能，所以他在《管子杂志》的校勘中多注重证据。只要对《管子》原
文或前人的解释有疑问，王念孙就明确提出自己的见解，并以小心求证
的态度对待每一个解释。因此，后人在读解《管子》时，对王念孙的校
勘注释工作给予高度的关注，推崇为不刊之论，这不能不说是实证之习
气带来的结果。

古书在传抄翻刻过程中难免出现错讹，而因字形相似而误的情况也
不乏其例。而后人在注解的过程中郢书燕说，更加深了流弊。清代大家
孙诒让在《札迻·自序》中说："尝谓秦汉文籍，谊旨奥博。字例文例，
多与后世殊异。……复以竹帛梨枣钞刊娄易，则有三代文字之通假，有

秦汉篆隶之变迁，有魏晋正草之混淆，有六朝唐人俗书之流失，有宋元明校椠之羼改，迳径百出，多歧亡羊。非覃思精勘，深究本原，未易得正也。"① 可见，古籍的流传过程会遇到各种变异的情况，王念孙利用其小学上的精湛造诣，分析出了《管子》原文中不少文字错讹以及注释当中的错误。

（1）根据文字的形体、声韵和含义来推断《管子》中文字的错讹

文字上的错讹是古书传抄刻印当中的一个最为普遍的现象，即使再认真的抄书匠和雕版工，难免会犯错误。当错误出现后，一些注释者遇到这样的情形难以解释时，又往往就误而误释，以讹传讹，积误更深。王念孙充分利用自己深厚的小学功底，对这类现象进行大胆怀疑和推断，解决了很多《管子》中的文字错讹。例如：

　　《形势第二》：上无事则民自试，抱蜀不言而庙堂既修。
　　尹知章注曰："蜀，祠器也。君人者但抱祠器以身率道，虽复静然不言，庙堂之政既以修理矣。"朱曰："蜀乃器字之误书耳。"念孙案：朱以蜀为器之误，是也。后《形势解》作蜀，亦误。修当为循，亦字之误也。（"循误为修"条，第411—412页②）

这样对文字错讹进行辩证的工作在《读书杂志》中随处可拾。毋庸讳言，文字校勘工作是古籍整理和研究的最基本工作，就当代的学者来说，这样的工作并不很难，因为现今有多种科学技术手段在工作中的应用，大大减轻了文字校勘的难度。但在王念孙时代，没有更多的参照物，文字勘误就相对来说要难。王念孙更多地使用了校勘方法中的理校法，而使用理校法就非有很深的学术积淀不可。

乾嘉之学中戴震一派是崇尚求实之风的，故而在指出文字错误之后，就需要有大量的证据来证实所改之字不误。因此，在每条辨误之后，王念孙不仅对正字的字义进行了解释，而且列举了大量的证据。如上面的

　　① 孙诒让：《自序》，《札迻》，齐鲁书社1989年版，第2页。
　　② 例证引自王念孙《读书杂志》，江苏古籍出版社1985年版，后为该条目在书中的页码。下仿此，不再出注。

"循误为修"条，后面便有这样的论述：

> 事、试为韵，循、言为韵。循，顺也，从也。言人君抱器不言而庙堂之中已顺从也。《形势解》云："人主立其度量，陈其分职，明其法式，以莅其民而不以言先之，则民循正。所谓抱蜀者，祠器也，故曰抱蜀不言而庙堂既循。"是其证矣。《宙合》篇曰："明墨章画，道德有常，则后世人人修理而不迷。""修"亦当为"循"，言君子道德有常，如工人之明墨章画，则后世皆循其理而不迷也。《君臣》篇曰："权度不一，则修义者惑。"又曰："能上尽言于主，下致力于民而足以修义从令者，忠臣也。"两"修"字皆当为"循"，循亦从也。下文云"下之事上不虚则循义从令者审也"是其证矣。《四称》篇曰："不修天道，不鉴四方。"又曰："不修先故变易国常。"两"修"字亦当为"循"，言不顺天道不遵先故也。《侈靡》篇曰："缘故修法，以政治道。""修"亦当为"循"，缘亦循也，政与正同，言缘顺故常遵循法度以正治道也。《势》篇曰："慕和其众，以修天地之从。"又曰："修阴阳之从而道天地之常。"两"修"字亦当为"循"，循，顺也；从，行也。言顺天地之行，顺阴阳之行也。道天地之常道，与循义亦相近也。《正》篇曰："明之以察其生，必修其理。"《九守》篇曰："因之修理，故能长久。"两"修"字亦当为"循"，循理，顺理也。《九守》篇又曰："修名而督实，按实而定名。""修"亦当为"循"，循，因也，因名而责实也。《韩子·定法》篇曰："因任而授官，循名而责实。"《淮南·主术》篇曰："循名责实，官使自司。"《后汉书·王堂传》曰："循名责实，察言观政。"《蜀志·诸葛亮传》评曰："循名责实，虚伪不齿。"皆本于《管子》也。《地数》篇曰："修河济之流，南输梁赵宋卫濮阳。""修"亦当为"循"，言循河济而南也。（"循误为修"条，第412页）

为了证明自己所改"修"为"循"不误，王念孙采用了音韵学的方法，说明其前后押韵的关系。为了证实"循"的含义为"顺"（这又是音训），王念孙列举了大量的文献材料，如《管子》的《形势解》、《宙合》篇、《君臣》篇、《四称》篇、《势》篇、《正》篇、《九守》篇、《地数》篇等。这里,主要运用了本校法,即通过本书其他地方的同字同义来证明这一处用字的错误及正字的意义。除此之外,还提到了《韩非子》、《淮南子》、《后汉书》、《蜀志》等对《管子》该处的引用,来旁证自己的观点。

(2)原文的衍、脱、倒等现象的校勘

除了文字的错讹之外,文字的衍、脱、倒等失误也是古籍校勘的重要工作。王念孙对这类现象也十分重视,并在《管子杂志》中时有体现。例如:

《七法第六》:独行无敌,故令行而禁止。故攻国救邑,不恃权与之国。

"故攻国救邑","故"字涉上下文而衍。"不远道里"、"不险山河"、"独行无敌"、"攻国救邑"皆承上文言之,则皆不当有"故"字。"不恃权与之国","恃"当为"待"。《幼官》、《事语》二篇并云"不待权与",是其证。今本"待"作"恃"者,涉上文"恃固"而误。尹《注》同。("故攻国救邑不恃权与之国"条,第419页)

此为衍文、讹文例。再如:

《法禁第十四》:昔者圣王之治其民也不然,废上之法制者必负以耻,财厚博惠,以私亲于民者,正经而自正矣。

"财厚"当依注作"厚财",此言废上之法制,及厚财博惠,以私亲于民者,皆圣王之所禁也。"厚财博惠,以私亲于民者",与"正经而自正矣"文义不相连属。两句之间当有脱文。尹强为之解,而终不可通也。("财厚博惠以私亲于民者正经而自正矣"条,第432页)

此为脱文例。又如:

《幼官第八》:察数而知治,审器而识胜,明谋而适胜。

　　"适胜"当为"胜适"。"适"即"敌"字也。《兵法》篇云:
"察敌则知治,审器而识胜,明理而胜敌。"是其证。今作"适胜"
者,涉上句"识胜"而误。("适胜"条,第424页)

此为讹文例。

　　文字的衍、脱、讹、倒是古籍在传播过程中不可避免的现象,除了
人为的因素之外,自然环境和社会环境也影响了古籍的传播,也是导致
古籍内容失误的重要原因。历代学者就是在不断地改正错误和制造错误
的矛盾中延续了古籍的存在。王念孙以自己的学识和睿智以札记的形式
记录了《管子》中的文字错误现象,为后代学者研读《管子》扫除了文
字障碍。

　　(3) 指出产生文字错讹的原因

　　由于时代因素、抄刻者的素质以及校勘条件的限制等因素的影响,
文字错讹的原因多种多样,这就给文字校勘工作带来很大的难题。王念
孙在《管子》的文字校勘过程中凭借自身的学识解决了很多文字上的错
讹,留给后学在阅读《管子》时的极大便利。王念孙的文字校勘功绩不
仅仅如此,他在校勘文字的同时还推测了导致错误的原因。例如:

　　《形势第二》:独王之国,劳而多祸。
　　刘曰:"当依《解》作独任之国。"念孙案:"任"字古通作
"壬",因讹而为"王",尹《注》非。("独王"条,第414页)
　　《乘马第五》:是知诸侯之地千乘之国者,所以知地之小大也,
所以知任之轻重也。
　　"地之小大"当作"器之小大"。上文云"诸侯之地,千乘之国
者,器之制也",故此文云"是知诸侯之地千乘之国者,所以知器之
小大也。所以知任之轻重也"。下文"不知任,不知器",正承此二
句言之。今本"器"作"地"者,涉上文"诸侯之地"而误。("地
之小大"条,第416页)

　　以上两例分别阐述了导致两处文字错误的不同原因,前一例是古字
通假而后人抄刻时不明而致误,后一例是由上文出现相同的文字后人不

察其义而致误。在《管子杂志》中，类似的说解还有很多，而对文字致误原因的推测也相当普遍。除了上面提到的通假致误和涉上下文外，王念孙还提到字形相似而误、涉下文致误、文字漫灭致误、避讳致误等多种原因，这里暂不赘述。①

2. 释义

释义是训诂的主要工作，是训诂工作者必须面对的。释义不仅仅是疏通字义，有时词、句、段、篇乃至文义背后之义，都需要加以解决。换句话说，就是要为普通读者扫清一切含义上的障碍。

王念孙在《管子杂志》中的主要任务是解决文字讹误的，而解决文字讹误的首要就是明白文义，前人注释的错误和自己的改正也需要正确的解释才能通达。故而《管子杂志》中关于释义的文字随处可见。下依类列举几条。

（1）直接释义。例如：

《中匡第十九》：有司宽而不凌。

凌者，严急之意，字或作"陵"。《荀子·致士篇》曰："凡节奏欲陵，则生民欲宽。"《富国篇》曰："其于货财取与计数也，宽饶简易；其于礼义节奏也，陵谨尽察。"是"陵"与"宽"正相反也。（"宽而不凌"条，第442页）

（2）改正原文中的误字，然后释义。例如：

《君臣上第三十》：为人君者，执要而待之，则下虽有奸伪之心，不敢杀也。

"杀"当为"试"，言不敢试其奸伪也。下文云"然则躁作奸邪伪诈之人不敢试也"，语意正与此同。今作"不敢杀"者，"试"伪为"弒"，又为"杀"耳。（"不敢杀"条，第455页）

---

① 可参见左民安《王念孙校雠学初探》，《宁夏社会科学》1986年第3期，第49、95—100页。

（3）依他本或他注订正原文，并释义。例如：

《明法解第六十七》：任人而不官，故不肖者不困。

"不官"当依《群书治要》作"不课"。任人而不课其功，则贤否无由而见，故不肖者不困也。下文曰"官任其身而课其功"是其证。上文曰："听言而不试，故妄言者得用。""试"亦"课"也。今本"课"作"官"者，涉上下文诸"官"字而误。（"不官"条，第 499—500 页）

不管是何种形式的纠正和何种原因的谬误，王念孙都是在疏通文意的基础之上进行的，因此，识文断意就是这种工作的核心内容。而王念孙在校勘过程中的释义是对其校勘内容的有力支持与很好的补充。

3. 断句

断句是理解文意的前提，如果断句正确，那么可以正确地理解原文大意；如果断句错误，不仅不能理解作者的意图，而且造成释读原文时的错误，甚至作出支离破碎的解释而误导读者。《管子》是一本流传了千余年的图书，其自然的和人为的损毁因素必然导致作品本身趋于难读，再加上后代注释者的误释，更使读者对原书的理解雪上加霜。其中对原文正确的句读就显得非常重要。王念孙凭借自己多年的经验，对古籍的校读有比较清醒的认识，因此在校读《管子》时对断句问题时有所感，这些都记录在《管子杂志》中。例如：

《问第二十四》：令守法之官日行度必明无失经常。

尹读"令守法之官日行"为句，注云："令守法之官，日行边鄙关塞。"又读"度必明"为句、"无失经常"为句，注云："其巡行之时，必明其制度，无得失于经常。"念孙案：尹《注》甚谬，"日"当为"曰"字之误也。"令守法之官曰"为句，"行度必明"为句，"无失经常"为句。（"令守法之官日行度必明"条，第 451 页）

错误的断句不仅造成释义的错误，而且也会造成校勘的失误。无论前贤还是后学，遇到古书的疑难处常常难以断句，不知某字当属上读还是归属下读，因而造成误读，由此曲解文义。王念孙根据句读恰当与否来校古书讹误。上例便是由于一个误字而造成文意的晦涩难懂而导致尹知章的错误断句乃至错误的注解。再如：

> 《君臣下第三十一》：故施舍优犹以济乱则百姓悦。
>
> 尹读"故施舍优"为句，"犹以济乱"为句，注云："言施恩厚，舍罪罚，二者优厚，虽非用法犹能济乱。"念孙案：尹说非也。"故施舍优犹以济乱"当作一句读，"优犹"即"优游"。《荀子·正论篇》曰"优犹知足"，是也。济，止也。施舍以厚之，优游以畜之，则可以止乱矣。（"故施舍优犹以济乱"条，第456—457页）

此条又是尹《注》不懂联绵词"优犹"而造成的错误断句。

句读的失误有很多的原因，除了上面提到的由误字和词性导致句读的失误之外，文字的衍、脱、倒以及文字形体的演变等现象也是造成句读失误乃至原文理解错误的原因。后人由于不了解原文的变动情况，而一味地根据自己的判断来断句与说解，自然会造成误解。甚至有些学者为了使原文易于理解而擅自改字，偏离和误解了原文的意思。

4. 纠注

《管子》自成书以后，随着时代的发展，读者难以明晓文义，学者的释读成为《管子》传播的必要条件。唐代尹知章对《管子》作注，此注成为《管子》注释中甚为突出者，并有承前启后之功劳，之后学者多以尹《注》为释读《管子》的主要参考。

王念孙撰写《管子杂志》的主要依据是家藏的赵用贤本，并参照了唐尹知章注和明刘绩的注，也综合了同时代学者孙渊如（诒让）、洪筠轩（颐煊）的研究成果。他认为，《管子》在长久的流传过程中逐渐产生了很多讹误，而尹知章作注时根据错误的原文强加解释，难免错误滋甚。所以，王念孙在《管子》校读过程中也同时指出了前代释读者——尤其是尹知章的解释之误。例如：

> 《五辅第十》：衣冻寒，食饥渴，匡贫窭，振罢露，资乏绝，此谓振其穷。

"振罢露"，尹《注》曰："疾惫裸露者振救之。"念孙案：上文云
"养长老，慈幼孤，恤鳏寡，问疾病，吊祸丧，此谓匡其急"，此云
"衣冻寒，食饥渴，匡贫窭，振罢露，资乏绝，此谓振其穷"。是上言
"问疾病"，乃匡急之事，非振穷之事。此言"振罢露"，乃振穷之事，
非匡急之事。尹以"罢"为疾惫，非也。至以"露"为裸露，则尤未
解"露"字之义。（"振罢露 国家乃路 国家踣"条，第425页）

此条札记指出了尹知章注的错误，除了所引事例中提到的《管子》
原文中的证据之外，王念孙又引用了大量的其他数据，如《列子》、《左
传》、《荀子》、《韩非子》、《战国策》等同类材料，来证明自己的观点，
批判尹《注》的失误。

以上是我们把《管子杂志》中校注的特点条分缕析地展示出来，实
际上王念孙校勘古书常常是多角度全方位地加以阐释，形成的是综合性
的研究成果，因而结论更可靠。上面所举的事例很少只从一个方面校勘
的，往往是既辨误，又释义，又引证；既从字音、字形、字义上下手，
又在行文、对仗、注解上分析。一字而条分缕析，精辨如此，可谓是朴
学之大师矣，亦为后世校勘之楷模。

三 《管子杂志》的成就及影响

《管子》的思想极为复杂，语言极为难解，在先贤和后学的眼中是非
常难读的。因此也就出现了在流传过程中后人对《管子》原文的妄改，
也就导致了后学的误注。王念孙的《管子杂志》以考据与求实的理念辨
析了《管子》中存在的问题，这也体现了他知难而上、敢于面对别人回
避的难题。基于以上的认识，我们可以认为王念孙的《管子杂志》是他
《读书杂志》的重要部分，完全可以代表王念孙的训诂和校勘成就，也可
以证明王念孙在《管子》研究中的地位及影响。

（一）《管子杂志》的校释成就

《读书杂志》无疑是一部训诂学巨著，因其包含了训诂的主要工作，
如训释文字、辨析字形、审查音训、因声求义、明晰句读、阐明文旨、

点明修辞等内容;《读书杂志》也毫无争议是一部校勘学大作,因其所拥有了校勘的主要任务,如辨别文字的衍脱讹倒、辨正史实典章、校订古注错误等方面。这部书是王念孙经年的积累而成,是其一生智慧的结晶,书中处处体现出其广博的学识、扎实的功底、精审的思辨乃至严密的论证。《管子杂志》又是《读书杂志》的极好代表,是其于 76 岁高龄时学术成熟期的杰作。王念孙的训诂校勘思想、方法、主张等方面的内容在《管子杂志》中都有集中的展示。因此,我们在探讨《管子》在清代的研究历程中不得不提王念孙《管子杂志》的成就。我们认为,王念孙通过《管子杂志》体现出的训释成就有以下数端:

1. 训诂与校勘的无缝结合

训诂的目的在于明古书本义,沟通古今人的思想。训诂家所做的工作就是沟通古今。沟通古今的前提就是要明白古书原意,而实际上古籍的流传存在着许多变数,并且古今的注释者也良莠不齐。因此,清除古籍流传过程中的谬误就成了校勘的主要任务,而还原古籍的本意就成了训诂的核心内容。

关于校勘的意义,段玉裁在《与诸同志论校书之难》一文中说:"校书之难,非照本改字不讹不漏之难也,定其是非之难。是非有二:曰底本之是非,曰立说之是非。必先定其底本之是非,而后可断其立说之是非。……何谓底本?著书者之稿本是也。何谓立说?著书者所言之义理是也。……不先正注疏释文之底本,则多诬古人;不断其立说之是非,则多误今人。"[1]

关于训诂的意义,阮元在《经义述闻序》中引《韩非子》和《战国策》的两则笑话:"昔郢人遗燕相书。夜书,曰:举烛!因而过书举烛。燕相受书说之曰,举烛者尚明也,尚明者举贤也,国以治。治则治矣,非书意也。郑人谓玉未理者璞,周人谓鼠未腊者璞。周人曰:欲买璞乎?郑贾曰:欲也。出其璞乃鼠也。夫误会举烛之义幸而治,误解鼠璞则大谬。由是言之,凡误解古书者,皆举烛鼠璞之类也。"[2] 此为经典的郢书

---

① 段玉裁:《与诸同志论校书之难》,《经韵楼集》卷十二,道光元年七叶衍祥堂刊本,第47—52 页。

② 阮元:《经义述闻序》,商务印书馆 1935 年版,第 1 页。

燕说和鼠璞故事，说明了一个道理，对古籍的误解经常是不经意中就发生了，而后人由于没有了语言发生的环境而理解起来更加困难，有时甚至强为之说，错上加错。这就需要训诂者在训释时要小心谨慎。

段玉裁在言论中所提到的"正底本"其实是校勘的内容，"断其立说之是非"又带有训诂性质的工作。阮元所举的两则故事，不仅谈了训诂的重要性，而且也点明了校勘的意义。而两者在实际校释古书的过程中走得越来越近。换句话说，如果不解古人原话，就不懂古人原义；只有不诬古人，才能不误今人。

王念孙真正做到了训诂与校勘的有机融合。在《管子杂志》校读《管子》的六百四十余条中，绝大部分都是既有校勘，又有释义，并附有大量佐证。试举一例：

> 《法法第十六》：六者在臣期年，臣不忠，君不能夺。在子期年，子不孝，父不能夺。故春秋之记，臣有弑其君，子有弑其父者。得此六者，而君父不智也。
>
> 尹读"智"为智慧之智，非也。"智"与"知"同。言权已下移，而上不知，故有弑父弑君之祸也。《君臣》篇曰"四者一作，而上不知也，则国之危可坐而待也"，语意正与此同。"智"字古有二音二义，一为智慧之智，一为知识之知。《说文》："智，识词也。"是"智"即知识之知。《广雅》曰："觉、叡、闻、晓、哲，智也。""叡、哲"为智慧之智，"觉、闻、晓"为知识之知，是"智"有二音二义也。《墨子·节葬》篇曰："力不足，财不赡，智不智。"《经说》篇曰："逃臣不智其处，狗犬不智其名。"《耕柱》篇曰："岂能智数百岁之后哉。"《吕氏春秋·忠廉》篇曰："若此人者，固难得其患，虽得之，有不智。"《韩子·孤愤》篇曰："智不类越，而不智不类其国，不察其类者也。"《秦策》曰："楚智横门君之善用兵。"《淮南·诠言》篇曰："有智若无智，有能若无能。"以上诸"智"字皆与"知"字同义。后人但知智慧之智或作"知"，而不知知识之知又作"智"，故凡古书中知识之知作"智"字者皆改为"知"字。此"智"字若非尹氏误解，则后人亦必改为"知"矣。（"不智 智静之修"条，第435—436页）

这一条总共包含了四个方面：（1）订正了尹《注》的错误，认为尹知章注"智"为智慧的智是不对的；（2）解释了"智"在此处的含义，"智"与"知"同，应该是知道的意思；（3）列举了大量佐证，有三方面：本书的如《君臣》篇，字书的如《说文》、《广雅》，他书的如《墨子》、《韩非子》、《淮南子》、《战国策》等；（4）说明了致误的原因，主要是因后人只知"智"或作"知"，而不知"知"也可作"智"。

训诂用以明义，校勘用以纠谬。训诂是为了解释古代语言，校勘也是为了同样的目的。在这一点上，校勘与训诂从一开始就是紧密地结合在一起的。训诂与校勘在王念孙的《读书杂志》中结合得非常好。这和王念孙本人有深厚的小学功底是分不开的。在当时和前代的学者中，更多的囿于门户之见，有的只精通于训诂，或者精通校勘，而没有出现融通的大家，王念孙可以说是将训诂和校勘融为一体并运用纯熟的大家。这种训诂学家的校勘，有人称其为推理校勘，首先是从语言出发，运用文字、音韵、训诂等知识，依据古代书面语言的内在联系，抽取规律，发现问题，订正讹误，求得确解。如果有旧本对勘，则能进一步证成其说；即使无旧本对勘，其说言之成理，持之有故，也能令人信服。这样既校正了文字，同时也解释了语言。这种推理校勘，可以说正是训诂与校勘紧密结合、交互为用的深一层的科学研究。①

2. 就古音求古义的音训主张

一般而言，意义是通过文字来表现出来的，而最直接的反映就是文字的形体。用什么字形代表什么意义，在于社会的约定俗成，这是实现文字的社会交际功能的首要条件。但是，随着时间的推移，社会的约定俗成已经产生了很大的变化，而字形却没有更多的变化。因此，相对稳定的字形背后是不断变化着的社会约定俗成，即时代的不同，字义产生了变化。王念孙深谙训诂之学，对字形与意义之间的关系有过认真的研究，并于青年时代就完成了《群经义类》两卷，广泛辑录了文献典籍当中的形义特殊关系的用例。

基于以上的事实，我们不能不说王念孙对于形义关系有很深的研究。

---

① 参见薛正兴《谈王念孙的推理校勘》，《社会科学战线》1985 年第 2 期，第 296—302 页。

事实上王念孙并不以此为他校释文献的核心工作，而是更擅长以古音而求古义，即后来所谓的声训。我们认为其中主要原因是王念孙认识到了对于意义来说声音要比字形更加稳定、牢固。我们也可以用古代语言中常出现的异体字和通假字来作例证，两者是古代语言中的不同用字现象，相同意义可以出现在不同的形体上，但不同的形体必须有相同的读音。可见两者只是意义与形体关系的转换，而不是意义与声音关系的转换，这证明了王念孙的认识是很有卓见的。

王念孙声训的主张，主要体现于他的《广雅疏证》中，他说："窃以诂训之旨，本于声音。故有声同字异，声近义同；虽或类聚群分，实亦同条共贯。……今则就古音以求古义，引伸触类，不限形体。"① 主要有两个方面的体现：一是声近义同。这暗示了后代所提出的同源字观念。王氏认为，训诂的目的在明字义，明字义的关键在明字音。形音义三者，是先有义（概念）后有音（表示概念的词的语音标记）再有形（根据这个义和音造的文字符号）。王氏从古音得古义，要比从字形得义要直接得多，因而其结论也比较经典。二是同音通假。王引之说："大人曰，诂训之指，存乎声音，字之声同声近者，经传往住假借。学者以声求义，破其假借之字而读以本字，则涣然冰释。"② 这段话说明同音通假在古籍当中是极为普遍的现象，释者如果以本字读则扞格难通，如果以通假字读则涣然冰释。因此，同音通假不仅仅是理论上的问题，而且解决了注者和读者在实际注释和阅读中的问题。

声近义同、同音通假是王氏父子的重要贡献。他们的声训"摆脱了文字形体的束缚，把语音跟词义直接联系起来。这样做，实际上是纠正了前人把文字看成是直接表示概念的唯心主义观点"。"标志着中国语言学发展的一个新阶段。"③ 这些声训理论再加上他们的训诂实践，以及他们无证不信、孤证不立的训释原则，成就了王氏父子在训诂校勘学方面的大家风范。

---

① 王念孙：《广雅疏证·自序》，中华书局1983年版，第2页。
② 王引之：《经义述闻·自序》，商务印书馆1935年版，第2页。
③ 王力：《训诂学上的一些问题》，《龙虫并雕斋文集》（第一册），中华书局1981年版，第525页。

3. 校勘方法的纯熟应用

关于校勘方法，我们很容易想到近代学者陈垣在《校勘学释例》中提到的"校勘四法"（对校、本校、他校、理校），是学者整理古籍文献的不二法则。王念孙虽然没有提出校勘的这四种方法，但在他的校勘实践中，处处体现了这样的校勘方法。《管子杂志》是《读书杂志》中王念孙用力最勤的部分，在校勘方法上有比较全面的运用，下面就以校勘四法为线索对王念孙的校勘实践加以详述。

（1）对校法。对校法又称死校法，即以同书不同版本互相校勘。此法较简单，但条件是所校之书必须有两种及两种以上版本。此法特点是，容易发现讹误，若要订正，有时还需其他方法配合，或辅以佐证。王念孙也好用此法。在《管子杂志》中，如对"本求朝"的解释即是以不同版本对校的结果。他说："'观左右本朝之臣'作一句读，'求'即'本'字之误，今作'本求朝'者，一本作'本'，一本作'求'，而写者误合之也。下文'故曰入朝廷观左右本求朝之臣'，宋本无'求'字，即其证。"① 此后列举了大量的例证来说明"本求朝"的错误。这正是运用了对校之法而作的辨误工作。

（2）他校法。即参考其他相关书籍来校勘此书。此法在校书时一般使用较多，王念孙也是如此。这是因为此法也较简单，且校本大多有之。王念孙在《管子杂志》中每校一条，都要引用其所知的相关文献来补证，上面我们所举的例子在这方面也不乏其辞，此处不再赘举。

（3）本校法。即参考本书篇章结构、用词特色、句法特征、文势相接或本书其他相类似的内容等方面进行辨误纠谬。此法比上面提到的两法要复杂一些，但校书时也时常会用到。在《读书杂志》中，王念孙经常从句法、引文等方面进行校书，大概都属于本校法。梁启超曾对此法深有体会，他说："……这种工作，非眼光极锐敏、心思极缜密，而品格极方严的人不能作。清儒中最初提倡者为戴东原，而应用得最纯熟矜慎卓著成绩者为高邮王氏父子。……石臞应用第二种校法为最精最慎，随校随释，妙解环生，实为斯学第一流作品。"② 梁氏盛赞王氏父子在这一

① 见王念孙《读书杂志》"本求朝"条，江苏古籍出版社 1985 年版，第 432 页。
② 梁启超：《中国近三百年学术史》，东方出版社 1996 年版，第 251—253 页。

方面的成就，实际上在《管子杂志》中这方面的校勘实践不胜枚举，试举一例。在"所谓擅"条中，王念孙说："'此所谓擅'也，'谓'字后人所加，'所擅'、'所患'皆承上文而言，则'擅'上不当有谓字。"①这是根据上下文的文意而进行的辨误。在《管子杂志》中常规的校勘体例是先辨误，接着释义，然后就是以同书的其他篇章来证明此处辨误的正确性，然后再以他书证之。其中，以本书的其他篇章来说明此处的错误就是本校法的主要手段。

（4）理校法。陈垣在《校勘学释例·校法四例》中说："四为理校法。段玉裁曰：'校书之难，非照本改字，不讹不漏之难；定其是非之难。'所谓理校法也。遇无古本可据，或数本互异，而无所适从之时，则须用此法。此法须通识为之，否则卤莽灭裂，以不误为误，而纠纷愈甚矣。故最高妙者此法，最危险者亦此法。"② 这段话，正说明了理校法之难，也道出了自己校勘的深刻体会。这第四法又称为活校法，是校勘方法中最难的，稍不留意就导致错误，往往是在前三法都没法解决时才谨慎使用此法。

王念孙非常擅长此法，在理校法上用力最勤，功力最深，取得的成就也最大。这不能不说因为其对古书体例烂熟于胸。他从文章的义理、行文的体例、语法特点、用词特点等方面进行综合分析，以类相推，得出可信的结论。这种"最高妙"而又"最危险"的理校法，也只有如王念孙、段玉裁等第一流训诂学大师，才能得心应手、左右逢源地运用，并取得卓越的成就。

以上提到的四种校勘方法，在王念孙的《管子杂志》中都可找到应用的实例。而在实际校书过程中，四种方法并不是孤立地出现的，而是两种或三种方法，甚至是四种方法综合运用。因此，我们有理由相信，在陈垣的校勘理论出现之前，作为清代的小学大家，王念孙等人已经运用这种方法对古籍进行校释了。尤其是王念孙，可以说运用得相当纯熟。

4. 多重证据的谨慎态度

在当代的古籍整理研究中，常使用的是二重证据法，即传世文献与

---

① 见王念孙《读书杂志》"所谓擅"条，江苏古籍出版社 1985 年版，第 437 页。
② 陈垣：《校勘学释例》，中华书局 1959 年版，第 148 页。

出土文献相印证，取得研究的突破。而在乾嘉时代，这样的现象并不存在，即出土文献在当时实在少得可怜。甚至到了近代，我们前面提到的陈垣的校勘四法，也没有重视出土文献与传世文献的对校，而只是用其他文献来印证本书的方法。那么，我们是否可以认为至少在近代以前，训诂校勘中所运用的证据材料是稀少的呢？答案当然是否定的。不论是前贤还是后学，都知道孤证是难以立足的。

王念孙继承了戴震的衣钵，深得朴学之精髓，当然在引证上采取相当谨慎的态度。他在校释《管子杂志》时并不是主观臆断，而是采取各家之说，合理的就加以肯定，并徐下己意，最后列出书证、测度致误原因等方面的内容，这一校释体例应该说是相当完备的。另外，除了完备的校释体例外，把字、词、句、段放于具体的语言环境中，从所处的语境入手，考察字词的正确与否、训释的合理与否、句子通畅与否。不论是训诂，还是校勘，王念孙都不仅仅是为解经而解经，而是从语言的角度出发，在特定的语境下考察字词的运用，还原语言之为言语的本质。这也就是王念孙谨慎校勘的另一个原则或态度之所在。

疑为某某衍脱讹倒是一件比较容易的事情，仅仅凭一己之经验即可，校勘工作如果止步于此则难以立足了，难的是之后的引证。怀疑错误和说明自己不误的证据需要从大量的典籍文献中采撷，而这些仅凭经验是远远不行的。王念孙对此是相当重视，基本上做到了无证不改，证据不足不纠误。一般来说，王念孙在纠误时至少要有两个证据，而多数在五证以上，可见其对文献校释的审慎态度。清代学者朱一新看到王念孙的《读书杂志》时感叹道："然王氏犹必据有数证而后敢改，不失慎重之意。若徒求异前人，单文孤证，务为穿凿，则经学之蠹矣。"① 古德夫在文章中列举王念孙在撰写《读书杂志》考校群书时所搜集的材料，并对材料作了分类：（1）各种版本、校注本；（2）《群书治要》及各种类书；（3）其他古书的引文包括古注的引文；（4）有关的书籍和材料。② 这也说明了王氏对待文献校释的态度。

---

① 朱一新：《无邪堂答问》卷二，《续修四库全书》第 1164 册，上海古籍出版社 2002 年版，第 509 页。

② 古德夫：《王念孙父子与校勘》，《徐州师范学院学报》1985 年第 2 期，第 108—109 页。

5. 实事求是的训释思想

训释方法是在科学的指导思想下形成的。王念孙一贯秉承实事求是的训释思想，在训释过程中既采纳先贤的研究成果，也吸收时学的有益因素；在训释内容上既注重客观的语言环境，又不作生硬的、妄断的结论；在训释观念上，既不固执己见，也不盲从别人。总之，王氏实事求是的训释思想使其训释成果在当时及以后的学界中享有极高声誉。

首先，王念孙在《管子杂志》中常常采纳先贤的注释成果，如尹知章注。虽然对尹《注》大部分都是在批判，但利用尹《注》订正原文的错误之处也不少。如《管子杂志》第五"伐不谓贪"条，就是用尹《注》来证明"伐"字当是"我"字之误。除了尹《注》之外，王氏在校释《管子》时也借用了其他古籍中所引用《管子》的文字。另外，同行的评价对王念孙来说也很重要，据各书前的杂志序记载，王念孙在校勘《大戴礼记》时，就把书稿送给卢文弨看，并征求他的意见；《淮南子杂志》曾送给顾广圻复校；校《荀子》时，"余昔校《荀子》，据卢学士校本而加案语……去年陈硕甫文学以手录宋钱佃校本异同，邮寄来都，余据以与卢本相较，已载入《荀子杂志》中矣。今年顾涧苹文学又以手录吕、钱二本异同见示。"① 尤其是《管子杂志》，直接采纳了其子引之和时学孙渊如、洪筠轩的研究成果。可见，王念孙在校释时非常重视他人的意见，并在校释体例中体现别人的劳动成果，这对提高自身的校释水平是很有帮助的，也说明了王氏实事求是的校释理念。

其次，王念孙在校读古籍时常常利用自己丰富的小学知识，并结合古籍内容的语言环境而进行校释。在校读时，"皆三复本书而申明其义，不敢为苟同，亦庶几土壤之增乔岳，细流之益洪河云尔"②。谨慎而不敢妄下断语。校读《管子》，"撰《广雅疏》成，则于家藏赵用贤本《管子》详为稽核，既又博考诸书所引，每条为之订正"，又"《淮南子》校毕，又取《管子》书而寻绎之，所校之条差增于旧，岁在己卯乃手录前后诸条。"③ 如此反复，可见其校勘之细，精心尽力。另外，在校释过程

---

① 王念孙：《荀子补遗自序》，《读书杂志》，江苏古籍出版社 1985 年版，第 749 页。

② 王念孙：《读淮南子杂志书后》，《读书杂志》，江苏古籍出版社 1985 年版，第 976 页。

③ 王念孙：《读管子杂志序》，《读书杂志》，江苏古籍出版社 1985 年版，第 411 页。

中也不是轻易下结论，而是有一说一，不知则阙如，这也是他实事求是校释学思想的组成部分。关于王氏的阙如存疑之体例，王云路先生概括为四点：其一，不能解释，则标以"未详"；其二，不能判别，则标以"未知孰是"；其三，不能补正，则标以"不可考"；其四，知一说一，不轻下断语。① 正说明了王氏实事求是的治学态度。

最后，王念孙不仅不固执己见，而且还不囿于门户之见，广泛地接受别人的意见，但也不是盲目地听从别人的言论。他曾阐述自己的校释主张，他说："说经者期于得经意而已，前人传注不皆合于经，则择其合经者从之，其皆不合，则以己意逆经而参之他经，证以成训；虽别为之说，亦无不可，必欲专守一家，无少出入，则何邵公之墨守，见伐于康成者矣。"② 不为已有的成见所禁锢，游心于文字、音韵、训诂之中，故他在校释时，"诸说并存则求其是，字有假借则改其读，盖孰于汉学之门户而不囿于汉学之藩篱也"③。从中不难看出，王氏抛弃了门户之见而只专注于所校释之书，故而校勘比较客观、公正。

总之，王念孙在校释《管子》上取得了突出的成就，尤其是在训诂和校勘方面功不可没，这些成就的取得源于他的家学和师承，更来自他的聪颖与勤奋。他的校释思想、方法等方面的成就给后世学者留下了极其宝贵的财富，为后学的研究指明了道路。

（二）《管子杂志》的影响

王念孙穷毕生精力于古籍的校释，其校书的精善、学术的精良对时贤与后学产生了极大的影响。《读书杂志》是王氏校释古籍当中最为用心的一部，在王氏的古籍校释功绩中具有代表意义。因此，我们可以以《管子杂志》的校释影响为例来作窥豹之议，来探讨王念孙的学术影响。

其一，王氏的校释著作受到时贤和后学极高的评价。

王念孙校注群书，最称精善，他在校勘方面所取得的卓著成果，赢

---

① 详见王云路《〈读书杂志〉方法论浅述》，《杭州大学学报》1990 年第 2 期，第 127—128 页。

② 王引之：《经义述闻序》，商务印书馆 1935 年版，第 2 页。

③ 同上。

得当时学者和后人的共同赞誉。王氏从小熟读经史子书，穷毕生精力研究《广雅》，为之作疏证，穷毕生精力研究经史子等古籍中的疑难词语和讹误，故成为当之无愧的清代校释学代表人物，段玉裁称赞他"尤能以古音得经义，盖天下一人而已矣"。① 阮元曾赞道："一字之证，博及万卷，折心解颐，使他人百思不能到。"② 章太炎亦曰："高邮王氏以其绝学释姬汉古书，冰解壤分，无所凝滞，伟哉，千五百年未有其人也。"③ 梁启超曾赞叹道："然则诸公曷能有此成绩耶？一言以蔽之曰：用科学的研究方法而已。试细读王氏父子之著述，最能表现此等精神。"④ 孙钦善认为，王氏父子"就精审而言，在小学、校勘的成就及其学风的谨严等方面是非常突出的，在清代考据学家实难有过之者"⑤。这些评价都是从不同侧面对王氏的校释著作加以赞誉。

　　其二，王氏的校释理论在后世得到了广泛的应用。

　　王念孙的校释著作精善的根本原因在于他总结了一套比较完善的训释理论，以科学理念指导实践当然会取得很高的学术成就。这套理论虽然说没有形成专门的理论阐述，但在他的著作中时刻都应用着。另外，比较集中地阐述自己校释心得的是在《淮南子杂志》之后，附有他对校释的体会。王念孙在校释《淮南子》时先后用不同的版本校了多次，参以群书所引，共订正九百余条。在此基础上他写了一篇很长的校记，分析讹误情况，归纳为六十四种。王念孙总结出的这些条例是在认真细致的分析基础上形成的，而且参考了大量的书证，因此是科学的，必然会成为后世学习的法门。如近代陈垣在《校勘释例》中提出的四十二条例，不过是在王氏《读书杂志》基础上的拓展。王氏校释的体例为后世学者所沿用，如王引之《经义述闻》，俞樾《古书疑义举例》、《群经评议》、《诸子评议》，徐复《后读书杂志》等等，体例皆与王氏一律。

---

① 段玉裁：《广雅疏证序》，《广雅疏证》，中华书局1983年版，第1页。
② 阮元：《王石臞先生墓志铭》，《揅经室续集》卷二，王云五主编《丛书集成初编》本文学类第2198册，商务印书馆1935年版，第93页。
③ 徐复：《訄书详注》，上海古籍出版社2000年版，第424页。
④ 梁启超：《梁启超史学论著四种》，岳麓书社1998年版，第53页。
⑤ 孙钦善：《中国古文献学史》，中华书局1994年版，第1024页。

其三，王氏校释实践值得后人学习和借鉴。

王念孙的校释实践经验也值得后人学习和借鉴。就拿《管子杂志》来说，王念孙就曾说："《管子》书八十六篇，见存者七十六篇，中多古字古义，而流传既久，伪误滋多。自唐尹知章作注，已据伪误之本强为解释，动辄抵牾。明刘氏绩颇有纠正，惜其古训未闲，雠校犹略。曩余撰《广雅疏》成，则于家藏赵用贤本《管子》详为稽核。既又博考诸书所引，每条为之订正。长子引之亦娄以所见质疑，因取其说附焉。余官山东运河兵备道时，孙氏渊如采宋本与今不同者录以见示，余乃就曩所订诸条择其要者商之渊如氏。渊如见而韪之。而又与洪氏筠轩稽合异同，广为考证，诚此书之幸也。及余《淮南子》校毕，又取《管子》书而寻绎之，所校之条差增于旧。岁在己卯，乃手录前后诸条，并载刘氏及孙洪二君之说之最要者，凡六百四十余条，编为十二卷。学诚浅陋，讨论多疏，补而正之，以竢来喆。"① 这里有几点需要我们认真总结：（1）古籍在传播过程中有伪误的情况出现，不能尽信古籍，而要谨慎地对待古籍文本；（2）对前人所作的注疏工作也要谨慎对待，因为前人有可能依据的是错误的文本；（3）校释是一个长时间的工作，不是短期行为；（4）有汉学朴实之风，但不能囿于汉学门户之见，广泛接纳前贤与时学的有益观点。

另外，王念孙校释得到后学的实证。如《白心第三十八》："满盛之国不可以仕任，满盛之家不可以嫁子，骄据傲暴之人不可与交。"念孙案："'任'即'仕'字之误。今作'仕任'者，一本作'仕'，一本作'任'而后人误合之也。尹注云：'不可任其仕。'则所见本已衍'任'字矣。'交'当为'友'，亦字之误也。仕、子、友为韵。"（"仕任与交"条，第472页）这一条既有衍文，又有误字，王念孙从文字形体、用韵通例两方面作比较，勘正了文字。当时无任何资料可供对勘，只能以理校之。从韵例来看，仕、子、友同属古韵之部，"任"属古韵侵部，作"仕任"则失韵矣，"任"与"仕"形体相似，"任"当为"仕"之误字而衍。"交"属古韵宵部，作"交"则失韵矣，"交"当为"友"字形似而讹。近年出土的马王堆汉墓帛书《老子》乙本卷前第三种古佚书《称》

① 王念孙：《读管子杂志序》，《读书杂志》，江苏古籍出版社1985年版，第411页。

中作："不士于盛盈之国，不嫁子于盛盈之家，不友□□□易之
[人]。"① 作"士"（仕）而不作"仕任"，作"友"而不作"交"。这完
全可以证明王氏的判断是正确的。王念孙校释著作的很多内容后来被一
些学者以其他方式所证实，有些观点为后学作为信而有征的材料而直接
引用，王氏作为一代宗师更为后学所推崇。

《读书杂志》校释文献已经超越了经书范围，涉及史部、子部、集部
诸书以及汉代碑文材料，内容广博，见解独到，在方法上也更加娴熟，
能综合运用多种校法以正讹误，尤其善用因声求义、文献互证的训诂方
法来考订错讹，无论是在校勘理论还是研究方法上，都卓有建树。同时
《读书杂志》也涉及文字、音韵、训诂知识以及对古代文化常识和语言规
律的揭示，为我们今天的古籍整理研究提供了详尽的资料和可供借鉴的
理论。

同为乾嘉学派的后学俞樾，所撰的《群经平议》、《诸子平议》以及
《古书疑义举例》均宗法于王氏父子。他根据古书中的误增、误删、衍
文、倒文、伪体、脱漏、误改等弊病，总结出八十八条校雠通例，撰成
《古书疑义举例》一书，使读者可以举一反三，触类旁通，取舍剖析，颇
为精当。无疑，这都是在王念孙的影响下，在校释方面所作出的重要
贡献。

胡朴安曾说："有清一代始开治古书之径途，由声音而得训诂，由训
诂而辨名物，由名物而明义理。如戴氏东原、段氏玉裁、钱氏竹汀等，
皆能于古书之条例有所发明；尤以高邮王氏父子为博大而精审。王氏治
古书，大概本前所举十事（笔者案：指通训诂、定句度、征故实、校异
同、订羡夺、辨声假、正错误、援旁证、辑佚文、稽篇目之十事），参互
钩稽，以得古书之真。其《读书杂志》、《经义述闻》二书，所包蕴极为
丰富，每考订一事，辄能综合同类之证据，以归于义之所安。"② 胡氏此
番话总结了有清一代考据学大师的治学道路及所取得的成就，盛赞高邮
王氏父子在考据理论和方法上的建树。总之，王念孙的校释成就，无论

---

① 国家文物局古文献研究室：《马王堆汉墓帛书》（壹），文物出版社 1980 年版，第 81
页。

② 胡朴安：《古书校读法序》，《胡朴安学术论著》，浙江人民出版社 1998 年版，第 238 页。

经学还是诸子，都在学术史上占有一席之地，并对当代古籍整理与研究工作产生重要影响。

第三节　俞樾与《管子》研究

俞樾是乾嘉学派晚期的重要代表，和王氏父子一样，拥有极高的声誉和丰厚的学术成果，他的著述最后总为《春在堂全书》。俞樾的《诸子平议》和《群经平议》一起构成他古籍校释的核心内容，不仅在乾嘉学术中占有很重要的地位，而且在管子研究中也有很广泛的影响。因此，清代管学研究的历程中，我们很有必要对俞樾的《诸子平议》进行研究，探讨其在清代后期的校释思想，说明其对管子研究的贡献及对后世的影响。

一　俞樾生平及其学术成就简述

俞樾（1821—1906），字荫甫，号曲园，生于浙江德清县城东门外乌巾山麓南棣村（今德清县城关乡金星村）。俞家世代务农，自俞樾祖父俞廷镳（字昌时，号南庄）始为书香之家，虽博识好学，为乾隆钦赐副贡生，然仕途上无所作为。俞樾之父俞鸿渐（字仪伯，号剑花），嘉庆举人，著有《印雪轩文钞》、《印雪轩诗钞》、《印雪轩随笔》和《读三国志随笔》，皆行于世。俞樾六岁时由外祖母姚太夫人亲授启蒙，"幼具慧根。九岁戏为书，即自注其下"①。道光十年（1830），俞樾师从戴贻仲（戴望之父）先生学，凡五年，打下深厚的学术基础，后随父在任馆的常州新安汪氏家读书。俞樾十六岁时入县学，从此走上了科举的道路。他于道光十七年（1837）应乡试，中式副榜第十二名；道光二十四年（1844）中举人；道光三十年（1850）成进士。在保和殿复试时，他以首句为"花落春仍在"回应诗题"淡烟疏雨落花天"，深得主考官曾国藩的赏识，认为咏落花而无衰飒意，力排众议拟为第一。同年五月赐进士出身，改

---

① 蔡冠洛：《清代七百名人传》，台湾明文书局1986年版，第1654页。

翰林院庶吉士。咸丰二年（1852）授翰林院编修，五年（1855）派充国史馆协修，八月外放河南学政，十月出都赴任。咸丰六年（1856）二月主考。咸丰七年（1857）七月，受御史曹泽（登庸）弹劾所出试题割裂，革职回京。俞樾短暂的从政生涯结束了。

此后，俞樾走上了研究经史、从事教学的道路。咸丰八年（1858）春，为避兵乱从京师回到江南故里，侨居苏州饮马桥，时与陈奂、宋翔凤相交，切磋经学，对经今文学有所认识，并产生了研经治学、继承王氏之学的志向，开始从事经学的研究和著述。咸丰十年（1860）返德清，后辗转绍兴、上虞、宁波、上海等地。同治元年（1862）春抵天津。同治四年（1865）秋，应江苏巡抚李鸿章之招，俞樾南下苏州，任紫阳书院主讲。同治七年（1868），又应浙江巡抚马新贻之聘，任杭州诂经精舍主讲，从此来往于苏杭间。其间，先后至菱湖龙湖书院、上海诂经精舍、德清清溪书院、长兴碧溪书院讲学；还曾总办浙江书局，并建议江、浙、杨、鄂四书局分刻《二十四史》，又于浙局精刻子书二十种，一时称为善本。之后，一直是苏州诂经精舍的主讲，直到他年事已高而不得不辞职，前后达三十一年之久。同治十三年（1874）在苏州马医科巷购得已故大学士潘世恩故宅，遂建庭院住宅，迭石凿池，栽花种木，屋旁余地成曲尺形，于是便给自己的宅子题名曲园，自号"曲园居士"。自此，名声渐起，海内与日本求学者甚众，一时号称"门秀三千"。除教学课徒之外，俞樾的心思全放在学术上，从罢官之后到去世，他的大部分著作都是这一时间完成的。光绪三十二年（1906），俞樾卒于苏州寓所，享年八十六岁，后归葬于杭州西湖三台山东麓。

俞樾在学术上的成就非常显著，得到时人及后人的称赞。有人赋诗曰："戴、段、二王后，惟公学最纯；毛、朱、王、钱辈，惟公足比伦。"[1] 将俞樾和汉代巨儒许慎、郑玄以及清代大师顾炎武、阎若璩、戴震、段玉裁、王念孙父子、朱竹垞、钱大昕等人平列，可见一斑。缪荃孙在《俞先生行状》中称赞道："曲园之学，以高邮王氏为宗，发明故训，是正文字，而务为广博，旁及百家，著述殷富，同光之间蔚然为东

---

① 陈寥士：《俞曲园先生百二十年生日感赋》，转引自王卫平《俞樾与中日文化交流》，《浙江学刊》1992 年第 3 期，第 116 页。

南大师。"① 总其一生之著述，成《春在堂全书》，共一百七十多种，五百余卷，这还不包括书成之后的著述。俞樾曾有"书高六尺身相等"的诗句，并自注曰："《春在堂全书》装订一百六十本，积之高六尺许。"② 毋庸置疑，俞樾是一个真正的著作等身的学术宗师。从著作的内容来看，俞樾所写的著作非常广博，包括经学、诸子的考据、训诂、文字、音韵，也有文学的诗词、散文、传奇、小说，还有史学方面的方志、订史，另外更有书法、戏剧、佛道、游艺等，可见其涉猎非常广泛。其中比较著名的有《群经平议》三十五卷、《诸子平议》三十五卷、《曲园杂纂》五十卷、《俞楼杂纂》五十卷、《春在堂杂文》及补三十七卷、《春在堂诗编》二十三卷、《春在堂词录》三卷、《春在堂随笔》十卷、《春在堂尺牍》六卷、《右台仙馆笔记》十六卷、《茶香室丛钞》及续一百零六卷等，编定通俗小说《七侠五义》，参撰《上海县志》、《镇海县志》、《天津县志》、《川沙厅志》等地方志。

二　《诸子平议》及《管子平议》

俞樾关于诸子学的研究范围要远远超出先秦诸子，后代的思想著作也有涉猎。俞樾对子学的论述成果主要在三个方面：其一，《诸子平议》为最集中者；其二，散见于《曲园杂纂》、《俞楼杂纂》和《第一楼丛书》中的子学研究文章，后由李天根辑成《诸子平议补录》二十卷，收录了散见于此三书及其他书籍的诸子研究成果；其三，散在于《古书疑义举例》以及《春在堂杂文》、《春在堂随笔》等著作中的对诸子的校释以及义理的阐释。俞樾在为孙诒让《札迻》所作序中对自己的诸子学成果作过简单的总结，他说："余喜读古书，每读一书必有校正，所著《诸子平议》凡十五种，而其散见于曲园、俞楼两杂纂者又不下四十种。"③ 可见，俞樾除经学成就卓著外，诸子学方面也有杰出的表现。

---

① 徐世昌：《清儒学案》卷一八三，中华书局 2008 年版，第 7033 页。
② 俞樾：《自笑》，《春在堂诗编》卷二十二，《续修四库全书》集部别集类第 1551 册，上海古籍出版社 2002 年版，第 656 页。
③ 俞樾：《札迻序》，《札迻》，齐鲁书社 1989 年版，第 1 页。

（一）《诸子平议》简述

《诸子平议》是俞樾诸子研究成果的代表作。全书三十五卷，包括《管子平议》六卷，《晏子春秋平议》一卷，《老子平议》一卷，《墨子平议》三卷，《荀子平议》四卷，《列子平议》一卷，《庄子平议》三卷，《商子平议》一卷，《韩非子平议》一卷，《董子春秋繁露平议》二卷，《贾子平议》二卷，《淮南内经平议》四卷，《杨子太元经平议》一卷和《杨子法言平议》二卷。该书继《群经平议》而作，在撰写体例上大约与《群经平议》一律。俞樾对诸子的平议并不是一时完成的，其先后顺序大致和《诸子平议》的编目顺序相一致。俞樾曾在给吴和甫的信中谈道："伏思乾隆间文治武功，震烁千古，而士大夫亦皆钻研朴学，实事求是，无虚浮之习。数十年来老成凋谢，后生小子又厌实学而喜空谈。而海内亦适多故，群盗如毛，至今未靖。意者学业之盛衰关乎世运欤？方今中兴伊始，在位之大人君子宜如何振起之欤？……所著《群经平议》虽已刻于浙中，而告成尚杳无时日，见在又草《诸子平议》，已写定者管子六卷，晏子一卷、老子一卷、荀子四卷、商子一卷、韩非子一卷、吕氏春秋三卷、贾子二卷、董子春秋繁露二卷、杨子法言二卷、大元一卷。因乏人传写，故无副墨，不克寄呈大教。日来拟治墨子书，而庄、列之书亦思以次及之，惜未得善本，不知老前辈处有其书否？"① 由信中内容我们不仅获知《诸子平议》的大致成书情况，而且体会到俞樾治学的严谨态度和对时下学术现状的忧虑。

（二）《管子平议》对管子的研究

《管子平议》是《诸子平议》中内容最多的一部分，而且是《诸子平议》的开门之作，我们不难想见俞樾对《管子》的重视程度。因此，我们也可以认为《管子平议》是《诸子平议》的代表作。而事实也是如此，《管子平议》从训释内容、训释形式到理论陈述都充分体现了俞樾在诸子研究上的成就，换句话说，我们可以通过对《管子平议》的研究，就可以了解俞樾在诸子研究上的贡献。

---

① 俞樾：《与吴和甫前辈》，《春在堂尺牍》卷一，光绪九年（1883）刊本。

俞樾在三十八岁后赋闲在家，便真正开始其学术研究。前面提到，他的大部分精力从事经学的研究，并取得了大量的成果。在他的著述中曾提到，"圣人之道，具在于经"，① "治经之道，大要有三：正句读，审字义，通古文假借。……三者之中，通假借为尤要"。② 在此思想的指导下，俞樾撰成《群经平议》三十五卷。不仅治经如此，对诸子的研究也用大略相同的方法。下面就以《管子平议》校释内容为例，阐述俞樾在《管子》研究方面所取得的成就。俞樾在《管子平议》中，主要作了以下几方面研究。

1. 释文义

文章义理理解的关键在于对文义的理解，文义的理解又在于字句的理解。当字义、句义难明时，就谈不上对文义的理解，更谈不上义理的理解了。因此，字句之义的理解虽为小道，却影响了整个文章的义理。俞樾作为一名训诂大家，对字词的解释因袭了朴学之风，注重实证。例如：

> 《立政第四》：道途无行禽。
>
> 尹《注》曰："无禽兽之行。"此曲说也。禽兽之行，谓之禽行，已于文义未安，况倒其文曰行禽乎？此承上文便辟无威于国而言，禽犹囚也。《襄二十四年左传》"收禽挟囚"，是"禽"与"囚"同，盖以拘囚而言，则谓之囚，以禽获而言，则谓之禽也。便辟左右之人，擅作威福，则赭衣满路矣，今也不然，是以道途无行禽也。下文"疏远无蔽狱，孤寡无隐治"，皆以狱讼言，可证此文"禽"字之义。（卷一，第 6 页）③

前面说过，俞樾的诸子研究是模仿王氏父子的诸子学成果而成的，但俞樾的子学研究并不像王氏的研究那样穷尽式的烦琐，而是简而要之，

---

① 俞樾：《序目》，《诸子平议》，上海书店出版社 1988 年版，第 1 页。

② 俞樾：《序目》，《群经平议》，《续修四库全书》经部群经总义类第 178 册，上海古籍出版社 2002 年版，第 1 页。

③ 此处所注为《管子平议》的卷数，页码为《诸子平议》之页码，使用版本为上海书店出版社 1988 年版，下仿此。

只要能够说明问题就戛然而止，绝不多费笔墨。所以，如果我们察看俞氏的《管子平议》，其中很少有长篇大论的。上面就是一例，再如：

> 《法法第十六》：故善用民者，轩冕不下儳，而斧钺不上因。
>
> "轩冕不下儳"，谓其人有善，即从而轩冕之，不以其人在下位，而有所儳议也。"斧钺不上因"，谓其人有罪，即从而斧钺之，不以其人在上位，而有所依违也。《心术》篇曰："因也者，舍己而以物为法者也。"此"因"字之义也。尹《注》曰："不以下有私宠，妄以轩冕有所许拟；不因上有私憾，妄以斧钺有所诛戮。"此说殊不可通，岂上有私宠，即可以轩冕许儳之，下有私憾，即可以斧钺诛戮之乎？（卷一，第24页）

可见，文义之释是任何训诂家不可避免的，也许他们注释的区别在于注释的风格不同，有的崇尚简约，有的繁文缛节；有的追求实证，有的主观臆断。俞樾的解释可谓简约而适切，既做到了信而有征，又不至于烦琐累赘。

2. 明假借

俞樾认为，"诸子之书，文词奥衍，且多古文假借字，注家不能尽通，而儒者又屏置弗道，传写苟且，莫或订正，颠倒错乱，读者难之"，故"治经之暇，旁及诸子"。① 由于是在治经之余"旁及诸子"，所以俞樾在治诸子时，也全用治经之法。阐明假借关系是俞樾诸子校释工作的重要内容，因此，在《管子平议》中，这样的解释也随处可见。例如：

> 《牧民第一》：顺民之经。
>
> "顺"当读为"训"，"训民之经"，言教训其民之道也。古顺、训通用。《尚书·洪范》篇："于帝其训，是训是行。"《史记·宋微子世家》"训"并作"顺"，是其证。（卷一，第1页）

"顺当读为训"，以"读为"作为训诂术语，具有说明通假的作用。

----

① 俞樾：《序目》，《诸子平议》，上海书店出版社1988年版，第2页。

《管子》历来被认为是难以卒读之书，有其错讹倒乱随处可见的原因，但也有时代久远其文字假借众多的缘故。一般来说，后代注释者大多因不明假借而不作解释或胡乱解释，更加重了《管子》难读之病。俞樾正是看到了这种混乱局面的存在，以假借明训诂，解决了很多前人没有搞清和理顺的文句。再如：

> 《立政第四》：大德不至仁，不可以授国柄。
>
> 尹《注》曰："德虽大而仁不至，或包藏祸心，故不可授国柄。"此注于义未安。大德之人，何至包藏祸心乎？《群书治要》引此作"大位"，疑亦后人以意改之，未足据也。"大德不至仁"，"仁"乃"人"之假字，谓虽有大德而独善其身，不能及人也。下文曰："卿相不得众，国之危也。"即承此文而言，惟不至人，故不得众，"人"即众也。（卷一，第7页）

此条说解既说明了"仁"与"人"的假借关系，还辩驳了尹《注》的错误，使原文文意更加明晰，使读者不至于受尹《注》的误导而得到错误的结论。

在上古文献之中，由于个体文字的数量相对较少，而表达日趋丰富的含义就显得力不从心。因此，用音同或音近的字来表达其所没有的义项就成为一种可以推广的办法，这就是假借。当然，假借不可避免地带来文字含义的混乱，尤其是给后人对文献内容的理解制造了障碍，但在当时的写作条件下不能不算作一个权宜之计。对后学来说，如何正确释读假借现象，解决其带来的含义混乱是非常关键的。俞樾作为清代少有的学术宗师，在治经学和诸子时表现出敏锐的观察力，指出文献中的假借现象，让因假借而造成的文意混乱现象得到了合理的解决。

3. 审字义

对于古代文献来说，字义约等于词义。审字义就是要解决词义的问题。我们这里要说的不仅仅是字义，而且包括文字的各种问题，如文字形体、词语意义等问题。在《管子》的校释中，字词问题往往是校释者不可避免并且要花大力气解决的，其原因主要有三个：一是《管子》本身的难读、内容的古奥、思想的深邃都是后学需要面对的；二是《管子》

在传抄过程中出现的种种讹误，这些讹误不仅使原文的理解雪上加霜，更将后学的理解导入误区；三是后学的误解误释。有鉴于此，一些好古求实之学者凭借自身的学术洞察力开始对《管子》及注释产生的错误加以纠正，俞樾就是其中的一位成就突出者。

俞樾对《管子》字词的纠谬主要包括以下几个方面：

（1）匡正原文之误

文献在传抄过程中出现错误是难以避免的，其中有抄手或刻工的水平原因，也有注释者对原文的误解而径改原文的原因。后学在不察原文之误的情形下，所得到的字义、词义、句义甚至文义都是偏颇的，因而难以认识到原文原意，甚至在此基础上的诠解再一次误导他们的后继者。俞樾在校释群经诸子时，能够摆脱前人注释的束缚，站在原文语言习惯和语言文化的基础上，对过去发生的失误进行纠正。在《管子平议》中，这样的例子也不乏见，例如：

> 《形势第二》：美人之怀，定服而勿厌也。
>
> 此句之义，为不可晓。据《形势解》曰："贵富尊显，民归乐之，人主莫不欲也。故欲民之怀乐己者，必服道德而勿厌也。而民怀乐之。"然则《管子》原文，本作"欲人之怀必服而勿厌也"，故其解如此。若作"美人之怀定服而勿厌"，则《解》何以不及"美"字"定"字之义乎？尹《注》曰："欲令人贵美而怀归者，须安定服行道德，勿有疲厌。"则其所据本已误。夫令人贵美而怀归，不得云美人之怀，即尹《注》之迂回难通，知《管子》原文必不如是，当据后解订正。（卷一，第4—5页）

句义不晓，其原因在于原文"美"字传写之误。俞樾的校勘主要依据是《形势解》，《形势解》中根本没有对"美"字的任何说解。由此，不仅可以使原文的理解变得顺畅，而且还可以发现尹《注》之非，即尹《注》所据之原文已经有误，而尹氏强为之解，结果可想而知。

（2）传写互易

关于典籍流传过程中的写刻问题，俞樾有专门的阐述，他称其为"传写互易"。实际上，这就是校勘学当中的"倒文"现象。"倒文"是古籍特别是时代久远的古籍传抄刻写中常见的错误现象，一般来说，根据原文的意思就可以识别这类错误，也有的可以根据其他典籍的引用来判定。例如，俞樾在《管子平议》中就有这样的事例：

> 《八观第十三》：万家以下，则就山泽可矣；万家以上，则去山泽可矣。
>
> "下"、"上"二字疑传写互易。上云："万家之众，可食之地，方五十里，可以为足矣。"是方五十里之地，可食万家之众。然万家或有盈有绌，此复分别言之，若在万家以上者，则宜兼就山泽之地，若在万家以下者，则山泽之地可去也。如今本义不可通，所宜订正。（卷一，第21页）

"上"、"下"二字，在原文中所用之处本无可厚非，但于理难通。俞樾以义理之论，发现二字互易的问题，并建议纠正。

（3）衍脱之误

除倒文外，衍文和脱文也是古籍传播过程中容易出现的错误。俞樾作为学术大家，当然在校释诸子时不能不解决这类问题。对于衍文，他直接指出所衍之文字，有时还加上致衍的原因，例如：

> 《小称第三十二》：故之身者使之爱恶，名者使之荣辱。
>
> "身"上衍"之"字，盖涉上文"泽之身""去之身""审行之身""审去之身"四句而衍。"身者使之爱恶，名者使之荣辱。"两文相对，今作"之身者"于义难通。尹《注》曲为之说，非是。（卷五，第51页）

根据古人的文法规律，俞樾认为第一个"之"在句中是多余的，如果除掉它，句子前后两句相对为文，整齐划一，符合古人的行文习惯。另外，此"之"字在句中没有实际的价值，只会引起后人的误解，尹《注》就是其中之一。可见，俞樾对古人语言规律的把握是十分到位的。

另外，脱文在俞樾的《管子平议》中也常见，他称其为"夺"。例如：

《小问第五十一》：今者寡人见人长尺，而人物具焉冠。

"冠"下本有"冕"字。《说苑·辨物》篇作"有人长尺冠冕"，是其证也。今本夺"冕"字，而《艺文类聚》、《太平御览》、《开元占经》诸书所引，并作"冠冠"，则又因夺"冕"字而误补"冠"字。（卷五，第85页）

此处指出"冠"下夺"冕"字，并以《说苑》为书证，同时指出了《艺文类聚》、《太平御览》、《开元占经》所引该句也因脱文而误补。

（4）注释之误

古籍除了原本的流传之外，更依赖于注疏解释而得以传播。由于解释者学术水平、专注程度、依据版本等因素的不同，最后形成的注疏成果也良莠不齐，其中难免有误。《管子》传世既久，误读误释应该是比较常见的。俞樾在《管子》校读中，靠他敏锐的观察力和学术能力，发现了《管子》注释中的错误。例如：

《牧民第一》：不璋两原，则刑乃繁。

尹《注》云："璋当为章，章，明也。两原，谓妄之原，上无量也；淫之原，不禁文巧也。"尹氏据上文以说两原，是矣。读璋为章，未得其字。"璋"乃"墇"字之误。《说文·土部》："墇，拥也。"经典多以障为之。《吕氏春秋·贵直》篇："是障其原而欲其水也。"高诱注曰："障，塞也，障塞即墇拥也。"此云"不墇两原"，正与《吕氏春秋》所云"障其原"者同义，若非误作"璋"，亦必改而为"障"矣。（卷一，第1页）

这里，俞樾赞成尹《注》中对"两原"的解释，但又指出其对"璋"字的误解。他认为"璋"应该是"墇"的误字，解释为"障塞"，并引《说文》、《吕氏春秋》为证。

（5）校勘之误

俞樾被罢官之后，就开始潜心研究学术。其治经宗高邮王氏父子，积五六年之功，完成《群经平议》及《诸子平议》，引起学术界极大的反响。通过《管子平议》，我们认识到，虽然俞樾学习王氏父子校释群经诸子的风范，但并不是完全受王氏父子校释成果的约束，而是跳出王氏之外，兼容他家学说，有时甚至直指王氏在校勘中出现的失误。例如：

> 《大匡第十八》：桓公使鲍叔识君臣之有善者。
>
> 王氏念孙《读书杂志》曰"君当为群"，其说非也。《乘马》篇曰："士闻见博，学意察，而不为君臣者。"又云："贾知贾之贵贱，日至于市，而不为官贾者；工治容貌功能，日至于市，而不为官工者。"君臣与官贾官工并称，则君臣犹言公臣耳。《襄公二十九年》："公臣不足，取于家臣。"古君、公通称，则公臣、君臣亦得通称，又《问》篇曰："君臣有位而未有田者几何人？"义亦同此。古盖自有君臣之称，未可臆改也。（卷二，第32—33页）

此例指出了王念孙在校勘"君臣"时误以为"群臣"的失察之处。并列举了大量的证据如本书《乘马》篇、《问》篇及《左传》来说明"君"与"公"古时之通称，则"君臣"亦为"公臣"之称。俞樾以他处原文和他书来校本处原文，指出王氏的失误，未易一字而原文顺通，可见其厚实的语言基础和不以成说为囿的严谨治学态度。

4. 正句读

在原文文字不错的情况下，下一步需要解决的就是断句问题。句读辨识虽说在校释中并不是主要内容，但句读失误极可能影响到句义乃至义理的理解。作为一本传播了两千多年的古籍，《管子》有其难读的一面，而句读正确与否也是很重要的。俞樾承王氏父子校释的风格，而且在训诂校勘方面有自己独到的见解，因此一定会在句读上多加留意。《管子平议》在句读上辨误也是比较常见的，下举一例：

> 《法禁第十四》：毋事治职，但力事属。私王官，私君事，去非其人，而人私行者，圣王之禁也。
>
> "但力事属"四字为句，"毋事治职但力事属"，言不以治职为事，而其所竭力从事者，惟在互为连属也。"私王官"为句，"私君事"为句，言以王官为私，以君事为私也。"去非其人而人私行者"

为句，"去"乃"法"之误，言法本非其人所宜行而其人私行之也。尹失其读，故所解皆非。（卷一，第22—23页）

俞樾对此句重新作了断句，并分别指出所断之句的含义。尹于"私"下断句，并注曰："其所勉力事务者，但属其意于私。"于"去"下断句，注曰："王之官，私事则营之，君事则去之也。""私"、"去"二字属上读，语义难明，故俞樾纠正之。

以上诸端，只是俞樾在《管子平议》校释中的主要内容。笔者所举数例，力图说明俞樾在《管子》研究方面的成就。需要注意的是，以上诸种方式并不是孤立使用的，有时是综合在一起来说的，这主要是一些语句中存在的问题可能是多种多样的。例如：

《轻重乙第八十一》：桓公问于管子曰：崇弟、蒋弟、丁、惠之功世，吾岁罔，寡人不得籍斗升焉。去菹莱咸卤斥泽山间㟪埵不为用之壤，寡人不得籍斗升焉。去一列稼缘封十五里之原强耕，而自以为落其民，寡人不得籍斗升焉。则是寡人之国，五分而不能操其二。

此文凡三云"寡人不得籍斗升焉"句下，并有"去一"两字，言如此则是去其一分也。今第一句下有"去"字而夺"一"字，第二句下"去一"两字俱存，而误属下读，第三句下"去一"两字俱夺矣。"不能操其二"，当作"不能操其三"，盖上文三言去一，则是去其三分，故桓公言五分不能操其三也，如今本则皆不得其指矣。又按"吾岁罔"者，即吾岁无也，"罔"、"无"一声之转。《尚书·汤誓》"罔有攸赦，西伯戡黎，罔敢知吉"，《微子》"乃罔恒获"，《金縢》"壬其罔害"，《史记》并易以"无"字，是其证也。岁无即岁凶。或疑"罔"字为"凶"字之误，非是。（卷六，第114—115页）

此例既有脱文，又有错讹，还有句读的问题，俞樾在校释时当然需要运用多种手段去解决。

三 《管子平议》的特色、贡献与影响

《管子平议》是《诸子平议》的开门之作，俞樾自然对此倾注了不少心血。但需要注意的是，俞樾是在以子证经的态度之下进行诸子的校释的，其主要精力还是用在了经学研究上，这也限制了俞樾在诸子研究方面的成就。因此，俞樾诸子研究存在一定的缺憾，如在校释中注重训诂而缺少义理的说解，同时与王念孙在校释《管子》相比较，显得例证较少，有时还存在逻辑上的矛盾。但我们不难看出，《管子平议》仍然是一部具有一定特色的著作，其对时人和后学的影响也是巨大的。

（一）《管子平议》的特色

虽然俞樾在进行诸子研究活动中以王氏父子的学术风格为宗，但他的研究不是纯粹的模仿，而是在王氏父子的研究基础上有自己的想法。同《诸子平议》一律，《管子平议》具有一定的学术特色，现讨论如下。

1. 行文简洁

如果对俞樾的《诸子平议》进行过认真研究的话，俞樾在研究诸子时的行文与王氏父子或乾嘉学派的其他学者有明显的不同。我们知道，乾嘉学派是以实证为主要特色的，其表现主要是对文字不厌其烦地考订，大有为一字而穷典籍之态势。细察王氏父子的诸子研究就体现出这一风格。而俞樾在校释诸子时却无疑和乾嘉学者有明显的不同，他不再是对一字一义作无休止的校释，而是适可而止。俞樾的这种做法受到一些学者的诟病，但笔者认为这正好体现了俞樾清新简约的学术之风。一字一义的校释不在多，而在精，能够说明问题而且不是孤证就可以了，何必要如此烦琐地面对每一个字呢？笔者以为，除了当时的政治环境让学者专一地求证之外，学者本身过分炫耀自己的学术水平是去简就繁的主要原因。

2. 校勘精审

既然要去繁就简，当然要在校释中更加精审，至少可以一针见血地说明问题。俞樾正是这样做的。他在校勘过程中非常注重实证，如果观点没有书证或其他方面的依据，他往往以存疑的办法来处理。关于以疑存疑的问题，我们将在后面的章节中讨论。遍览他的《管子平议》或其

他子学著作，第一个反映是行文比较简约，第二个就是校释的精审，还有实证的运用。略举一例：

> 《形势第二》：衣冠不正，则宾者不肃。
>
> "宾"读为摈，古字通用。《尚书·尧典》："宾于四门。"郑注以"宾"为"摈"，是也。主君衣冠不正，则摈者亦不肃，若上文云"上失其位，则下踰其节"矣。（卷一，第5页）

此处只用了《尚书》一个书证，再参考上文，就戛然止笔。如果习惯了王氏等乾嘉学派的训诂校勘风格，就会对俞氏的校勘嗤之以鼻。但我们要认识到正是由于俞樾的这种简约一反清初烦琐考证之风，为学术界带来了清新的风气。

以经证子、以子证经、经子互证是俞樾在学术研究中的又一大亮点。俞樾不但认为"圣人之道，具在于经"，而且认识到"周秦两汉诸子之书，亦各有所得，虽以申韩之刻薄，庄列之怪诞，要各本其心之所独得者，而著之书。非如后人剽窃陈言，一介百和者也。且其书往往可以考证经义，不必称引其文，而古言古义，居然可见"①。我们从中不难看出，俞樾认识到了班固在《汉书·艺文志》对诸子评价是正确的，重申诸子是思想的重要来源，并且利用诸子之书与群经互证，既证经义，又解子义。在《管子平议》中，他正是利用这一学术观念来校释《管子》，这种做法是值得肯定的。

3. 擅用辞例

在诸子的校释过程中，俞樾看到诸子文献在传继过程中发生的错讹，也发现历代注释者对文献不解而导致的失误。他强烈地意识到要想更好地理解诸子文献，关键的问题是要对诸子文本全面的理解，而理解文本的前提又是熟悉当时的语言习惯，把握当时的语言规律，这样才能达到校勘诸子的理想状态。因此，俞樾在《诸子平议》中对辞例的解释非常重视。拿《管子平议》来说，在校释当中就多次出现了对语词的解释。例如：

---

① 俞樾：《序目》，《诸子平议》，上海书店出版社1988年版，第1页。

《大匡第十八》：夫虽不得行其智，岂且不有焉乎？

"且"乃语词。"岂且不有焉乎"，犹云岂不有焉乎。故尹《注》云："直是智不行，不得言无智也。"《庄子·齐物论》篇："谁独且无师乎？"又曰："果且有彼是乎哉？果且无彼是乎哉？"《吕氏春秋·无义》篇："岂且忍相与战哉？"并用"且"字为句中语助。说见王氏引之《经传释词》而未引此文，故为说之。（卷二，第29—30页）

此例中，"且"就是一个"语词"，即我们所说的虚词。俞樾看到了这一点，并列举《庄子》、《吕氏春秋》为证，同时又补充了王引之《经传释词》的不足。

俞樾在《诸子平议》里经常运用"文法一律"、"句法一律"、"文义一律"、"两文相对"、"相对成文"、"文义正同"、"文谊一律"或者"一律"等术语来说明此类问题。文法与句法主要是从语法角度而言的，指词语和句子的构成与变化，包括句子的成分、类型、词序、结构等等。"文法一律"、"句法一律"指从语法的角度来校释，"文义一律"指通过上下文文字的意义相对来校释。可见，俞樾对"文法"相当重视，他所说的"文法"是一个比较宽泛的概念，应当包括语法、修辞、排比、对文、协韵等，也包括文章的体例、结构和风格等，也可以用上面我们提到的语言习惯或规律来解释。

俞樾除在各学术著作的实际运用外，还撰写了《古书疑义举例》一书来总结其在校释实践中的经验，其中归纳的辞例运用就是很重要的方面。刘冠才认为，"《举例》（笔者案：即《古书疑义举例》）一书在古代汉语语法和古代汉语修辞研究方面都取得了很高的成就，并且把辞例方面研究成果自觉地运用到古书说解和古书校勘方面上来，从而解决了许多训诂学上的疑难问题"①。可见，辞例在诸子校释方面的运用是俞樾学术的一大特色。

----

① 刘冠才：《从〈古书疑义举例〉看俞樾治学的方法和原则》，《锦州师范学院学报》1993年第4期，第68页。

4. 说解义理

我们欣喜地看到，俞樾在对诸子的义理说解方面比前辈们有了长足的进步。一般来说，乾嘉学者皆有寻义理之主张，但从他们的著述中看，义理的阐释和校勘训诂相比不成气候。导致这种现象的主要原因是他们认为明义理的根本在于弄懂文字，而校勘训诂是最基本的方法。这说明，乾嘉学者虽立志于文献之义理，但却回归到字句之中，至于义理，或者说他们已经明了，或者说待后人去做。

俞樾是乾嘉学派的重要成员，其对待诸子的指导思想也不过如此。但令人欣喜的是，俞樾还是在校勘训诂工作的基础上对义理有了比较深刻的说解，这在乾嘉学派之中无疑是前进了一大步。在《管子平议》中，我们寻觅到以下关于义理的阐述和实例。

> 《乘马第五》：是故百货贱，则百利不得。百利不得，则百事治。
> 《太平御览·资产部》引此文作"百利得"，乃后人不得其义而臆改也。《管子》之意，本谓"百货贱，则百利不得"，于是人人竭其智力以求利，而百事反因之治。下文云："是故事者生于虑，成于务，失于傲。不虑则不生，不务则不成，不傲则不失。"正申说此文之义。"百利不得"，则谋虑从此出，事之所以生也。又不得不尽力于所当务，事之所以成也。若百利皆得，则转以轻傲而失之矣。后人不达此旨，疑"百利不得"，何以百事能治，遂妄删"不"字。然货贱何以得利，其说殊不可通。孙氏星衍、王氏念孙反以为是，由未详绎下文故耳。（卷一，第9页）

俞樾指出《太平御览》所引《管子》原文的错误，并说明其错误产生的原因在于不晓原文之义。孙星衍云："百货贱，然后百利得，百利得，然后百事治，未有百利不得而百事治也。尹《注》非。《太平御览》八百二十七引无两'不'字。"[1] 俞樾对孙氏之义也不赞同，谓其不审下文而误。他认为如果百利得，则民众轻傲于事务，反而失利；百利不得，民众谋虑此事，尽力从事，反而事成而得利。何如璋也表达了大致相同的

---

① 转引自黎翔凤《管子校注》，中华书局 2004 年版，第 88 页。

看法，他说："货贱则趋末者百利不得，趋末者百利不得则力农殖谷者百事皆治矣。力农者百事皆治则养生者百用皆节矣，无他，谷则贵而货则贱也。"①

我们看到，俞樾在解释《管子》的义理时，仍然是以字句的疏通为主要目标。这虽说是乾嘉学派的通病，但也说明了在诸子作品经过近两千年的发展中，弄懂字句的意义是一个首先不得不解决的问题。乾嘉学者们致力于此，是奠基之宏业。俞樾是乾嘉学派的后期代表人物，他已经感觉到了考据之学走到了一个没落的阶段，烦琐的考据已经不能给学术界多大的影响，而义理的说解应该成为解读或研究著作的核心部分，故而在他的著作中，有意无意地增加了义理的说解。

以上对《管子平议》所体现出的特色进行了总结，当然，《管子平议》的特色也在《诸子平议》中的其他子书研究中有所体现。

（二）《管子平议》的贡献

《管子平议》是清朝后期《管子》研究的重要作品，贡献极大。同时，该书还体现了俞樾在诸子研究上的贡献。下面，就《管子平议》的学术贡献加以探讨。

1. "因文见道"的学术思想

所谓"因文见道"，就是从文字训诂出发来探讨文章的义理。前面提到，考据学所重的是校勘训诂，是求义理的基本前提。不过，在俞樾眼中，阐发义理才是治学的根本目的，而校勘训诂只是治学的方法和门径。他说："自来治经者，其要有三，曰义理，曰名物，曰训诂，三者之中，固以义理为重。"② 正因为如此，俞樾校释古籍时不仅仅停留在训释名物典章上，而是深入古籍本身，探索原典的义理，尊重古人的思想。这就是俞樾"因文见道"思想的价值，更确切地说，这种思想反映了俞樾实事求是的精神境界。例如：

---

① 转引自黎翔凤《管子校注》，中华书局 2004 年版，第 88 页。
② 俞樾：《何峺青〈五经典林〉序》，《春在堂杂文》续编二，《续修四库全书》集部别集类第 1550 册，上海古籍出版社 2002 年版，第 218 页。

《任法第四十五》：故曰，法者不可恒也。

尹《注》曰"法敝则当变，故不恒"，此说虽若有理，然以上下文求之，殊不可通。上文曰"故黄帝之治也，置法而不变，使民安其法者也"，此乃云"法不可恒"，则非"置法不变"之谓矣，其不可通一也。既云"法不可恒"，而下文乃曰"故明王之所恒者二：一曰，明法而固守之，二曰，禁民私而收使之，此二者主之所恒也"，则又非法不可恒之谓矣，其不可通二也。反复推求，三"恒"字皆"慎"字之误。"法者不可恒也"，本作"法者不可不慎也"，故其下即曰"存亡治乱之所从出，圣君所以为天下大仪也，君臣上下贵贱皆发焉"，乃申明"不可不慎"之意。《禁藏》篇曰："法者天下之仪也，所以决疑而明是非也，百姓所县命也，故明王慎之。"正与此文同义。自"慎"误为"恒"，而又夺"不"字，遂失其义矣。"明王之所恒者二"，当作"明王之所慎者二"。"此二者主之所恒也"，当作"此二者主之所慎也"。"慎"字右旁之"真"，隶书作"真"，阙坏而为"亘"，故"慎"误为"恒"矣。夫两言"所慎"，文义甚明，若作"所恒"，便为无义，其误显然，所宜订正。（卷四，第79页）

此例虽然只是解决了一个"恒"字的字误问题，但正因为解决了个误字，"文义甚明"。接着，俞樾首先根据《管子》上下文义，证明此处乃申明"不可不慎"的意思；其次根据《管子》的《禁藏》篇等，说明原文的伪误；最后以字形相似而误作"恒"，文义至此明矣。可见，俞樾以校勘训诂为其义理说解的基础，将文字还原到当时的情境中，揣摩了古人的思想，作出比较可信的判断。

2. 以疑存疑的学术态度

以疑存疑的学术态度也是在实事求是的学术精神指引下形成的，体现了俞樾在实际校释过程中不妄下断论，但也不像前期乾嘉学者如王氏父子那样疑则阙的校释方式，而是以疑存疑，将那些言之成理的观点存疑，留待后学研究。这种学术态度要比王氏等乾嘉学者的方法更加科学合理，是为后学研究留下了宝贵的资料。同时，俞樾不被已有的观点所囿，而是大胆质疑，但并非主观臆断，而是依据恰当而精确的事实论证。例如：

《明法解第六十七》：明主之治国也，案其当宜，行其正理。

《群书治要》作"案赏罚行其正理"，此非原文也。"案其当宜，行其正理"，两句相对成文。"当"犹正也。《广韵》"正，正当也"。正可谓之当，当亦可谓之正。《汉书·李寻传》："当贺良等执左道，乱朝政。"《注》曰："当，谓处正其罪名。"《素问·六节藏象论》："当其时则甚也。"《注》曰："当谓正直之年也。"是"当"与"正"同也。"宜"通作"谊"。《周官·肆师职·注》引郑司农曰："古者书仪但为义，今书所谓义为谊。"是"谊"者古"义"字，"宜"乃"谊"之省耳。故曰"仁者人也，义者宜也。"仁、人古通用，则义、宜亦通用。"案其当宜"，犹"案其正义"，与下句"行其正理"一律。王氏念孙反谓当从《治要》本，误也。（卷五，第 100 页）

这里，俞樾对《群书治要》及王念孙的误解给予了恰当的质疑，并引用《汉书》、《周官》的文字来证明自己的判断，这是有比较明确的结论。也有的时候没有明确的结论，但俞樾有大致的感受，并没有明显的证据，就以"疑"、"疑似"等一类的术语来陈述，例如《霸言第二十三》有"兼正之国之谓王"句，俞樾道："上'之'字，疑'它'字之误。'它'即'他'字也。故尹《注》曰'兼能正他国者王'。"（卷三，第 42 页）"疑"、"疑似"、"当"等一类用语，皆为不实之辞，俞樾用来解释他对所见词语理解的不确定性，表明其以疑存疑的学术态度。

3. 兼容并包的治学精神

所谓兼容并包，就是指俞樾在研究诸子时不为学术门户所限，能够将各家学术当中合理的因素吸收进来，形成比较有理据的研究成果。我们知道，乾嘉学派的主旨是以汉学为宗的，排斥宋学浮泛学风。俞樾虽主汉学，但也不排斥宋学，他说，"汉儒于义理，亦有精胜之处，宋儒于训诂未必一无可取"，且强调"合汉宋而贯通之，使空疏者不至墨守讲章，高明者亦不敢拾西河唾余，轻相诟病，于学术士风非小补也"①。这

---

① 俞樾：《梁芷林先生〈论语集注旁证〉序》，《春在堂杂文》续编二，《续修四库全书》集部别集类第 1550 册，上海古籍出版社 2002 年版，第 214 页。

些言论表明，俞樾实以汉宋调和为经学正轨。这是学术流派上的并包精神。具体到《管子平议》的内容中，俞樾训释时往往博采众家之说，不因门户之见而排斥他说，然后徐下己意，从而使解释更加合理。试举一例：

> 《禁藏第五十三》：顺天之时，约地之宜，忠人之和。
>
> 王氏念孙谓"约"当为"得"，草书相似而误。而未及"忠"字之义。"忠"当读为"中"。枚氏《古文尚书·仲虺之诰》"建中于民"，《释文》曰："中，本或作忠。"是"中"、"忠"通用也。"中人之和"犹言得人之和。《周官·师氏职》曰"掌国中失之事"，郑《注》曰："故书中为得。"《吕氏春秋·行论》篇"以中帝心"，高《注》曰："中犹得。"《战国策·齐策》"是秦之计中"，高《注》曰："中，得也。"并古人谓"得"为"中"之证。"得人之和"正与"得地之宜"一律。《荀子·富国》篇："上得天时，下得地利，中得人和。"文义与此相近，可以证成王说。（卷五，第89页）

王念孙云："'约'亦草书'得'字之误，'得'与'来'为韵也。《通典·食货三》引此正作'不求而得'。"① 这里俞樾对王念孙的见解非常赞同，同时解释了"忠"的意义，并补了《古文尚书》、《吕氏春秋》、《战国策》、《荀子》等证据。

（三）《管子平议》的影响

《管子平议》是俞樾对诸子校勘训诂工作最有代表性的一种，是他以子证经、以子明经思想的集中体现。当然，俞樾的《管子平议》延续了他校释古籍的一贯实事求是的训释思想，因此它也是俞樾学术成就的代表，在《管子》研究史上产生极大的影响。

俞樾的《管子平议》为后来学者进行《管子》研究奠定了基础。诸子学术研究的目的，并不仅仅是以子证经，真正的目的是读懂诸子思想

---

① 王念孙：《读书杂志》，江苏古籍出版社1985年版，第489页。

的内容，理清诸子思想的脉络，但是先秦古书都是两千多年前的作品，
几经传抄辗转流传下来，许多字义和语法多与今天不同。再加上很长一
段时间内学者的漠视，注疏很少甚至没有。因此，对于诸子典籍来说，
首要的是读懂其内容，而内容的明了又以辑佚校勘等文献整理工作和训
诂考释等文献注释工作为基础。这样才能读诸子的文章，进而才能研究
诸子的思想。所以，《管子平议》的重要性是解决了《管子》校勘训诂的
基本问题。

俞樾的学生章太炎在诸子研究方面也有很大的贡献，他对老师的诸
子校勘训诂成就深感钦佩，在早年的诸子研究工作中就已经应用老师
"正句读，审字义，通假借"的方法，并在中年以后在此基础上有所发
展。他说："按校勘训诂，以治经治诸子，特最初门径然也。经多陈事
实，诸子多明义理（此就大略言之，经中《周易》亦明义理，诸子中管、
荀亦陈事实，然诸子专言事实不及义理者绝少）。治此二部书者，自校勘
训诂而后，即不得不各有所主。此其术有不得同者。故贾、马不能理诸
子，而郭象、张湛不能治经。若王（指王氏父子）、俞（樾）两先生，则
暂为初步而已耳。"① 可见，章太炎在诸子的研究上要比其师俞樾更进了
一步。

后人在对《管子》的研究时也多引用俞樾的研究成果。郭沫若等撰
的《管子集校》，是现代《管子》研究的奠基之作，该书引用了大量的前
贤研究成果，其中俞樾的《管子平议》为最为重要的一种，并附注曰：
"在王氏父子之后，以俞氏所得为最多。"② 可见，郭氏之书对《管子平
议》是十分看重的。中华书局所出"新编诸子集成"丛书中黎翔凤所撰
的《管子校注》，对俞樾的《管子平议》所用良多，共引校注三百四十八
条，其中"俞说是也"三十条，"俞说为长"二条，"俞说明晰"一条，
"俞有所得"一条，"俞说能通"一条，"俞说得其半"一条，"俞说
（似）有理"二条，不采用或反驳一百八十八条，不置可否一百二十二

① 姚奠中、董国炎：《章太炎学术年谱》，山西古籍出版社 1996 年版，第 353 页。
② 郭沫若、闻一多、许维遹：《管子集校引用书目提要》，《管子集校》，科学出版社 1956
年版，第 19 页。

条。① 可见，黎氏亦对俞樾的《管子平议》亦非常重视。

当然，俞樾的《管子平议》乃至《诸子平议》有其不足之处。从主观上说，俞樾校释诸子的最终目的是为明经，他认为："圣人之道，具在于经，而周、秦、两汉诸子之书，亦各有所得，虽以申韩之刻薄，庄列之怪诞，要各本其心之所独得者，而著之书，非如后人剽窃陈言，一倡百和者也。且其书往往可以考证经义，不必称引其文，而古言、古义居然可见。"② 他一生的学术成就大半是关于经的，诸子只是以子证经、以子明经的产物，不在研究的主要视野之内。另外，不可否认的是，俞樾的《管子》研究既有对《管子》古籍的校勘研究，也有对《管子》义理思想的部分追求，但他对《管子》的辑佚、校勘、整理之功远大于其对其思想的阐述。再有，俞樾对诸子的校释过于简约而受到一些学者的诟病，俞樾本人的学识、思想、素养等方面的才能也可能导致其对《管子》研究的失误。

俞樾《孙仲容〈古籀拾遗〉序》："诗云：'昔我有先正，其言明且清。'然则古人之言未有不明且清者也。乃今读三代之遗书，类多佶屈聱牙而不可通，何欤？及读高邮王氏《经义述闻》、《读书杂志》，乃知古人之言所以诘曲聱牙者，由于不明句读，不审字义，不通古人假借之故。若以王氏读书之法读古人书，则无不明且清矣。"③ 正是体会到王氏的读书之法，俞樾的《管子》研究才迸发出更多的灼见，对后世更有学术影响力。尽管有一些不足，但瑕不掩瑜，其研究的价值还是值得肯定的。

第四节　孙诒让与《管子》研究

在乾嘉学派当中，关于《管子》研究的一个不可不说的学者是孙诒

① 以上数据来源于谢超凡《俞樾诸子学与文学研究》，华东师范大学博士后研究工作报告，2005 年 7 月，第 52 页。

② 俞樾：《序目》，《诸子平议》，上海书店出版社 1988 年版，第 1 页。

③ 俞樾：《孙仲容〈古籀拾遗〉序》，《春在堂杂文》五编六，《续修四库全书》集部别集类第 1550 册，上海古籍出版社 2002 年版，第 578 页。

让。孙诒让擅长经学与子学，经学以治《周礼》见长，著有《周礼正义》；子学以治《墨子》为得，撰有《墨子间诂》。此外，他的《札迻》是子学的又一经典，其中《管子札迻》是重要组成部分。在以子证经年代里，能为《管子》留有一定篇幅的学者并不多。孙诒让能承王氏、俞氏之管学，在《管子》研读上有所突破，已是难能可贵了。

一　孙诒让生平及学术成就简述

孙诒让（1848—1908），字仲容，号籀庼居士，浙江瑞安人，太仆孙衣言之子。他生长在一个儒学世家，父孙衣言道光三十年进士，入翰林，历官中外，垂二十年，有"晚清特立之儒"之称。孙诒让五岁时即随双亲居北京，在乃父亲自督教下，九岁受《周礼》，十岁即广泛涉猎我国经史古籍，并开始习作。十三岁草拟了《广韵姓氏刊误》，显露出文字校勘方面的才能。后来随父宦游于安庆、江宁。在安庆时，十六岁的孙诒让读了江藩《汉学师承记》及阮元所集刊《擘经室经解》，学到了乾嘉学派治经、史、子、小学之家法；在南京时，他又广泛结交文人学士，张啸山、刘恭甫、戴子高、唐仁义、刘叔免等都是名噪一时的汉学家。孙诒让与他们朝夕相处，相互切磋，从而在学问上提高得非常快。他十九岁参加院试以第一人入邑庠，次年应浙江乡试，中式同治丁卯科举人。但后来因鄙薄八股时文，虽八上公车，终未成进士。光绪五年（1879）秋，孙依言以太仆寺卿去仕，诒让也随之返居乡里。中间除遵父命曾一再进京应试与因参议学务而再至杭州外，均在家杜门不出，从事撰著。晚年，孙诒让在乡办团防以御外侮，议变法以图富强，兴学校而言人才，营实业以济民生。清廷诏开经济特科，中外大臣陈宝箴、张之洞等先后三次举荐，均不赴；礼部征为京师大学堂监督、礼学馆总撰，也都坚辞不就。光绪三十四年五月二十二日（1908年6月20日），以病卒于家，终年六十一岁。

孙诒让一生著述达三十五种，对经学、史学、诸子学、文字学、考据学、校勘学等方面都有卓越的贡献。在经学方面的研究用力最多，成就也最大。主要有《周礼正义长编》（稿本未刊）、《周礼正义》（八十六卷）、《周礼三家佚注》（不分卷，附于《正义》之后）、《九旗古义述》

（一卷）、《周礼政要》（二卷，《变法平议》之别名）、《大戴礼记斠补》（三卷）、《尚书骈枝》（一卷）、《周书斠补》（四卷，《清史稿·儒林传》作"逸周书斠补"）、《六厤甄微》（五卷）、《经迻》（稿本未刊）等。①经学之外，孙诒让还在"以子证经"的风气影响下研究诸子，也取得了很大的成就。主要成果有《墨子间诂》（十卷，目录一卷，后语四卷）、《白虎通校补》（一卷）、《札迻》（十二卷）、《四部别录》（未刊）等。小学与金石学也是孙诒让的学术成就之一，主要有《古籀拾遗》（三卷）、《宋政和礼器文字考》（一卷）、《古籀余论》（二卷）、《名原》（二卷）、《契文举例》（二卷）、《古文大小篆沿革表》（稿本未刊）、《汉石记目录》（二十三卷）、《广韵姓氏刊误》（稿本未刊）、《集韵考正补注》（十卷，方成珪原著，孙诒让补注）、《东瓯金石志校补》（十二卷，嘉兴戴咸弼撰，孙诒让校补）、《温州古甓记》（一卷）等。孙诒让继承清代浙江学者关心地方文献的传统，以整理乡邦文献为己任，在辑录校理地方文献史料方面也有重大贡献。他在这一方面的主要成果有《温州经籍志》（三十三卷，外编二卷，辨误一卷）、《永嘉郡记集本》（一卷，亦称"永嘉郡记佚文"，刘宋郑缉之原著，孙诒让校集）、《温州建置沿革表》、《永嘉丛书札记》、《永嘉县志》（黄岩王棻主编）等。孙诒让主张普及教育，他苦心经营，筹建资金，领导温州十六个县先后成立学堂三百余所，为浙南近代教育奠定了良好的基础，并为地方启蒙运动和刷新乡土社会风气起着巨大作用。除了上面的大量著述之外，还有一些自己的杂文的结集和文献的整理与校勘，如《籀𪩘述林》（十卷）、《经微室遗集》（八卷）、《籀𪩘遗文》（二册）、《籀𪩘诗词》（一卷）、《白话文录》（一卷）、《顾亭林诗集校记》（一卷）、《校周书》（十卷）、《校求古录札说》（十六卷）、《校历代钟鼎彝器款识法帖》（十六卷）、《过录翁覃溪校汉字隶原》（六册）、《校铁云藏龟》（六册）、《校商子》（五卷）、《读陆子新语》（二卷）、《校定傅子》（一册）、《校十驾斋养新录》、《校浪语集》（三十五卷）、《抄校四库全书简明目录》（三十卷）、《校遵义黎氏古佚丛

---

① 本书所涉及的孙诒让著作主要参考了董朴垞的《孙诒让著述考略》，《温州师专学报》1980 年第 2 期，第 72—79 页；《孙诒让著述考略（续）》，《温州师专学报》1981 年第 1 期，第 88—96 页；《孙诒让著述考略（续完）》，《温州师专学报》1981 年第 2 期，第 56—63 页。

书目》（一册）、《校礼书通故》（五十卷）、《校庼书》（一册）、《新方言》（十一卷）等。近代学术界俞曲园、章太炎、张謇、朱芳圃、徐世昌、梁启超、鲁迅、郭沫若、胡适等对他都有中肯的高度评价。《清史稿》第四百八十二卷为他列传，温州和瑞安各地还修建了"籀园"、"怀籀园"、"籀公楼"等建筑物，来纪念这位学问家和教育家。

二　《札迻》与《管子札迻》

在孙诒让的众多著述中，最有代表性的作品主要有四种：《周礼正义》、《墨子间诂》、《札迻》和《温州经籍志》。其中《札迻》是对经籍诸子的校勘、训诂，是他四十多年学术研究的心得，体现了他在文献校释方面的卓越成就。《管子札迻》是其中的重要组成部分，不仅反映了孙诒让的校释思想、方法，还对后世的《管子》研究产生了极大的影响。因此，在研究清代管学时，自然就要谈到孙氏的《札迻》。

（一）《札迻》简述

《札迻》十二卷，共校书七十八种，校文共一千三百余条，涉及校勘、疏证文字、诠释字义、订正讹误、阐述义理、考辨典章制度等方面的内容。虽然全书字数少于王念孙的《读书杂志》和俞樾的《诸子平议》，但校勘训诂之功丝毫不差，甚至有些地方过于二者。《札迻》的撰写体例和方法也多模仿《杂志》，孙诒让在《寄答日人馆森鸿君书》中说："我朝自乾嘉以来，此学大盛。如王石臞念孙及其子文简公引之之于经、子，段若膺先生玉裁之于文字训诂，钱竹汀先生大昕、梁曜北先生玉绳之于史，皆专门朴学，择精语详。其书咸卓然有功于古籍，而某自志学以来所最服膺者也。"① 可见，对乾嘉以来朴学者的崇敬使孙诒让在《札迻》的写作风格乃至学术水平上有所提高。

在《札迻》自序中，孙诒让鲜明地表达了自己的价值取向："诒让学识疏剪，于乾嘉诸先生无能为役，然深善王观察《读书杂志》及卢学士

---

①　孙延钊：《孙衣言孙诒让父子年谱》，上海社会科学院出版社 2003 年版，第 351 页。

《群书拾补》，伏案研诵，恒用检核，间窃取其义法以治古书，亦略有所痛。"① 于训诂之学取法王念孙，于校勘之学取法卢文弨，均可谓取法乎上。另外，《自序》还说明了《札迻》成书的原因：

　　窃谓校书如雠，例肇西汉都水《别录》，间举讹文，若以"立"为"齐"，以"肖"为"赵"之类，盖后世校字之权舆也。晋、唐之世，束晳、王劭、颜师古之伦，皆著书匡正群书违缪，经疏史注，咸资援证。近代巨儒，修学好古，校勘旧籍，率有记述，而王怀祖观察及子伯申尚书、卢绍弓学士、孙渊如观察、顾涧苹文学、洪筠轩州倅、严铁桥文学、顾尚之明经、及年丈俞荫甫编修，所论著尤众，风尚大昌，罩及异域。若安井衡、蒲阪圆所笺校，虽疏浅亦资考证。综论厥善，大氐以旧刊精校为据依，而究其微恉，通其大例，精研博考，不参成见。其諟正文字讹舛，或求之于本书，或旁证之他籍，及援引之类书，而以声类通转为之辖键，故能发疑正读，奄若合符。及其蔽也，则或穿穴形声，掊摭新异，冯臆改易，以是为非。乾嘉大师，惟王氏父子郅为精博，凡举一谊，皆墒凿不刊。其余诸家，得失间出，然其稽核异同，启发隐滞，咸足饷遗来学，沾溉不穷。我朝朴学超轶唐宋，斯其一端与！②

　　《札迻》于光绪十九年（1893）手定付梓，光绪二十年刊成。我们今天所能见到最早的本子为《续修四库全书》所收的影印本。至于《札迻》手稿本，如雪克先生所说："孙氏哲嗣孟晋先生所编《孙徵君籀顾公年谱》（手稿本），于光绪二十一年八月，系有孙氏'重斠《札迻》毕，修正初版'语，其修正之原本，今未得见，杭大藏原玉海楼各稿本，亦未见《札迻》手稿。陈衍《石遗室文续集·萧穆传》谓《札迻》、《周书斠补》皆萧氏任校雠，今亦未见其校勘笔记。该著，民国以来各丛书既未收，亦无新的排印本。"③ 现有经后人点校、整理本两种：一为雪克、陈

---

①　孙诒让：《自序》，《札迻》，齐鲁书社1989年版，第2页。
②　同上书，第1—2页。
③　雪克：《校点前记》，《札迻》，齐鲁书社1989年版，第6页。

野点校本，齐鲁书社 1989 年版；一为梁运华点校本，中华书局 1989 年版。

（二）《管子札迻》内容及特色

《管子札迻》是《札迻》所校释书之一，在该书的第四卷。《管子札迻》充分体现了孙诒让校勘、训诂的一贯思想，因而在《管子》研究上占有较高的地位。由于孙诒让为乾嘉学派的重要成员之一，其学术理念和王念孙、俞樾、卢文弨等人有相同之处，但也有其独特的地方。下面，对《管子札迻》的内容及特色加以阐述。

1.《管子札迻》的内容

（1）解决文字的问题

一般来说，乾嘉学者的主导思想是字义明则义理明，故而大多学者重视文字问题的处理。孙诒让的《札迻》同样具有这样的特性。在《管子》研究当中，内容当中的文字问题就是主要解决的。大致有以下几个方面的内容：

①对字义的说解。例如：

> 《形势第二》：生栋覆屋，怨怒不及。
> 俞云："生，当读为笙。"《方言》："笙，细也。自关而西，秦晋之间，凡细貌谓之笙。"
> 案：生，谓材尚新未干腊也。《韩非子·外储说左》云："虞卿为屋，谓匠人曰：'屋太尊。'匠人对曰：'此新屋也，涂濡而椽生。'"《吕氏春秋·别类》篇云："高阳应将为室家，匠对曰：'未可也。木尚生，加涂其上，必将挠。'"此"生栋"与《韩》、《吕》二书义同，俞读"生"为"笙"，未确。（第 107 页）[1]

②对文字通假的说解。例如：

《四乘第三十三》：良臣不使，谗贼是舍。

注云：舍，止也。谓止谗贼于其旁与之近也。

案：尹训"舍"为"止"，迂曲难通。舍，当为"予"之借字，《隶续》载《魏三体石经》"大诰予惟小子"，"予"字古文作"舍"，是其证。予、与义亦同，"谗贼是舍"犹言谗贼是与也。（《荀子·成相》篇云："外不避仇，内不阿亲，贤者予。"）（第110页）

③对文字讹误的说解。例如：

《乘马第五》：士，闻见、博学、意察，而不为君臣者，与功而不与分焉。

注云：此人而以为君之臣也，然以高尚其事而不为。若此者，预食农收之功，而不受力作之分也。

案："闻"当作"间"，即"娴"字假借字。间见，即《荀子·修身》篇所谓"多见曰闲"。（间、闲字通。）间见与博学文相对，亦犹后《任法》篇云"间识博学"也。功，即《周礼·内府》之"九功"，亦即《大宰》九职之功也。分，即《大宰》九式之匪颁，注郑司农云："匪，分也。"郑康成云："王所分赐群臣也。"与功而不与分者，谓不为君臣则与民同受九职之功，而不得受分颁之赐给也。尹《注》并误。（第107—108页）

上例指出了"闻"当为"间"字之误，认为是"娴"的假借字，并以《荀子·修身》与本书《任法》篇为证。再如：

《地员第五十八》：山之材，其草兢与蓷，其木乃格。凿之二七十四尺而至于泉。

注云：蓷，音蓷。草名。丁云：兢，疑"萑"字误。格木，未闻，或"柘"字误。（《校正》）俞云：格，椴之假字。

案：上文云："斥埴，宜大菽与麦。其草宜蕡萑，其木宜杞。见是土也，命之曰再施。二七十四尺而至于泉。"此山之材，亦再施而至于泉，深浅正与彼同。此草宜兢蓷，丁校以"兢"为"萑"之误，是也。蕾，当为"苫"，亦即"芺"也。《月令》"孟夏。王瓜生"，郑注云："今《月令》'王芺生'。"《吕氏春秋·孟夏纪》作"王苫生"，《穆天子传》云"爰有藿苇莞茅芺"，郭注云"芺，今'苫'字"，皆其证也。"格"，疑亦"杞"之误。（第 115—116 页）

上例赞同丁士涵的说法，同时指出"蕾"也是"苫"的误字，并以《礼记·月令》、《吕氏春秋·孟夏纪》、《穆天子传》为证。

④对文字衍脱问题的说解。例如：

《地数第七十七》：请刈其莞而树之，吾谨逃其蚤牙。
案："吾"当为"五"，下又挩"谷"字。"请刈其莞而树之五谷"，言芟草而艺谷也。传本挩"谷"字，校者于"五"下著一"□"，写者不审，遂并为"吾"字矣。（第 120 页）

此例首先说明了"吾"字的错误，接着又认识到下有脱文。孙氏认为"五"下脱"谷"字，并重新解释了这句话的意思，并猜想了致使文字缺失的原因。之后，闻一多赞同孙诒让的说法：疑当作"请刈其莞蒲而树之五谷"（《山国轨》篇："有莞蒲之壤。"）《天问》"咸播秬黍，莔蒲是营"，"莔蒲"即"莞蒲"，"营"读为"劐"，除草也。彼言营莔莆而播秬黍，正犹此言刈莞蒲而树五谷也。[①] 再如：

《乘马第五》：春曰书比，立夏曰月程，秋曰大稽。
案：此春秋二时皆不箸中节，不宜夏文独异，"夏"上"立"字疑衍。（第 107 页）

此例为衍文。
（2）辩驳前人的讹误
发现并改正前人校释的讹误是每一个后学应有的学术态度。孙诒让正是这样要求自己，他依靠自己的博学多知，以实事求是的研究作风来

---

①　郭沫若、闻一多、许维遹：《管子集校》，科学出版社 1956 年版，第 1146 页。

解决前人校释当中的讹误，并且公平对待，不论是谁出现的错误，他都予以纠正。例如：

> 《侈靡第三十五》：女子不辩于致诸侯，自吾不为污杀之事人，布职不可得而衣。
>
> 注云：污杀，言然人必有所许（疑"污"）杀染戮者，所以伏远而来近。今既为人，虽织不为己用，故有布而不得而衣。
>
> 案：此乃中妇诸子答语。《戒》篇：中妇诸子曰："自妾之身不为人持接也，未尝得人之布织也，（"职"、"织"古通，以此注校之，疑尹本亦作"布织"。）意者更容不审耶？"此文多伪说，当以彼文互校。"污杀"，疑即"持接"之误，尹释"污杀"为"染戮"，殊缪。（第111页）

此例为辩驳尹《注》之谬的。再如：

> 《五行第四十一》：不诛不贞。
>
> 注云："贞，正也。"丁士涵云："'贞'，当为'责'。《白虎通》'诛犹责也'，《司救》注：'诛，责也。'尹《注》本作'责，正也'，故其下言'无所责正'。今正文及注皆讹。"（《校正》）
>
> 案："责"无"正"训，尹《注》本自作"贞"，丁说非也。"诛"、"责"义重复，亦不当分举。疑此"贞"当为"负"，《韩诗外传》云："子产之治郑，一年而负罚之过省。"是"负"与"罚"义略同，"不诛不负"，犹言"不诛不罚"也。（第112页）

此例为辩丁注之误。《管子札迻》所参考用书为尹知章注、安井衡《纂诂》、洪颐煊《义证》、戴望《校正》、王念孙《读书杂志》和俞樾《诸子平议》，其中在有些内容的校释当中，孙诒让引用的多是以上诸书的校释成果，当然，以上诸书不正确的地方也是孙氏进行辨析刊正的对象。

（3）对义理的阐释

在乾嘉学派看来，明义理的首要任务是明训诂，训诂明则义理知。

因此，乾嘉学者侧重训诂甚至专一于训诂而义理的阐释置于事外。但当单一的文字训诂难以明义理时，章句的说解就显得尤为重要了。孙诒让《管子札迻》虽然仍以文字训诂为主，但他也注意了章句的说解。上面《侈靡第三十五》之例就有对义理说解的成分。再如：

> 《侈靡第三十五》：故虽有圣人，恶用之。
>
> 注云：人者寡也，后不用威，圣人亦可能用之。
>
> 案：此言妇人不与外事，虽圣人无所用之。《戒》篇云："明日，管仲朝，公告之。管仲曰：'此圣人之言也，君必行也。'"此文与彼异，或有挩误，尹《注》亦难通。（第111—112页）

虽然这样的事例不是很多，但也可以看出孙诒让已经注意到了义理说解在文字训诂之后的必要性。当原文中没有难以理解的文字但仍然有碍于对文章理解的时候，对章句之旨的阐释就显得尤为必要了。

2.《管子札迻》的特色

前面提到，《管子札迻》参考了前代及当时对《管子》研究的成果，如尹《注》、安井衡《纂诂》本、洪颐煊《义证》本、戴望《校正》本、王念孙《杂志》本及俞樾《平议》本。即使参考了诸多的研究成果，孙诒让的《管子札迻》仍具有自己的特色。

（1）考证恰到好处

和上面提到的王念孙的《管子杂志》及俞樾的《管子平议》相比，孙诒让的《管子札迻》在文字考证校释工作上介于两者之间。它既没有《杂志》的考据极于穷尽之态势，也没有《平议》的一二言以蔽之的简略，而是多而不繁，精而不减，是一种恰到好处的考证。上面所举的例子中不乏有这样的表现。

另外，运用互见法也减少了考据的烦琐。孙德谦认为，互见法是"古人文字往往求其省略，而不欲失之繁冗……况自著一书而可使其文复出迭见也，此古书之中所以有省文用互见之例也"①。互见法的使用能使迭出之文精减为一处，避免了拖沓繁复之弊，也使校释文字既可训诂甲

————————

① 孙德谦：《古书读法略例》，广西师范大学出版社2006年版，第76页。

处之义，也可说解乙处之文，起到考证见一而知全的作用。孙诒让在探究字误历史、说解致误的原因、考释文字的来源等方面多使用互见法，从而使考证详略得当。

（2）注重利用古文字学研究成果

孙诒让擅长古文字学的研究，曾著有《古籀拾遗》、《契文举例》等文字学著作十余种，可见其深厚的古文字学功底。孙诒让的《契文举例》是我国第一本考释甲骨文的研究著作。1899 年，王懿荣发现甲骨文后的第二年便过世了，没有来得及对甲骨作著录和研究。1903 年刘鹗将其所得甲骨编为《铁云藏龟》六册。孙诒让如获至宝，于 1904 年便撰成《契文举例》二卷。该书分日月、贞卜、卜事、鬼神、卜人、官氏、方国、典礼、文字、杂例十篇。他考释的字共有 185 个，虽然多半是和单个金文的比较中认出来的常用字，但他毕竟是较系统地研究甲骨文字的第一人。

孙氏在校勘古籍的过程中充分注意利用古文字学的研究成果。曾有人评价"以古文字证经、校字贯穿其校勘生涯的始终"。① 在《札迻》中，孙诒让引用书证共三十八类，三百九十六种，另有碑刻三十九种。② 其中小学类著作四十四种，约占所引书证的八分之一，这说明孙氏在小学研究方面的能力。在《管子》研究中，孙诒让在以文字文献来考证方面显得游刃有余，可以说这是他区别于其他乾嘉学者的一个显著的特色。在《管子札迻》中，孙诒让用来作为考证材料的古文字学成果大约有《三苍》、《魏三体石经》、《玉篇》、《释名》、《尔雅》、《说文》、《说文系传》、《经典释文》等，大部分是汉代的字书，其中以《说文》、《尔雅》引证最多，可见孙氏对汉代的字书是比较信任的，而且以汉代的字书作为先秦子书的证据，从时代距离上说比较接近，因而这样的证明相对比较有说服力。

（3）说字与证经相结合的校勘方式

20 世纪 20 年代，王国维先生提出二重证据法，即将地下发现的新材料与现有的纸上材料互相释证，以达到考证古史的目的。二重证据法是

---

① 杨渭生：《一代学人孙诒让》，《杭州师范学院学报》1994 年第 5 期，第 14 页。

② 徐凌、孙尊章：《孙诒让〈札迻〉校读古籍引证文献材料分析》，《温州大学学报》2008 年第 5 期，第 61 页。

古史考证的新途径，是考证方法的重大创新，开辟了古史研究的新局面。其实，随着甲骨文的发现，这种二重考证的方法早已不自觉地运用于考据学中。孙诒让在这方面作出了比较突出的成绩。

孙诒让正是将文字与文献材料结合比勘，力图做到"证经"与"说字"的互证。这种以文献来对勘文字、以文字来疏证文献的方法是一种新的尝试，可以说是一种特殊形式的"二重证据法"，这促进了文献研究理论与文献研究方法的进一步发展，使孙诒让在古文字与文献的研究上超越前人，开拓了清代朴学研究的领域。于省吾先生看到了孙诒让与王国维的共同之处，将二人并提，且给予"开新造大"的评价，可见孙氏的校勘方法虽无二重证据之名，却有二重证据之实。① 徐和雍先生说，"孙诒让是认识甲骨文的第一人，为甲骨文研究披荆斩棘开辟了道路。翌年，孙诒让又把甲骨文、金文、石鼓文结合起来研究，探讨我国文字起源及其发展规律，开创了以甲骨文、金文证文字，以文字考古史的新途径"②。可以说，孙诒让用出土文字来求证今文字乃至古史的工作为王国维的"二重证据法"新主张奠定了基础。

（4）谦虚谨慎的校释态度

谦虚谨慎是乾嘉学者治学的共同之处，也是乾嘉学者的优良传统。乾嘉学者之所以在校释过程中表现出不厌其烦的烦琐引证，其中就和他们这种严谨的校释态度有直接的联系。孙诒让在校释过程中始终保持着谦虚谨慎的态度，这从他在《管子札迻》中所使用的校释术语就能体现出来。在校释过程中，孙诒让的案语中常使用"疑"、"当"、"未确"、"恐"、"或"等一类的词语和校勘训诂术语，表明自己在校勘古籍时小心谨慎、谦虚认真的态度。

三　《管子札迻》的影响

孙诒让的《管子札迻》虽然篇幅不是很长，但充分体现了孙氏在校释方面的成就，并给后人留下了极好的启示。总结来说，有以下数端。

---

① 转引自孙钦善《中国古文献学史》，中华书局 1994 年版，第 1215 页。

② 徐和雍：《论孙诒让》，《杭州大学学报》1988 年第 4 期，第 34 页。

（一）在《管子》版本的选用上暗合现代原则

版本的选用是校释的前提，选用善本为底本（或称为工作本），以其他版本为对照（或称为参校本），是现今古籍整理与研究工作者必须遵循的基本原则，否则所得出的整理或研究成果不可能达到最佳的水平。而在版本的选用方面，孙诒让很早就做到了这一点。

首先，孙诒让在青少年时期就收藏了大量的珍本、善本图书。孙诒让早年即涉猎古籍，十岁时浏览明刻本《汉魏丛书》，十七岁时得元大德本《白虎通德论》、《水心文集》、《薛尚功钟鼎款识》，非常珍爱。从此，孙诒让开始了善本鉴藏。同治七年（1868），捻军起义受到镇压，但战乱给江淮流域带来了灾难。"东南寇乱之余，故家遗书，往往散出，而海东舶来，且有中土所未见者"，① 孙诒让之父琴西公时为金陵监司，见孙诒让颇知好书，乃令恣意购求，十余年间，置书约八九万卷，并建"玉海楼"庋藏，从此"玉海楼"成为浙江三大藏书楼之一。孙诒让当时随父宦游，遍访遗书，其中多有珍本秘籍。

其次，在参校本的选择上，孙诒让也非常谨慎。《管子札迻》所用版本中有影宋杨忱刊本，此为传世最古的本子。傅增湘《藏园群书经眼录》有对杨忱本的提要，他说："《管子注》二十四卷，宋刊本……首列大宋甲申杨忱序，卷末有张嵲《读管子》一篇，有'绍兴己未从人借得，改正讹谬藏于家'之语，盖南宋初刊本。"② 清光绪己卯（1879），张瑛据宋杨忱本影刻。潘祖荫为戴望《管子校正》作序云："自明人刊书而书亡，诸子幸以道藏本得存，《管子》不列于道藏，故屡经明人刊刻，其书在若泯若没间。吾吴黄荛圃有绍兴本，其中足证各本之谬者实多。"③ 可见宋杨忱刊本在校勘上是极有价值的，尽管孙诒让用的是影宋刊本。④ 除了杨忱刊本之外，孙诒让还选择了几位名人的校本，如安井衡《纂诂》

---

① 朱芳圃：《清孙仲容先生诒让年谱》，台北商务印书馆 1980 年版，第 15 页。

② 傅增湘：《藏园群书经眼录》，中华书局 1983 年版，第 570 页。

③ 潘祖荫：《管子序》，《管子校正》，《诸子集成》第五册，上海书店出版社 1991 年版，第 3 页。

④ 参见王世伟《孙诒让〈札迻〉之校勘学研究》，《社会科学战线》1985 年第 4 期，第 309 页。

本、洪颐煊《义证》本、戴望《校正》本、王念孙《杂志》本、俞樾《平议》本。这些校本对原文的校勘比较精当，成为孙诒让校释《管子》时极好的参照。

（二）说字证经及二重证据法的应用

孙诒让的治学范围很广，包括经学、史学、诸子学、古文字学、校勘学、目录学、金石学、文献学等，并且在每一领域都能有所创获。其中最根本的是校勘和文字之学，而将文字学的成果应用于校勘学当中，使说字和证经互相发明，是孙诒让的独创，对王国维二重证据法有重要启示，也开创了古史新证的先河。

孙诒让是甲骨学研究的第一人，这样的评价毫不为过。虽然王懿荣发现了甲骨文，但未来得及研究就去世了。高鄂将所得的甲骨编为《铁云藏龟》六册印行，孙诒让如获至宝，并于1904年开始分析研究，之后写出了第一本甲骨学研究著作《契文举例》。另外，他还撰写了《古籀拾遗》等文字著作，对文字有了更加深入而详细的研究。孙诒让所处的时代正是新材料、新方法的发现及孕育时期，特别是甲骨文的发现为古文字的研究和古文献的印证开辟了新的途径。孙诒让以敏锐的学术眼光看到了这些新出土材料必将给文字与文献研究带来改变，并且有意识地在他的考证与释义中运用了出土材料。

正是基于自己对古文字研究的擅长，孙诒让在古籍校释当中作出了与其他学者相比较而显得有特色的贡献，说字与证经的互证，也促成了后来的王国维的二重证据法。也就是说，正是由于孙诒让在校勘实践过程中运用古文字的研究成果和传世典籍的互证实践，才产生了王国维的二重证据法，才形成了当代社会出土文献和传世文献互证的二重证据法乃至多重证据法。可以说，孙诒让的说字与证经奠定了古史新证的基础。

（三）总结前人，以启后人

海纳百川，有容乃大。孙诒让之所以成为一代学术巨人，是因为站在了前人的研究基础之上。他对古籍的校勘，能以古人的语言解释古人的著作，不牵强附会，也不泥于成说，而是在前人的研究基础上，择善而从，前贤时圣解释不清楚或有误时，能创新发明，立一家之说。古籍中的许多误字、疑义、错简，经他解惑辨析，往往如拨云雾而见青天，使人豁然。

《札迻》所校之书，共采用了五十七家的校勘成果，其中王念孙的《读书杂志》、卢文弨的《群书拾补》、俞樾的《诸子平议》采用最多。潘祖荫认为，《管子》南宋初绍兴刊本与今本多不合，而"皆与王怀祖先生《读书杂志》相合"。① 赞许王念孙在《管子》校勘上的匡缪发覆之功。孙诒让对王念孙也推崇备至，他认为："乾嘉大师惟王氏父子至为精博，凡举一义皆确凿不刊，其余诸家得失间出。"② 卢文弨为清代雍乾时期著名校勘家，《群书拾补》为其代表作，卢氏的校勘能够"使学者是正积非，蓄疑涣释。"③ 钱大昕也认为卢文弨的校勘"自宋次道、刘原父、贡父、楼大防诸人，皆莫能及也"。④ 因此，孙诒让以王念孙和卢文弨为圭臬，于《读书杂志》和《群书拾补》二书"伏案研诵，恒用检核，间窃取其义法以治古书"⑤。《读书杂志》校书十八种，《群书拾补》校书三十七种，凡涉及《札迻》所校书的，几乎全部被采用。俞樾为孙诒让的父执，"曲园之学以高邮王氏为宗，发明故训，是正文字而务为广博，旁及百家，著述宏富，同、光之间蔚然为东南大师。"⑥《札迻》校书七十八种，采俞校多达三十一种。除以上在三家外，《札迻》所采其他校本也极为著名。如被称为研治《管子》必读之书的戴望《管子校正》本、洪颐煊《义证》本等。⑦

孙诒让治学范围均能创新发明，迈越前贤。他的学术研究门径，是建立在校雠学和文字学的基础上的。因此对校勘古籍，能以古人的语言解释古人的著作，不牵强附会，不泥从成说。至于治理经书，他继承的是南宋永嘉学派的学风，以为研究经书义理和所记载的典章制度，在于

① 潘祖荫：《管子序》，《管子校正》，《诸子集成》第五册，上海书店出版社 1991 年版，第 54 页。

② 孙诒让：《自序》，《札迻》，齐鲁书社 1989 年版，第 2 页。

③ 柳诒征：《卢抱经先生年谱》，民国 17 年中央大学国学图书馆第一年刊本。

④ 钱大昕：《序》，《群书拾补》，北京直隶书局据清卢氏刊本影印，1923 年。

⑤ 孙诒让：《自序》，《札迻》，齐鲁书社 1989 年版，第 2 页。

⑥ 徐世昌：《清儒学案》，中华书局 2008 年版，第 7033 页。

⑦ 参见王世伟《孙诒让〈札迻〉之校勘学研究》，《社会科学战线》1985 年第 4 期，第 310 页。

以其微言大义，针对今之时弊，见诸施行，以收成效。通经致用，讲求事功，可以说是他治学的根本目的。

《管子札迻》虽不是孙诒让的代表作品，但它至少体现了孙氏的校释特色，引领后学在《管子》研究方面作出更大的努力，取得更多的成绩。总之，孙诒让校释成就享誉于晚清，是乾嘉学派后期的集大成者。章太炎于人不轻许可，而尊崇孙氏，无异师长。他致书孙诒让说："自德清（俞樾）定海（黄以周）二师下世，灵光岿然，独有先生。"① 他说孙氏是"三百年绝等双"。② 梁启超则说孙氏"有醇无疵，得此后殿，清学有光"。③

王世伟先生对孙诒让的校勘特色给予了很好的概括，他认为，清代的校勘学家可分为版本派和考证派两种，"版本派的校勘家当以黄荛圃、顾广圻、卢文弨为其代表。版本派的校勘，其目的主要是求古求真，以功利而言，则是为鉴赏与刻书，所以重在求版本源流异同，故多用他校和对校之法。……考证派的校勘，当以王念孙、段玉裁、钱大昕为其代表。与版本派不同，考证派的校勘不注重书籍的外在形式，而是注重书籍的文字内容，不是仅仅罗列众本异文，而是注重考证异文缘由。……这一派多用本校与理校之法。……孙诒让虽属考证派的校勘，然却兼采两派之长，既深喜卢文弨的《群书拾补》又推崇王念孙的《读书杂志》，在校勘方法上形成了自己的特点，故其校勘成果也能超越前人。"④ 孙诒让的《管子》研究正是在这样的学术条件下产生的，故其成就当与此类同。

---

①　章太炎：《与孙仲容书》，《章氏丛书·文录》卷二，江苏广陵古籍刻印社 1981 年版，第 18 页。

②　章太炎：《孙诒让传》，《章氏丛书·文录》卷二，江苏广陵古籍刻印社 1981 年版，第 76 页。

③　梁启超：《清代学术概论》，《梁启超学术论著四种》，岳麓书社 1998 年版，第 26 页。

④　王世伟：《论孙诒让校勘的特点和方法》，见《图书馆学文献论丛》，上海书店出版社 2000 年版，第 481—483 页。

第 三 章

清代《管子》研究之杰出者——戴望

第一节　戴望的生平及学术成就

一　戴望生平

　　戴望（1837—1873），字子高，浙江德清人，享年仅三十七岁。由于戴望英年早逝，关于他的史料极为匮乏，除《清史稿》短短的几行之外，只有好友姚谌等人的记录为参照，略知戴望生平一二。

　　戴望出身于书香门第，有着深厚的学术渊源。其祖戴铭金"以诗词名嘉道间"，[①] 其祖母徐延用"有贤行，亦能诗"。[②] 戴铭金有子三人，皆以俊才而显名。戴望之父名戴贻仲（字福谦），学问渊博，曾于道光十七年（1837）应试中举，著名学者俞樾是其表弟，二人常在一起以学术为砥砺，友情深厚。[③] 戴望之母周氏，乃清代著名汉学家周中孚之女，有极为深厚的家学。总之，从祖父母一直到父母，乃至戴望身边的亲戚朋友，都是有良好学问之人，这种学术氛围对即将出生的戴望产生极大的影响。

　　戴望出生之时，这个书香传世之家已经开始出现败落的迹象。父亲戴贻仲因两次应礼部考试而不中，贫病郁愤交加，客死于京中。祖父戴

---

　　① 施朴华：《戴子高墓表》，《泽雅堂文集》卷六，光绪十九年（1893）刊本。

　　② 潘玉璿等：《寓贤》，《乌程县志》卷二十二，转引自朱淑君《戴望经学概论》，《首都师范大学学报》2004 年增刊。

　　③ 详见俞樾《表兄戴琴庄先生传》，《宾萌外集》卷一，同治十年（1871）德清俞氏刻本。

铭金突遭丧子之痛，亦不能自已，乃"赋绝命词四首，自经死"。① 父亲、祖父的相继过世，使戴望一家顿时陷入绝境，孤儿寡母相依为命，生活甚是凄惨，"家贫岁饥，益无依赖。于是君挟册悲诵，寡母节衣缩食，资君以学。时时空无，相对啜泣"。② 可见，戴望之母周氏也是非常有见识之人，在如此苦劣的环境下，并未放弃对戴望的教育，而是通过言传身教，成就了戴望的早期学识。戴望也不负母望，聪慧而好学，"生有奇慧，六七岁时读书日数十行，人谓戴氏垂绝而续矣"③。九岁之前，戴望就在母亲的教育下逐渐成长。由于母亲乃周中孚之女，所受乃汉学之影响，因此戴望从小接受的应是汉学熏陶。

九岁时，戴望正式拜师求学，师从乌程程大可，得到了正规的汉学教育。当时，程大可"授读《周易》、《尚书》，为之正文字，明音读，间本汉师说"④。十四岁时，戴望"于敝簏中得先五世祖又曾公所藏颜先生书，……读而好之，……始惊叹以为颜李之学周公孔子之道也，自陈抟寿涯之流以其私说簧鼓天下，圣学为所汩乱者五百余年。始得两先生救正之。而缘陈奋笔者至今不绝，何其弊与！"⑤ 因此，他对科举之业便不抱太大兴趣，而钟情于真正的圣贤之学。之后，"年若干，为县学生，一赴秋试，遂弃举业，好读先秦古书"⑥。可见，青少年时期的戴望虽生活艰辛，但基本上是在母亲的呵护下长大，一心追求学问，甚至对举业也无兴趣。大约十八岁，戴望组成了家庭，但这个家庭没给他带来幸福，而是比独身更为强烈的痛苦。据他的好友谭献记载，"娶凌氏，强妇人也，不能事姑，君与异居，终其身"⑦。这样的婚姻使戴氏性格更加孤僻，不愿和别人交往。

二十岁时，戴望就没有以前那么从容了，为谋生计，也为逃避失败

① 潘玉璿等：《寓贤》，《乌程县志》卷二十二，转引自朱淑君《戴望经学概论》，《首都师范大学学报》2004年增刊。

② 施朴华：《戴君墓表》，《谪麟堂遗集》，宣统三年（1911）会稽赵氏本。

③ 同上。

④ 戴望：《先师程君墓版文》，《谪麟堂遗集》文卷三，宣统三年（1911）会稽赵氏本。

⑤ 戴望：《颜氏学记序》，《谪麟堂遗集》文卷一，宣统三年（1911）会稽赵氏本。

⑥ 张星鉴：《戴子高传》，见《清碑传合集》（中）卷七十五儒学五，上海书店出版社1988年版，第2893页。

⑦ 谭献：《亡友传》，《复堂文续》，光绪二十七年（1901）刻鹄斋刻本。

的婚姻，他决意离开家乡，外出教书谋生。首先他来到苏州，问学于经学大师陈奂，遂执弟子礼。

陈奂（1786—1863），字硕甫，号师竹，晚自号南园老人，江苏长洲（今苏州吴县）人。咸丰元年（1851），举孝廉方正。先后师事江沅、段玉裁，又曾问学高邮王念孙、王引之，与闻经学家法。毕生殚精竭虑，专攻经学，于《毛诗》用力最勤。著有《毛诗传疏》、《毛诗说》、《毛诗九谷考》、《毛诗传义类》、《郑氏笺考征》及《公羊逸礼考征》，另有《三百堂文集》。《清史稿》有传。陈奂曾教训戴望说："说经贵守师法，出入旁杂为道之贼"，① 即教导戴望要专一于古文经学，不得旁生门道。但实际上陈奂本人并不专守《毛诗》门户，也很留意今文三家《诗》的异同。因此，戴望在青年时代所接受的学术思想是偏重于古文经学一路，但也受陈师的影响，对今文经也不偏废，并且有一定的涉猎。

之后，戴望在苏州又求学于另一位今文经学大师宋翔凤，学习《公羊春秋》。

宋翔凤（1779—1860），字虞廷，一字于庭，江苏长洲人。嘉庆五年（1800）举人，官湖南新宁县知县。曾随母归常州，从舅父受业，得以学习今文经学之家法。之后又从段玉裁游，兼治东汉许郑之学。有《尚书解》、《周易略说》、《论语说义》、《五经要义》、《五经通义》、《过庭录》等。

基于在陈奂师对今文经学的一点认识，戴望开始正式接触今文经学。他"始治西汉儒说。由是以窥圣人之微言，七十子之大义"②。但初次接触以宋翔凤为代表的常州学派之今文经说，戴望并不立刻接受，而是又经过三年左右的时间才从观念上转变过来。他曾自述说："望初溺《左氏》，自谒吴宋先生，诏以先生遗书（指刘逢禄《左氏春秋考证》等书），狃于习俗，未能信也。其后宋先生没，望避难穷山中，徐徐取读之。一旦发寤，于先生及宋先生书若有神诰，迨然于吾生之晚，不获侍先生也。"③ 三年之后，生活之艰辛，战乱之频仍，戴望思想上产生了剧烈的变化，这时再回头温习刘先生等人的今文经学，才悟得今文经学的

---

① 戴望：《清故孝廉方正陈先生行状》，见《谪麐堂遗集》，宣统三年（1911）会稽赵氏本。

② 戴望：《颜氏学记序》，周骏富：《清代传记丛刊》学林类，台北明文书局 1985 年版，第 6 页。

③ 戴望：《故礼部仪制司主事刘先生行状》，见《谪麐堂遗集》，宣统三年（1911）会稽赵氏本。

要旨，叹服宋翔凤、刘逢禄等人的学术及思想。

总的来说，戴望早期的求学之路主要是古文经学，即偏重于考据之学，无论是母亲周氏之教，幼年师从程大可，少年得习颜习斋之书，还是青年时师从陈奂和宋翔凤，大都以汉学为主，深谙考据之法，并在文字训诂方面有所建树。在《管子》研究方面，他受陈奂、宋翔凤的影响颇大。陈奂有《管子辨误》、《校宋宝善堂本管子》，宋翔凤有《管子识误》，皆于《管子》研究上有心得。

1840 年后，第一次鸦片战争给中国带来深重的灾难，太平天国运动的爆发又使中国雪上加霜，中国人民处于水深火热之中。到 1860 年的第二次鸦片战争，中国大地已经满目疮痍，到处是战乱，到处是背井离乡的百姓。这样的社会现实给戴望以极大的刺激，使戴望从古文之学中惊醒，而转入到今文之经世致用上来。上面提到的避乱东林山而读《左氏》，正是戴望醒悟的表现。

1860 年，战火烧到了戴望的家乡，戴望不得不携其母避难城南东林山中，内忧外患使他的学术思想发生了重大的改变，他从古文经学的考据一路而走向今文经学的经世致用上来。这一年，戴望的老师宋翔凤与世长辞，这种打击也促使戴望用心研读了以宋氏为代表的今文经学的著作，大有裨益。戴望好友姚谌对戴望的一生进行总结时，多谈"致用"，他说："子高幼时即穷力为文章，其立言大旨必通乎经，而期于用，已乃稍亦为训诂之学，已又治宋儒者言，已又习为习斋、恕谷之说。盖自始学以至于今数变易矣，而大旨期于有用。"[①] 在避乱山中的日子里，他深感过去所学的空疏无用，因而赋诗道："叹息鱼虾市，频惊草木兵。荷锄知计拙，应悔作书生。"[②] 不仅如此，他还对当今社会进行了认真的思考，剖析出社会动乱的原因在于观念的改变，他说："素王遗典籍，赤兑继儒英。述作明微圣，经纶大反正。由来秉周礼，宁惧蹈秦坑！异学虽充塞，微言讵晦盲？倘能勤服习，会见治升平。"[③] 然山中的日子越来越困顿，为生活所迫，戴望奉母命到闽中投靠亲戚，"久而饥困，无所得食，其至

---

① 姚谌：《赠戴子高叙》，《景詹暗遗文》，宣统三年（1911）归安陆氏刊本。

② 戴望：《避兵东林山赋赠程大》，见《谪麟堂遗集》诗一，宣统三年（1911）会稽赵氏本。

③ 戴望：《将游闽中别费生襄四十二韵》，见《谪麟堂遗集》诗一，宣统三年（1911）会稽赵氏本。

戚方官闽中，寡母命君依之，明年，遂至闽中。"① 这时的戴望已不再是为求学而奔波，而是为生计而不得不别母而行。从另一角度看这个行为，实际上表现了戴望不再固守古文经学的樊篱，而是谋求投身社会来改变时世。临行前，他道出了自己这种变化的原因："方欣业文史，遑计值纷争。……东南据封豕，幽蓟骇奔鲸。窜迹经年久，穷涂万恨并。"② 他把太平军和外国侵略者分别比作封豕和奔鲸，都看作是作乱的罪魁祸首。

就在戴望入闽中的那一年，太平军攻入湖州，戴望母亲在祸乱中不幸遇难。身在异乡的戴望闻此噩耗悲痛万分，然无可奈何。1864 年，清军攻占湖州。戴望回家招魂葬母，并省祖父之墓，"已而旅食苏州，旋至江宁，寓屋火猝发，墙圮，幸不死。曾文正公闻其名而悯之，始延之校所刻书。"③ 曾国藩延请戴望到金陵书局的时间是在同治六年（1867），戴望对此事有详细的叙述："东南大定。始游金陵，时值丁卯之岁。会曾文正公归自徐州，抠衣上谒，文正招语移时，称其学识，使之承乏书局，朝夕编摩，以从先生长者之后。"④ 这就是戴望入曾国藩幕府的经过。据薛福成《叙曾文正公幕府宾僚》记载，⑤ 戴望是与莫友芝、俞樾、李善兰、张文虎、成蓉镜等人一样，以"朴学"入曾幕，以学术研究为主，当时主要任务是校勘先秦诸子。曾国藩对戴望以国士待之，使戴望很感激，并由此产生了对曾国藩的幻想，期望得到曾国藩的重用。然事实并不如戴望之意，直到曾国藩离世，戴望也没受到重用。其原因主要有两个：一是学术观念上和政治上二人相左，施补华说："时兵事大定。文治聿修，自公卿以至将帅咸幕儒术，皆将称道程朱，比踪孔孟；而君所讲习，又与世违异，伏处郁郁。"⑥ 曾国藩以桐城派的传人自居，而戴望则对方苞、姚鼐极其鄙视；曾国藩为清朝重臣，而戴望却劝其退隐，不要做清朝统治的工具。二是由于戴望个人的性格，他为人"性倨傲，门户

①　施朴华：《戴子高墓表》，《泽雅堂文集》卷六，光绪十九年（1893）刊本。
②　戴望：《将游闽中别费生裹四十二韵》，见《谪麐堂遗集》诗一，宣统三年（1911）会稽赵氏本。
③　施朴华：《戴君墓表》，《谪麐堂遗集》，宣统三年（1911）会稽赵氏本。
④　戴望：《与何景书》（同治十一年十一月长至日），未刊，原件藏上海图书馆。转引自张永平《戴望述略》，《上海交通大学学报》2002 年第 3 期。
⑤　丁凤麟、王欣之：《薛福成选集》，上海人民出版社 1987 年版，第 213—216 页。
⑥　施朴华：《戴君墓表》，《谪麐堂遗集》，宣统三年（1911）会稽赵氏本。

之见持之甚力，论学有不合家法者，必反复辩难而后已，人故忌之"。①
所以他在金陵书局没交下几个人，刘师培称其"特立独行，竟以此不克
伸其志"。② 这样的性格用常理来推断，必然不受人喜欢，得不到曾国藩
的重用也在情理之中了。

同治十一年（1872），曾国藩卒。在临死之时，曾氏仍然不计前嫌，
给戴望在书局校书的职务，使戴望免受饥冻之苦。因此戴望对曾氏十分
感激，乃有"是人不独今之柱石，抑亦古贤所赖以托命者"之语。③ 不及
一年，戴望因贫病交加而逝，享年三十七岁。戴望一生颠沛流离，穷困
潦倒，死后友人瑞安孙诒让、海昌唐仁寿将其归葬湖州仁王山东麓，"并
持所藏书分别沽之以其资刻遗书"。④

二　戴望的学术成就

戴望虽英年早逝，又无子嗣，但在短短的三十七年中，学术上取得
了非常杰出的成就。由于其性格比较孤僻，不善与人交际，故其交游不
多，为其传播学问或研究的学者较少。基于此，本文试探讨对戴望的学
术成就作一总结，以奠先生之灵，也以期得到同好者的批评。总的来说，
戴望的学术成就主要有以下几个方面。

（一）学术著作

戴望享年三十七岁，除去幼年时期，一生虽短暂他却给后人留下了
丰富的学术成果。现将戴望的学术成绩总结如下：

1. 《颜氏学记》

《颜氏学记》是在戴望于家中发现颜李之书之后开始研究的。据《颜

---

① 张星鉴：《戴子高传》，见《清碑传合集》（中）卷七十五儒学五，上海书店出版社
1988 年版，第 2893 页。

② 刘师培：《戴望传》，见《左盦外集》卷十八，宁武南氏校印本，1936 年。

③ 戴望：《与何景书》（同治十一年十一月长至日），未刊，原件藏上海图书馆。转引自张
永平《戴望述略》，《上海交通大学学报》2002 年第 3 期。

④ 张星鉴：《戴子高传》，见《清碑传合集》（中）卷七十五儒学五，上海书店出版社
1988 年版，第 2893 页。

氏学记序》记载，戴望十四岁时（1851）发现了"先五世祖又曾公所藏颜先生书"，[①] 非常喜爱，并与其友程履正一起研读，程氏拿出《李先生行状》一起共享，后又得王昆绳的《颜先生传》，"始惊叹以为颜李之学，周公孔子之道也"。[②]《颜氏学记》共十卷，大抵为戴望对颜元、李塨及其弟子著述的研究文章，以及他们的传记等。戴望对颜李之学推崇备至，从戴氏索求颜李之书的过程可见一斑。除上面所提到的家藏、程履正书和王昆绳书之外，他还从赵扨叔处得颜李之书概要，于金陵等处得以见颜李之书的全貌。戴望研习颜李之书近二十载，于 1869 年成该书，可见其用心。戴望在序中说："（颜、李）言忧患来世，正而不迁，质而不俗，以圣为轨，而不屑诡随于流说；其行则为孝子，为仁人。于乎，如颜氏者，可谓百世之师已！其余数君子，亦皆豪杰士也。"[③]《颜氏学记》的刊行，在清末掀起了颜李的研究潮流，有的尊颜，如戴望的好友谭献就受戴氏的影响而对颜李之学极为推崇，称为"夜行之烛"；[④] 而有的反颜，如程仲威就认为"元之言苟或行之，必至作于事害于政，而灾及于身者"。[⑤] 但无论是崇颜还是反颜，颜李之学得以流行的始作俑者乃为戴望，因此梁启超认为戴望是"近代头一位出来表彰他们的"。[⑥] 戴望不仅是颜李之学的鼓吹者，而且自身也深受颜李之学思想的影响，我们将在后面的部分加以讨论。

2.《论语注》

戴望师从宋翔凤时始治公羊家法，有了研究今文经学的基础。之后，专注于《论语》，用时无多，便成《论语注》（1862 年成书，1871 年刊刻）。戴望的《论语》研究得益于乃师宋翔凤。前面提到，戴望一开始对今文经学并不相信，后来避乱东林山，一心阅读刘逢禄和宋翔凤的著作，才恍然于今文经学。关于清代今文诸家中以公羊家法阐释《论语》的首

---

① 戴望：《颜氏学记序》，周骏富：《清代传记丛刊》学林类，台北明文书局 1985 年版，第 5 页。

② 同上。

③ 同上书，第 7 页。

④ 谭献：《复堂日记》卷四，河北教育出版社 2001 年版，第 91 页。

⑤ 程仲威：《颜学辩序言》，引自陈登原《颜习斋哲学思想述》，中国大百科全书出版社 1989 年版，第 234 页。

⑥ 梁启超：《中国近三百年学术史》，天津古籍出版社 2003 年版，第 155 页。

先是刘逢禄，其后是宋翔凤，尤其是宋翔凤较有成就。戴望的《论语》研究继承刘、宋，尽管是用公羊家法治《论语》，意图也是发掘《论语》中的微言大义，曲折表达了他的经世致用思想。他说："尝发愤于此，幸生旧学昌明之后，不为野言所夺，乃遂博稽众家，深善刘礼部《述何》及宋先生《发微》，以为欲求素王之业、太平之治，非宣究其说不可。顾其书皆约举，大都不列章句，辄复因其义据，推广未备，依篇立注，为二十卷。皆隐括《春秋》及五经义例，庶几先汉齐学所遗、劭公所传，世有明达君子乐道尧舜之道者，尚冀发其旨趣，是正违失，以俟将来，如有睹为非常异义可怪之论，缘是罪我，则固无讥焉尔。"① 这篇《叙》明确表达出戴望研究《论语》的目的，即阐发《论语》的微言大义，借以抒发自己的今文学思想。当然，戴望的《论语注》并不是完全照搬刘、宋的成果，他有自己的研究特色。黄珊在比较了刘、宋、戴三人在《论语》研究上的特点后，谈到了戴望与刘、宋二人的不同，"主要体现在解释的体例上，由于采用'注'的方式，和文本的关联更为密切，故在《论语》素王改制的预设之下，提供了更为可信的知识学关联。……另一特征是《论语注》为文中的对话确定新的历史语境。……可以看出戴望在继承刘逢禄、宋翔凤以《春秋》说《论语》的基础上有所完善的特点，即通过体例或解释单位的变更以补充知识学的论据。"② 戴氏的《论语注》成为清代公羊学的重要著作之一，产生极大的影响。正是由于戴望研究的不同特点，成为继刘、宋二人之后公羊学后继人，因此钱穆称其为"常州公羊学后劲者"。③

　　3.《管子校正》

　　戴望对《管子》的研究兴趣应该是比较早的，年轻时师从陈奂，其实除了学习《毛诗》等古文经学的内容外，还对老师在《管子》方面的成果颇感兴趣。陈奂有《管子辨误》和《校宋宝善堂本管子》留世，当然会对戴望的《管子》研究产生影响。另一位对戴望产生影响的是今文经学家宋翔凤，著有《管子识误》。谭献认为戴望是从同治二年（1863）

---

① 戴望：《叙》，《戴氏注论语》，同治十年（1871）吴兴嘉业堂刻本。

② 黄珊：《孔子改制与〈论语〉研究——刘逢禄至戴望的〈论语〉学》，《福建师范大学学报》2006 年第 6 期，第 128—129 页。

③ 钱穆：《中国近三百年学术史》，商务印书馆 1997 年版，第 615 页。

开始对《管子》的研究的，① 笔者并不赞同这个说法，从上面的分析我们可知，戴望师从陈、宋二师，必定接触到他们关于《管子》的研究成果，可以想见戴望的《管子》研究工作从那时便已经开始了。大约用了十年时间，戴望撰成《管子校正》二十四卷，未得刊刻，戴望便已离世。该书初刊于同治十二年（1873），即戴望去世之年，前有藩祖荫序，后有刘承干跋。具体阐述详后。

4.《谪麟堂遗集》

该书乃戴望死后由其友书画名家赵之谦收集遗作并刊刻而成的，共二百三十八篇（文二十八篇，诗二百一十篇），"谪麟堂"乃戴望书房之名。该书由江西风雨楼刻印，现收于《续修四库全书》集部第 1561 册内。赵之谦在叙中谈道："君性不谐俗，寡交游，足迹不越大江以北。然当世贤士大夫多识君，见君所论著推服无异辞。虽遇困阨，年寿不永，视坎坷终身姓氏不出闾巷者，尤有幸也。编遗集成，刻于江西。吴筠轩观察、缪芷汀都转、王松溪大令闻之，咸助之资，皆知君学行未见君者，并书之。"② 可见，《遗集》的完成除了好友的大力帮助外，一些慕名而从未谋面的学者如吴筠轩、缪芷汀、王松溪等也纷纷解囊相助。

5.《古文尚书述》

（未完之作）

（二）学术思想与手段

戴望所处的时代正是社会变革比较激烈的时期，统治阶级和劳动人民之间的斗争已经激化，太平天国运动就是一例；同时国外列强对中国的瓜分也愈演愈烈，两次鸦片战争就是证明。清朝内忧外患，处于崩溃的边缘。社会的动荡反映在学术界就表现为学术思想的变革，而戴望正处于学术思想的变革时期，所以戴望的学术思想表现为新旧思想的混合体，具有多元特征。

---

① 原文曰："书肆得陈硕父征君手校《管子》，盖就黄荛圃藏北宋本点勘。子高方治《管子》，以贻之。"见谭献：《复堂日记》卷一，河北教育出版社 2001 年版，第 1 页。

② 赵之谦：《叙目》，《谪麟堂遗集》，《续修四库全书》集部第 1561 册，上海古籍出版社 2002 年版，第 149 页。

1. 融合古文经学和今文经学

戴望生活的年代主要是在清咸丰与同治间，古文经学已趋式微，对学术界的影响已经很小但仍有一定的市场。戴望少年时代即深受古文经学的教育，从小受母训，得其外祖父周中孚的汉学家传，之后又师从程大可、陈奂、宋翔凤等人，主要接受的是古文经学的教育，因此在他的学术思想中，古文经学占有非常重要的地位。戴望的好友姚谌写道："予尝谓为学必先通经，通经必先正文字明训诂，离文字训诂而言学者，佛氏之说也。而儒家者袭之，于是经义遂大晦，夫文字训诂，诚非道所在，而实道之所由明也，舍而去之可乎？虽然其详则前儒言之矣，前儒言之，吾治其言可也，又从而自为言则非也。且古人有言，士不通经不足用。由文字训诂而能致之用者，盖尟矣。夫不有其大者远者乎？拘近而忽远，得小而遗大，是为漏儒为俗学。吾平日尝持此论，惟子高之言亦然。"[①]我们从这段描述中可以看出，戴望的治学思想与乾嘉学派相似。戴望的《管子校正》正是其求实思想的最好表现，而该书的完成并取得很高的成就，与其青少年时期的古文经学修养是分不开的。晚年时期，戴望曾与孙诒让父子交往甚密，也大致可以推断出他在金石学方面也有涉猎。当然，戴望的学术思想有其两面性，他一生既有古文经学的功底，又对古文经学的惟古是从的学风不尽赞同，而是崇尚今文经学的经世致用思想。戴望所处的时代内忧外患，这决定了在他的短暂一生中，还时刻不忘用学术去救治破败不堪的社会，所以姚谌在总结戴望的一生成就时谈到"期于有用"，因此戴望在进行学术研究时就带有以古说今、经术与政治合一的思想倾向。这样一来，戴望的解经主要分离为两个层面：一个是在经义的解释上遵循求实而求真，致力于还原经的真实意义；一个是通过经义的解释来表达戴氏经世致用的思想，关注民生世事，试图以学术改变社会。因此，戴望的学术并不专注于某一学派或某一学术立场，而是取各派所长，古文经学与今文经学，不过是形式而已，其最终目的是为了试图匡救时弊。

2. 兼及考据与义理

基于上面的学术思想，戴望在研究手段上则多以考据与义理并重。

---

① 姚谌：《景詹盦遗文》，宣统三年（1911）归安陆氏刊本，第22页。

从表面上看，考据与义理并不矛盾，乾嘉学者的典型特征往往是止步于考据，即前面在谈到乾嘉学术的特点时提到的考据明而义理明，也就是考据是义理的基础，两者有承继关系。这里所谈的考据和义理并重，主要是想说明戴望在典籍的训释过程中贴有乾嘉的考据学标签，但戴望的学术研究并不止步于考据，而是向义理更进了一步。因此，戴望既注重典籍的考据，以求得接近典籍本义的真实，而接着阐述趋于真实的义理。但义理的阐释并不是目的，也不是最后的结果，而也是一种形式，最后的目的或结果是"期于有用"。换句话说，戴望对典籍的考据和义理的阐发只是形式，而微言大义的诉求乃至经世致用的张扬是戴氏解经说子的内容。这样，戴望的学术研究既摆脱了乾嘉学派的就考据而考据的迂腐，使考据回归到还原经典真正义理的轨道上来，又避免了宋明以来远离经典而空谈义理的学风，而且顺应了时代对学术研究的要求，走进社会现实，经世致用以解国难。可见，戴望生活在社会矛盾突出和学术变革强烈的时期，就必然带有前后两个时期的学术思想特征。

3. 救世与愤俗的痛苦

既然戴望治学的根本目的是为了致用，必然对当时的社会现实不满。满汉间的民族矛盾激发了种种社会问题，清政府的软弱招致了列强的瓜分。中国人民在内忧外患之下痛苦难言，面对现实，一些激进的知识分子站出来在政治上试图匡正时弊，救百姓于水火之中。戴望就是其中的一分子，他希望通过宣扬自己的思想来救世，通过"微言大义"来警醒世人。所以在他的学术成果中，救世占有很重要的地位，而戴望在他的亲身经历中也遵循自己的救世原则。《管子》作为一本强国之书，当然会进入戴望的研究视野，这并不仅仅是以子证经、博览群书的需要，更重要的是符合戴望的强国救世思想。关于愤俗，乃是他不满于清政府的统治。作为一个汉族人，并且从小接受了传统的华夏思想，必然对满清的统治存有二心，这在整个有清一代的汉人当中是普遍存在的。戴望所处的时代虽然已经到了清朝后期，但他看到的是统治者的无能，人民处于水深火热之中，自然萌生了对满清的愤慨，乃至有所行动。最有代表性的一件事是他在进入曾国藩的书局之后曾劝曾氏弃官不做，并且劝说曾氏利用手中的职权乘机推翻满清政权。当然，事实是曾氏并不赞成戴望的提法，于是两人在政见上存在分歧，其结果是戴望不被曾氏重视。在对春秋时期邲之战的训释时，本来从历史真实的角度没有什么难处，但戴望对这件事的解释上却表现得难以启齿，主要原因是这场战役是处于夷狄地位的楚战胜了"中国"地位的晋国。如果把这场战役的结果移到明末清初，甚至再移到两次鸦片战争时期，事件则表现出极大的相似性。戴望希望国民能够通过这些类似的事件得到教训，能够深刻地反省自身存在的问题。戴望正是借助解史说经来表达自己的思想，试图救世。但在当时的社会背景下，书生气十足的戴望不可能实现自己理想中的社会。因此，戴望的学术思想一直处于忧世与愤俗的矛盾之中不能自拔，这也是戴望所处的时代使然。

总之，戴望的学术思想及手段正是基于因内忧外患而破败不堪的清王朝末期这样的社会背景，因此其思想上带有对传统学术的怀念以及对新时代新思想的憧憬，无论是他的著作还是他的品德，无不彰显着时代巨大变革时新旧思想在他身上的影响。所以，戴望对新旧两种学术都有继承，也都有批判，既有汉学的素养，又对汉学琐碎的考据不满；既有今文经学"微言大义"的旨趣，又对僵化的理学表示反对。

张永平认为："近代思想学术史上，戴望的地位就像一只承前启后的'谪麟'，其出现既宣示清王朝的封建统治已衰敝不可救，又透露出当时先进的中国人对新时代朦胧的憧憬。后来有不少进步思想家在戴望学说中汲取过营养，改良派在他那里得到了'新学伪经'和'孔子改制'说的启迪，而革命派则在他那里看到了君民共主和反满的主张，还有更多人注意到他的反理学思想，和在校勘学、古文字学等方面的学术成就，当然他也曾遭到封建卫道们的不少攻击。戴望思想曾受到那么多各种倾向人们的注意，说明戴望是一位值得研究的近代人物。"① 可为的评。

第二节　戴望《管子》研究之内容

在戴望短暂的一生中，对《管子》的校释占了生命的主要部分。而在他的著作当中，《管子校正》（以下简称《校正》）又是一部影响最大

---

①　张永平：《戴望述略》，《上海交通大学学报》2002 年第 3 期，第 49 页。

的作品，如果说他的《颜氏学记》引发了清末对颜李学派的研究热潮，那么《管子校正》则成为近现代《管子》研究的里程碑。因此，在清代《管子》的研究历史中，戴望的研究占有十分重要的地位，是《管子》研究史中必须重视的著作。

一　戴望《管子》研究的缘起

那么，戴望为什么对《管子》情有独钟，而不是研究在清代诸子研究中比较热闹的《荀子》或其他诸子呢？其实，和他个人状况以及周边环境的影响有相当大的关系。戴望出生在一个书香门第，但自幼丧父，可能对他的一生影响颇大。戴望所处的时代又是一个内忧外患多重交迫的时代，对他的思想形成有较大的刺激。在学术变革的历史过程中，戴望所处的时期又是一个激烈的变革期，新旧思想一起潜移默化在戴望的学术中。而这时，《管子》的研究又处于一个集大成的关键时期。因此，戴望进行《管子》校释是有其必然性的，其原因可细分为以下数端。

1. 和戴望个人的学习经历及交游有关

戴望幼失父训，启蒙教育由其母承担。其母乃大经学家周中孚之女，所以戴望从小就受到良好的古文经学教育，这是他从事经学乃至诸子研究的基础。此后又分别师从程大可、陈奂、宋翔凤等人，收益良多。特别是陈奂和宋翔凤，在《管子》研究方面皆有心得，对戴望从事《管子》研究影响较大。据谭献记载，戴望对《管子》研究曾受宋翔凤的启发，"子高言，闻之宋之庭先生，老氏之学出于管子。管子，黄帝之裔，传其遗书。汉初崇黄、老以此"①。

另外，戴望的交游当中对《管子》涉猎的学者也很多，他们在平时交往中对研究心得相互交流，这也给戴望钟情于《管子》研究以很大的影响。如戴望入曾国藩幕府后结交了很多同道中人，其中有一些学者的学术研究涉及了《管子》。如郭嵩焘有《读管札记》，吴汝纶有《校勘管子读本》，俞樾有《管子平议》，张文虎有《管子校》。虽然成书有先后，但互相交流、加深体会、积累点滴的作用还是有的。特别是孙衣言、孙

---

① 谭献：《复堂日记》卷七，河北教育出版社 2001 年版，第 154 页。

诒让父子，大约从戴望入江宁书局之时，他们便有很深的交往。直到去世前，戴望还和孙诒让一起探讨金石文字。① 可见，在众多的书局学者当中，戴望和孙氏父子的交往比较多，自然他们之间学术的交流也比较频繁。孙氏父子在《管子》研究上也有很大的贡献，特别是孙诒让，成《札迻》一书，虽然只是一部学术札记，但其中的《管子札迻》还是有相当的学术分量的。戴望与他们接触交往，自然会接受孙氏父子的一些学术观点。

2. 和戴望的学术思想有关

《管子》研究的起因与戴望的学术思想有相当大的关系。戴望的学术思想又来源于他所处的学术环境。同治年间，正是学术思想的转型期。旧有的以考据学为核心的古文经学，此时已经进入了僵化、衰落的阶段，而以义理为核心的今文经学，强调致用，成为符合当代社会的学术潮流。戴望的身上既有古文经学的功底，又有今文经学的修养，因此上他的思想处于一个相对矛盾的状态。但他能够很好地将两者结合起来，形成比较有效的学术模式。清末张之洞先生曾提出著名的"中学为体，西学为用"的主张，我们可以对戴望的学术思想作一个类似的判断，即"古文经学为体，今文经学为用"。从学术活动上说，就是在文献的研究中以考据学为重要的手段，力图表达出文献最原始、最真实的义理，通过这种研究来表达经世致用的意图。

我们知道，当经学研究趋于穷尽之时，诸子以"证经"的身份进入学者的视野并得到重视，诸子研究在清代中后期有相当大的发展。《管子》作为诸子中的一种也受到学者的青睐，并在清代前期进行了一些研究，取得了一定的成绩。但当进入这个新旧学术的转型期时，《管子》就成了一部最理想的研究文献，而戴望具备了很好的古今经学的学术素养，成为最恰当的《管子》研究者。

3. 和《管子》的研究状况有关

《管子》的研究一直处于不尽如人意的状态。我们知道，《管子》的

① 原文曰："德清戴子高殁前数日，犹力疾手录诒让所为《毛公鼎释文》，不遗一字。盖诒让治金文之学，惟于高知之最早，亦爱之独深。"见孙延钊《孙衣言孙诒让父子年谱》，上海社会科学院出版社 2003 年版，第 115 页。

校释工作直至唐代才真正有学者去做，尹知章注《管子》虽说有开创之功，但其校释的结果却并不理想，尤其是清代的学者，对尹《注》批评的声音多于赞扬。之后，宋明时代多从理学入手，在《管子》的整理和训释上做出了比较令人称道的成绩，刘绩、赵用贤、朱长春、梅士享等学者在此方面有所建树，并且明代在《管子》的版刻方面有过突出的贡献，此后学者对《管子》进行研究大多以明代版本为底本。清代对《管子》进行研究的学者很多，但基本上属于学有余力者扩大学术视野而进行的研究，学者们大多不将其作为学术研究的主要对象，因此形成的研究成果十分有限，并且散在于个人的学术著作中。到清朝后期，《管子》的研究已相当成熟，但仍然没有一个集大成者将研究的成果汇集起来，去粗取精，附以己意，而戴望正是《管子》研究的集大成者。

4. 和当时的社会环境有关

两次鸦片战争和太平天国运动，使当时的清王朝处于风雨飘摇的境地。大清内忧外患，民不聊生。戴望的青年时代就是在这样一个环境中度过的，他在谋生糊口中奔波，母亲在此期间不幸遇难，寓所遭火几乎丧命。这样的状态使戴望的思想发生了重大的转变，看到了古文经学的不足而兼及今文经学，以期"经世致用"。因此，戴望力图通过学术来指陈社会，批判现实，唤醒从政者及民众对国家的变革图强，这也正是戴望学术思想中今文经学思想占主要地位的重要原因。正因为这个原因，戴望在进行学术研究时就对现有文献进行有针对性的选择，而《管子》的内容比较符合他的政治诉求。

总之，戴望研究《管子》的缘起可谓是在一个混乱浊污的年代中的一个具有古今文经学思想的人遇到了一部匡俗救世的著作。这样的社会环境和学术环境不仅造就了戴望，而且成全了《管子》。有清一代，戴望的《校正》成为最为辉煌的《管子》研究著作，而戴望本人也因此成为清代《管子》研究的集大成者。

二 《管子校正》的成书过程

戴望具备了学识上研究《管子》的基本条件之后，开始了《管子》的校释。上面提到的谭献关于戴望"治《管子》"的记载，乃成书之端，而非研究之始。据此可知，戴望师从陈奂之时并未真正获得陈氏的《管子》校本，他所获得的是陈先生的言传而已。戴望决心从事《管子》研究，也许是被当年恩师陈奂的离世所触动。

不久，戴望便将自己《管子》研究的初步成果汇集成《管子正误》书稿。《管子正误》的具体情况如何，不得而知，仅好友谭献的《复堂日记》对此有过记载。谭献认为戴望的《管子正误》"荦荦大者，犁然有当于心"①。从谭献所下的判断而论，戴望的这个稿本构架了自己在《管子》研究上的雄心壮志和对《管子》的整体把握。《管子正误》就是他后来传世的《校正》的最初稿本形态。

戴望并不满足于《管子正误》，而是在此基础上继续探索，此后的十年也就是一直到他生命的终点，他致力于对《管子正误》的修改与补充。谭献对戴望的《管子》研究有零星的记载，戴望曾几次将未完成的《校正》给他看并征求意见，他也给予中肯的评价。同治五年（1866）戴望去苏州，之后又到扬州，谭、戴二人见面的机会较少，但互相关注还是有的。据谭献《复堂日记》记载，戴望在去苏州时将他所得的陈奂《管子辨误》也一同"窃"走，后几经转折，该书又回到他的手里。

戴望病重之时，曾修书致苏州最有名的学者潘祖荫，并寄上《校正》，求序于潘氏。潘祖荫序《校正》曰："戴君子高寄其所著《管子校正》，属序于荫。荫何足以序子高之书哉！荫之慕子高久矣，则于其书何可以无言。自明人刊书而书亡，诸子幸以道藏本得存。《管子》不列于道藏，故屡经明人刊刻，其书在若泯若没间。吾吴黄荛圃有绍兴本，其中足证各本之谬者实多。……皆与王怀祖先生《读书杂志》相合，其他类是者尚多。今归东昌杨氏矣。子高陈硕甫先生高足弟子，实事求是，深恶空腹高心之学，是书精当，必传无疑。先是湘乡师闻荫欲为刊其所著书，并欲重刻《管子》，且推及荀贾董刘扬老庄列淮南诸子善本。会师归道山，其议遂罢。而子高亦病矣。古学废兴，间不容䐉，可慨也夫。同治十二年癸酉二月。"② 此序成于同治十二年，即 1873 年，乃戴望因病重

---

① 谭献：《复堂日记》卷一，河北教育出版社 2001 年版，第 2 页。

② 潘祖荫：《管子校正序》，《诸子集成》（第五册），上海书店出版社 1991 年版，第 3—4 页。

而去世之时，潘祖荫悯其英年早逝，乃提笔作序。

戴望研究《管子》几近十年，先成《管子正误》，后在此基础上经过反复爬梳，成《校正》。生前未得刊刻，死后由谭献等人出资将此书刊行于世。

三　《管子校正》的编撰体例

戴望的《校正》初刊于同治十二年（1873），是以唐尹知章撰《管子》注本为底本。尹《注》本存八十六篇目，中有十篇文已佚，共分二十四卷。戴氏《校正》依尹《注》本录《管子》文。尹《注》本在清时版本颇多，戴氏采宋本以作校正，并极其重视刘绩《管子补注》中的见解。他在撰写体例上不取常见的随文校订方式，而是在整卷之后，再对全卷分篇分章校订。一开始，戴望的撰写基本上是以札记的形式出现的，即研读完一卷之后开始撰写其中必须阐释的地方，这就是最初的《校正》本。后来上海书局在刊刻的时候将《校正》配上《管子》原文及尹《注》，收入《诸子集成》，这就是诸子集成本。该本是民国以来最为通行的版本，新中国成立后，中华书局曾据该本多次影印，上海书店出版社也有影印本。① 目前，上海书店出版社影印本是最为通行的版本。

笔者是以上海书店出版社本《校正》为底本对戴望的《管子》研究进行阐述的。关于上海书店出版社本《校正》，前面首先有三序：一为明代赵用贤刻尹知章注《管子》时所作的《管子书序》，一为西汉刘向整理《管子》时所奏上的《管子叙录》，一为《校正》刊刻时时贤潘祖荫为《校正》所作的书序。其次为《管子文评》，摘录了刘勰、孔颖达、晁公武、叶水心、黄震等人对《管子》篇目和《管子》性质的有关评论。然后是《校正》的凡例，共六条，大致说明《校正》的篇目来源、版本出处、文字处理、行文方式等。中间为正文，《管子》原文和尹《注》合二为一，戴望校正仍附每卷之后。

在正文中，其撰写形式依次体现在四个方面：一是对《管子》的各个版本进行了全面的比较，戴氏取元刻本、朱东光本、刘绩本、宋本、

中立本、绍兴本等版本相互校对，版本间的不同乃至孰优孰劣尽现眼底。二是将类书及其他文献所引《管子》网罗殆尽，戴望大量引用《初学记》、《艺文类聚》、《太平御览》、《北堂书钞》、《册府元龟》、《群书治要》等类书以及《鹖冠子》、《荀子》、《埤雅》、《长短经》等古籍中所引的《管子》文进行校勘。三是集前人时贤对《管子》研究的成果，广泛吸收王念孙、丁士涵、高诱、俞樾、宋翔凤、张文虎、陈奂、洪颐煊、日本学者安井衡等人的校订成果，同时重视用尹知章的注文参校正文。四是附以己意。戴氏采获既广，发现亦多，更正错讹脱衍、字句次序颠倒者不下数百处。尚有缺文误字，不可确证者，也不轻加更易，皆标识于篇首，不强为附益。戴氏还依宋本据文意标识段落，以明章次，纠正当时各种版本段落分析太过之弊。

总之，戴望《校正》的编撰体例不同于以往的任何一种《管子》校注本，也不似后来的集注本，其体例多少类似于王念孙等人的札记体，但又有所区别，即他的研究是在借鉴了多人的校释基础之上的。

四　《管子校正》的主要内容

作为一个新旧思想交接与融合时代的学者，戴望身上既有旧有传统的影响，又具有新时代所赋予的新认识。在《管子》的研究上，他既试图走一条新路，又不便丢开传统的东西，于是将两者融合起来，形成一种新旧结合的阐释方式。表现在《校正》上，就出现了既有来源于传统经学的训诂考据的内容，也有强调义理之学提倡经世致用的内容。因此，在体例形式上有独特性，在内容上也有调和性。基于上面的认识，笔者对《校正》作了详细的研读，下面对《校正》所阐释的内容给以翔实的描述。

（一）版本之间的对比

不同版本之间存在文字差异是不可避免的，其原因主要是文献在传播过程中存在的种种过失，比如抄写者的主观态度、刻工的刻写水平、自然及人为的破坏等等。这些问题或大或小地给后来的研究者造成了麻烦，而要解决这些问题需要做很多方面的工作，如知识的储备、语言的熟悉和社会文化的认知。之后，将不同版本有差异的文字进行比对，择"善"而从。戴望在校正《管子》时首先要面对这些问题，所以要搜罗众多不同的版本，力求无一遗漏。再者就是不同版本的文字差异进行比对，这项工作戴望看得十分重要，往往把版本间文字差异放在《校正》的第一位，因此戴望对版本的重视不仅仅停留在形式上。

关于版本间的对比，《校正》主要有以下几种类型：

1. 只作对比，不下己意。如：

《宙合第十一》：爵尊则肃士。

宋本"则"作"即"。（第69页）①

2. 不仅对比，而且判断是非。如：

《宙合第十一》：毋蓄于諂。

宋本"諂"作"诣"，是。（第67页）

再如：

《君臣上第三十》：制令传于相。

宋本"传"作"傅"。望案：当从宋本。《尔雅》曰："傅，相也。相，助也。"言制令助于相也。下文曰："信以继信，善以传善。""传"亦"傅"字之误。傅，辅也，助也。君善臣亦善，是辅助之也。今本皆因字形相近而误。（第172页）

3. 有时对比后指出一本文字错误的原因。如：

《幼官第八》：莫之能害。

元本作"莫之能围"，后《图》亦作"围"，此涉上文"无害"而误。（第55页）

---

① 此处所标注页码是上海书店出版社影印本《诸子集成》第五册，1991年版，下同。

4. 除了对比，还引述其他学者的意见来说明。如：

《宙合第十一》：可以无及于寒暑之灾矣。

宋本"及"作"反"。丁云："反于寒暑之灾，犹言反时之灾耳。夏就清，冬就温，则反时之灾可以无之。《左宣十六年传》：'天反时为灾。'"张云："'及'如'及难'之'及'，不必徇宋本。"（第69页）

5. 仅引前代或当代学者对不同版本间文字差异的评论。如：

《枢言第十二》：霸主积于将战士。

陈先生云："宋本作'将士'。将士，将军之士也。赵本衍'战'字。《后汉书·光武帝纪》：'于是大飨将士，班劳策勋。'"（第72页）

版本间的对比，可以更好地了解文献在传抄过程中出现的差异。但是，如果版本间没有文字差异，而底本的字义文义不容易理解时，采用他书尤其是类书对文献的所引就显得非常必要了。戴望也大量采用了子史、类书等所引与底本对比，可以尽最大努力解决文字问题。当然，类书所引很大程度上并不能作为有力的证据，但仍然给我们提供了一条有用的信息，乃至一个思考的途径。如：

《小匡第二十》：是故卒伍政定于里，军旅政定于郊。

《通典》引作"卒伍定于里，军政定于郊"。（王云：政当为旅。）《齐语》作"卒伍整于里，军旅整于郊"。王云："'政'即'正'字，'正'与'定'古字亦通。今'政'、'定'并出者，一本作'政'，一本作'定'，而后人误合之也。《齐语》作'整'，'整'与'正'、'定'声亦相近。"（第134页）

　　（二）引用一种或几种学者对原文的训释

　　解决了文字比对之后，最重要的问题是解决字义及文义，这是文献校勘训释的核心目的。戴望《校正》的主体部分就在于此，他大量阅读了前代及时下学者在《管子》研究中所取得的成果，并选择个人认为相对合理的结论加以采纳，引入《校正》之中。戴望的引用并不是漫无目的的，他有自己的引用原则，另外所引用的内容也要符合自己的撰写目的。就其内容来看，笔者以为主要有以下几个方面。

　　1. 引用学者校释解决原文文字正误问题

　　当版本、类书以及其他文献中没有文字差异时，戴望选择将搜集到的《管子》研究者关于文字正误问题的讨论作为首先引用的内容。文字出现这样那样的讹误是一种较古老的文献在传承过程中必然产生的结果，因此解决这些讹误是后学在文献研究过程中必须做到的。清代是小学大盛的时代，在文字、音韵、训诂方面有极强的研究能力，所以在研究过程中发现并诠释文献中出现的讹误便成为清代文献研究的重要内容。戴望的《管子》研究在文字讹误的处理上仍非常重视，他把不同版本之间、底本与其他文献之间的对比放在首要的位置，接着便解决文字的形、音、义等问题，而文字的正误又摆在校释的醒目位置，可见戴氏对此问题的积极态度。

　　戴望引用他人校释的重点必然是在文字上，引用已有成论来处理文字，这是戴氏一种客观公正的研究态度。在这一问题上，笔者认为主要有以下几个方面。

　　（1）讹文。如：

　　　《戒第二十六》：君请矍已乎。
　　　俞云："'矍'乃'獲'之误。隶书'獲'字或作'獲'（见祝睦碑），又或作'獲'（见灵台碑），其左旁皆与'矍'相似。《仪礼士昏礼聘礼》注并曰：'请犹问也。''君请获已乎'言君有所问，不获已而为此对也。下文将历言鲍叔诸人之短，故以此发之。"（第169页）

由于字形相似或其他情况而误在文献流传过程中时有发生，后代学者在校释中就依据文义将扞格难通之字定为误字。

（2）衍文。如：

《大匡第十八》：从政治为次野为原又多不发起讼不骄次之。

王云："'为'、'次'二字，涉正文'得二为次'而衍。'次'、'之'二字，总承上文'从政治'以下四句而言，则不当更有'为'、'次'二字，且'从政治，野为原，又多不发起，讼不骄'，正对下文之'从政虽治，而不能野原，又多发起，讼骄'而言。若有'为'、'次'二字，则既于本文不协，又与下文不对矣。"俞云："'多'字衍文，涉下文'又多发起'句而衍。《七臣七主》篇曰：'然强敌发而起，虽善者不能存。'即可证此文发起之义。上云'野为原'，谓能辟草莱也。此云'又不发起'，谓能治盗贼也。又云'讼不骄'，谓能听狱讼也。骄读为矫，《周语》曰：'其刑矫诬。'韦《解》云：'以诈用法曰矫。'是其义也。下文曰'又多发起讼骄'，亦当以'起'字绝句，其下又曰'又多而发讼骄'，则误衍'而'字，脱'起'字。"（第116页）

戴望引用了王念孙和俞樾的校释成果，说明了二人在对原文当中衍文出现的认识。当然戴氏引用的目的也正是为了解释他对王、俞二人说解的认同。

（3）脱文。如：

《白心第三十八》：出者而不伤人入者自伤也。

朱本"入者"下有"而"字。俞云："此本作'出者而不伤人，伤人者自伤也'。今本脱'伤'字，'入'即'人'字之误。尹《注》曰：'出者既主生，则不当伤人。违而伤人，是还自伤也。'注中有两'伤人'字，知正文必有两'伤人'字，注中无'入'字，知正文亦无'入'字矣。"（第233页）

在此条中，戴望首先进行了版本间的对比，然后引用了俞樾的校释，说明了今本出现的脱文及误字，而这个结论是依据尹《注》推论而来的，具有一定的合理性。

（4）倒文。如：

《白心第三十八》：无成有贵其成也。

王云："'有贵其成'当作'贵其有成'，与下文'贵其无成'相对。无成贵其有成者，功未成则贵其有成也；有成贵其无成者，功成而不有其功，即上文所云'弃功与名而还反无成'也。"（第233—234页）

"有贵其成"作"贵其有成"，实为倒文。虽然王念孙存在合理的推想成分，但就文义来说，就变得比较通畅了。

2. 通过引用来说明文字通假、古今、异体等用字情况

古人用字，贵在其义，其音以同或似即可用，是为通假；其形可能不一，是为异体；其义可一脉相传，是为古今。因此，在后学者看来，古人在文字运用上有一定的规律可循。《管子》乃成书较早之文献，当然也存在这些用字现象，历代学者对此都有所论述。戴望作为《管子》研究的集成者，依然会将此类现象作为解决字义的有效手段，因而在引用或校释时也比较重视。下面分别加以介绍。

（1）说明通假字。如：

《问第二十四》：余子父母存不养而出离者几何人？

俞云："'离'读为俪，《礼记·月令》'宿离不贷'注：'离'读如'俪偶'之俪。是也。'不养而出离'，谓出而俪偶于他族，若后世赘婿矣。"（第153页）

在古代语言中，"读为"、"读曰"和"读如"、"读若"这一类术语主要是说明通假，同时也有辨别音读的功能。此处俞樾所用与所引的"读为"、"读如"，即说明了"离"与"俪"的通假关系。又如：

《水地第三十九》：瑕适皆见精也。

　　王云："'精'与'情'同。(《逸周书·官人》篇'复征其言，以观其精'，'精'即'情'字。《荀子·修身》篇'术顺墨而精杂污'，杨倞曰：'精当为情。')情之言诚也，不匿其瑕，故曰情。《春秋繁露·仁义法》篇曰：'自称其恶，谓之情义。'与此'情'字同。《荀子·法行》篇作'瑕适并见情也'，《聘义》曰：'瑕不掩瑜，瑜不掩瑕，忠也。'忠亦情也，尹《注》非。"孙说同。(第245页)

　　在王念孙的阐释中，他认为"精"与"情"为同一个字，在《管子》这句话中，用"情"去解释"精"的意义是比较恰当的，但两者并不是异体字关系。"精"与"情"就现在的语言观来看，是通假字，戴氏所引王念孙校释虽在字义的校释上没有问题，但在字形的说解上二人犯了同样的错误。

　　(2) 说明古今字。如：

　　《形势解第六十四》：蜚蓬之问。
　　孙云："'蜚'，古'飞'字。《后汉书·明帝纪》注引作'飞'字，下俱同，《形势》篇是'飞'字。"(第336页)

　　"蜚"与"飞"古字通用，孙诒让认为是古字为"蜚"，今字为"飞"，有一定的道理。《史记·滑稽列传》："国中有大鸟，止于王庭，三年不蜚又不鸣，王知此鸟何也?"即用的是古字。再如：

　　《问第二十四》：贫士之受责于大夫者几何人?
　　陈先生云："责，古'债'字。上文曰：'问邑之贫人债而食者几何家'，上言贫人之债食，此言贫士之受债于大夫也。《山至数》篇'某月某日是苟从责者'注：'责，读曰债。'"(第153—154页)

　　陈奂认为"责"是"债"的古字，并引《山至数》篇注以证之。戴望引用其师之说，颇为敬服。又，《吕氏春秋·慎大》篇曰："分财弃责，以振穷困。"亦用古字。

（3）说明异体字。如：

《宙合第十一》：泉踰瀷而不尽。

望案：段先生《注》云："'瀷'乃'溟'字之异体，后人收入。如'溟'、'汩'之实一字也。《淮南》书曰'泽受瀷而无源'，许慎云：'瀷，凑漏之流也。'见《文选注》。但造《说文》不收'瀷'字。"（第71页）

解释异体字情况在戴望的《校正》中并不多见，其原因主要是至少在清代以前学者对异体情况涉及比较少，学者多用正体而少用俗体，故而对异体的解释较为鲜见。

3. 通过引用来说明虚词的用法

古代文献中的虚词是古代学者认知过程中逐渐认识到的，直至清代，对虚词的认识才略有增强，对虚词的解释越来越多，对虚词的理论探索也有所展开。作为清代后期的一名学者，戴望对虚词给予更多的关注就在情理之中。由于语法理论系统的缺位，清代学者关于虚词的诠释也是各具特色，他们的虚词解释术语也多种多样，如"辞"、"语词"、"语助"、"同训"等，但无论如何都看出他们对虚词乃至语法的理论意识。戴望在引用中也多次提及虚词，如：

《小问第五十一》：唯莒于是。

王云："尹《注》未晓'于是'二字之义。'于是'二字与'焉'字同训，言臣观小国诸侯之不服者唯莒焉，臣故曰伐莒也。庄八年《公羊传》'吾将以甲午之日然后祠兵于是'，'于是'即'焉'也。僖十五年《左传》'晋于是乎作爰田'，'晋于是乎作州兵'，《晋语》作'焉作辕田'，'焉作州兵'。《西周策》'君何患焉'，《史记·周本纪》作'君何患于是'。此其明证矣。《吕氏春秋·季春》篇注曰：'焉犹于此也。''于此'即'于是'。《聘礼》记曰：'及享，发气焉盈容。'言于是盈容也。《三年问》曰：'故先王焉为之立中制节。'言先王于是为之立中制节也。"（第285页）

以现代文言虚词的知识我们可以知道，"焉"常用作兼语词，兼有介词"于"和代词"是"或"此"的职能。王念孙将"于是"与"焉"同训，看来已经发现了两者的关系，并列举了一些书证。王氏对"于是"与"焉"的这一解释，可谓的诂，其影响直至现在。戴望引此以说解《管子》，既批评了尹《注》之误，又暗示着自己对王氏结论的佩服和认同。再如：

> 《枢言第十二》：唯无得之尧舜禹汤文武孝己斯待以成天下必待以生。
> 丁云："案上文言'万物待治礼而后定'，初不言孝。此承上'得之必生'言之。得者，得治理也。无，语词。'孝'乃'者'字之讹。己，指先王言。天下，即上文所谓万物也。'己斯待以成，天下必待以生'，所谓成己而成物也。赵本承袭讹字，故句读亦舛矣。"安井衡云："唯无得之下，应言不得谷粟而死亡之事，而今脱之。"
> （第72页）

"无"有助词之特性，用于句首或句中，这在古代语言中比较常见。但从感性认识上升到理性认识，就不是件容易的事。

4. 通过引用来说明断句情况

作为一本古老的典籍，《管子》的传承过程极为漫长而复杂，这必然导致文字的衍、脱、讹、倒现象的产生，进而使文本变得难以释读。断句是文本释读的前提，它的正确与否直接关系到解释的成败。因此，历代学者将句读之学视为校释之根本。有清以来，小学与考据学大为兴盛，文字训诂是学术研究尤其是典籍校释的主流方法，字义的说解是旧学的主要成绩。当时的学者进一步认识到句读失误与否对文献释读来说同等重要，于是清代学者将这项工作作为继文字训诂之后的又一任务，并在学术成果中大量体现。戴望集前代《管子》研究之大成，又有旧学之根底，必然也意识到这一点，在《校正》中加以应用。如：

> 《幼官第八》：置大夫以为廷安入共受命焉。
> 王云："案此当以'置大夫以为廷'为句，'安入'为句，'共

受命焉'为句。廷,官名。言以大夫为此官也。安,语词,犹乃也,言诸侯乃入而共受命也。又《大匡》篇曰:'必足三年之食,安以其余修兵革。'言必足三年之食,乃以其余修兵革也。《内业》篇曰:'精存自生,其外安荣。'精生于中,其外乃荣也。《山国轨》篇曰:'民衣食而縣,下安无怨咎。'言下乃无怨咎也。《内业》篇又曰:'凡道无所,善心安爱。''爱'当为'处'字之误也。安犹是也。处,居也。言道无常所,唯善心是居也。下文曰:'心静气理,道乃可止。'是其明证也。此二句以'所'、'处'为均,下文以'理'、'止'为均,'远'、'产'为均,'离'、'知'为均。"(第53页)

此处断句失误是因误解"安"字而造成的,"安"为语气词,以此上下推求,可理顺句义。再如:

> 《法禁第十四》:毋事治职但力事属私王官私君事去非其人而人私行者。

> 俞云:"案'但力事属'四字为句,'事'读为傳,《释名·释言语》曰:'傳,立也,青徐人言立曰傳。'是也。'毋事治职,但力事属',言但竭力傳立其私属也。'私王官'为句,'私君事'为句,言以王官为私,以君事为私也。'去'乃'法'字之误,言法本非其人所宜行,而人私行之也。尹失其读,故所解皆非。"(第85页)

俞樾的断句主要批驳了尹《注》的错误。尹于"私"字下注曰:"其所勉力事务者,但属意于私。"于"去"字下注曰:"王之官,私事则营之,君事则去之也。"可见,尹《注》"私"、"去"皆属上读,断句出现了问题。

5. 通过引用来解释字义、句义及章旨

文献说解的目的是明其义理,而考据学者常注重的是文字考据而忽视了义理,虽说训诂明则义理出,但随着时代的变迁,字义明确并不等于义理的彰显。清代后期的《管子》研究者就更多倾向于义理的研究。戴望所处时期正是前后期的过渡阶段,所以他的《校正》体现出考据与义理并重的特征。因此,在引用他人的考释成果时,也比较关注字义、词义、句义及章旨。如：

　　《小问第五十一》：至其成也由由乎兹免何其君子也。
　　程氏瑶田《九谷考》云："兹免云者，免，俯也。兹，益也。谓其穗益俯而向根也。《淮南·缪称》篇注云：'禾穗坐而向根，故君子不忘本也。'今诸谷惟禾穗向根，可验也。"王云："程说是也。禾成而穗亦俯，若君子之德高而心益下，故曰由由乎兹免，何其君子也。《赵策》曰：'冯忌接手免首，欲言而不敢。'（姚本如是，鲍本改免为俛。）《韩策》曰：'免于一人之下，而信于万人之上。'《汉书·陈胜传赞》曰：'免起阡陌之中。'是'俛'字古通作'免'，尹《注》非。"（第283—284页）

此为说明古今字通用问题，可借以明字义。再如：

　　《小问第五十一》：守战远见有患。
　　俞云："远见即外知也。下文曰：'夫民不必死，则不可与出乎守战之难；不必信，则不可恃而外知。夫恃不死之民而求以守战，恃不信之人而求以外知，此兵之三暗也。'即承此文而言。故知'远见'即'外知'也。《仪礼·特牲馈食礼》'若不吉则筮远日'，郑《注》曰：'远日，旬外之日。'《吕氏春秋·有始览》'冬至日行远道'，高《注》曰：'远道，外道也。'是'远'即'外'也。《吕氏春秋·自知》篇'文侯不说知于颜色'，高《注》曰：'知犹见也。'是'见'即'知'也。"（第282页）

此为说明词义。再如：

　　《五行第四十一》：天子不赋不赐赏而大斩伐伤君危不杀太子危。
　　俞云："'杀'当为'发'，声之误。'君危'自为句，'不发'又自为句。此文远探上文'睹甲子木行御天子出令'云云而言，所云'不赋不赐赏而大斩伐伤'，与上文'赋秘赐赏及禁民斩木'相应。所云'不发'与上文'发故粟'相应。盖当发故粟而不发，故

其灾祸如此也。不发正与不赋不赐赏一律。因字误作'杀',尹遂以'君危不杀'四字为句,而注亦曲说矣。"(第252页)

此为说明句义。

再就是对章旨的说解。关于《形势》篇,《管子》书本身就有《形势解》一篇,对篇章的含义作了阐述。另外,尹《注》也对章旨作了补充说明:"自天地以及万物,关诸人事,莫不有形势焉。夫势必因形而立,故形端者势必直,状危者势必倾。触类莫不然,可以一隅而反。"①这样,《形势》篇的章旨大略可知,学习者可提纲挈领,知晓本篇的意图。而戴望却不以此为满足,他对此有更深入的思考,而这一考虑与丁士涵所想略同,乃引丁氏观点云:"《史记集解》引刘向《别录》曰:山高名形势。"②可见,以地理状况入手来理解形势,抓住了形势的关键,对理解本篇起到极大的作用。

6. 通过引用来解释名物制度

名物制度是随着历史的前进而不断变化的,所以前代的名物制度到了后代就有可能不甚了了,保留在文献中的名物制度随着时间的推移渐成了阅读的障碍。文字训诂虽然也可达到解释名物制度的目的,但要正确地理解名物制度,光依靠文字训诂是不行的,还需要对名物制度作具体解释,这种解释不仅仅是字面的。如对《论语·八佾》"八佾舞于庭"的解释,如果朱熹仅仅说"佾,舞列也",便无法知晓八佾的礼仪制度,也就更无从知晓孔子为何因此而弃官不做了。于是朱熹有了更进一步对"八佾"制度的说明:"季氏,鲁大夫季孙氏也。佾,音逸,舞列也,天子八,诸侯六,大夫四,士二。每佾人数,如其佾数。或曰每佾八人,未详孰是。季氏以大夫而僭用天子之乐,孔子言此事尚忍为之,则何事不可忍为?"③从汉代郑玄以来的学者莫不重视名物制度的说解,业已形成传统。

戴望于《校正》之中也多所发明。如前面所举之例,《幼官第八》中

---

① 戴望:《管子校正》,《诸子集成》(第五册),上海书店出版社1991年版,第3页。

② 同上书,第18页。

③ 朱熹:《四书集注》(陈成国校点),岳麓书社2004年版,第69页。

诸侯会盟之礼，记载的是桓公称霸时的"九合诸侯"中第九次所订立的盟誓，确立了诸侯对天子的朝拜时间、等级和范围，重申了会盟的礼仪制度。丁士涵、俞樾分别从词义和制度两方面对会盟作了解释，戴望引用也正想说明这两个方面内容。

（三）出案语

案语是戴望阐述自我的一个窗口，是其对《管子》个性解读的一片领域。在戴望所出案语中，其解决的问题主要是弥补现有文献和校释成果的不足，版本对比未明时说版本，义理不足时说义理，要之，只要有不明或不足之处，又无其他可用或可信服的材料时，戴氏即出案语进行阐说。关于其阐说的内容，大致可以分为以下几个方面。

1. 说版本

戴望的案语主要是弥补版本及引用他人校释的不足，当版本或类书、丛书所引《管子》字词不同有必要解释时，戴望则引他人版本说解的成果加以解释，如果没有别的结论，则加案语说明。①

2. 说讹误

对《管子》原文中出现的讹误以及前代、当代学者校释时出现的问题，戴氏皆加以解释，说明自己的观点。如果没有适合的说解，则只列现象而不作评论。戴氏所说解的讹误有很多方面，兹列四例如下：

《乘马第五》：理不正则不可以治而不可不理也。

丁云："'不正'，谓爵位不正也，对上'爵位正'言之。'理'字涉上句'义可理'而衍。'而不可不理也'当作'而不可理'也，对上'义可理'言之。"望案："以"字及"而不可不理也"六字，皆衍文。（第25页）

丁士涵和戴望都认为此句中有衍文，丁氏认为此句衍"理"及最后一个"不"字，此句最后表述为"不正则不可以治而不可理也"；戴氏认为此句衍"以"及"而不可不理也"七字，此句最后表述为"理不正则

① 此结论前面已有阐述，此处不再详解。

不可治"。通过二人最后的表述，我们就可以看出戴望所认定的句子在表
情达意和简洁性乃至语感上更好一些。黎翔凤认为："'不可以治'有
'治'字，则'理'字非避讳所改。'义之理'、'理不正'二'理'字
为名词，'可理'、'不可理'为动词。名词为文理，动词为治理。"① 黎
氏从词性的角度剖析了二"理"字的含义，对句义的理解非常有帮助，
而且在不改字的情况下疏通了句义，更高一筹。再如：

> 《幼官第八》：胜心焚海内。
>
> 望案："焚"字义不可通。尹《注》训为焚灼，甚非也。"焚"
> 当为"樊"，字形相近而误。《诗·齐风》毛《传》曰："樊，藩也，
> 字本作'栌'，假借作'樊'。""胜心樊海内"者，言胜心足以牢笼
> 海内，若藩篱之也。《孟子》"益烈山泽而焚之"，庄氏葆琛谓"烈"
> 当作"列"，"焚"作"樊"，言表列山泽而藩篱之也。《左传》"象
> 有齿以焚其身"，宋本《北堂书钞》引"焚"作"樊"，可证今本之
> 误。（第55页）

戴望意识到了此句中"焚"字的问题，应与"樊"字形相近而致误，
并以《诗经》、《孟子》、《左传》为书证，以《北堂书钞》所引《管子》
为旁证，充分说明了原句"焚"字之误，也证明了尹《注》之误。再如：

> 《幼官第八》：动于昌故能得其宝。
>
> 望案："昌"当为"冒"，"宝"当为"实"，皆字之误也。《说
> 文》曰："冒，蒙而前也。"段氏注："蒙者，覆也。引伸之，有所干
> 犯而不顾亦曰冒。"此"冒"字当同此意。实者，军实也。左氏隐五
> 年《传》："以数军实。"杜《注》曰："数车徒器械。"宣十二年
> 《传》："楚国无日不讨身实而申儆之。"襄二十四年《传》："齐社搜
> 军实。"杜《注》并云："军实，军器。"此盖言动于冒，故能得敌
> 人之军器，所谓先人有夺人之心是也。尹《注》大非。（第54页）

---

①　黎翔凤：《管子校注》，中华书局2004年版，第87—88页。

此为对讹文"昌"、"宝"的处理，以《说文》、《左传》为书证，并驳尹《注》之误。再如：

> 《大匡第十八》：民病则多诈夫诈密而后动者胜诈则不信于民夫不信于民则乱内动则危于身。
>
> 望案：当读"民病则多诈，诈则不信于民。夫不信于民则乱，内动则危于身"，"夫诈密而后动者胜"句当在下。此"诈"字当为"计"字之误也。"计密而后动者胜"，即老氏不敢为天下先之意，故下文遂云"是以古之人闻先王之道者不竟于兵"。今本倒乱其文，又误"计"为"诈"，而遂不可读矣。（第 114 页）

此为断句、倒文问题，根据上下文的关系，以及文本的文意，戴望给予了正确的句读，并分析了造成本句句读失误是由于"计"误为"诈"。

3. 说义理

义理是文献释读的终极目的，也是研究者对文本理解程度的最后体现，并且隐含着研究者的价值取向。戴望的案语也大抵如此，集中展现了他对《管子》义理的研究结论及个人思想魅力。由于受考据学"训诂明则义理明"的影响，戴望的《管子》义理成就也大都集中在字义、词义方面，也对句义及其他作了努力与尝试。兹举一二如下：

> 《大匡第十八》：用力不农不事贤。
>
> 望案：《诗·北山·传》曰："贤，劳也。"此"贤"字当训为劳。上文事贤多，亦谓服劳多也。《御览·资产部二》引作"农不事贤行"，误连下文"此三者行"字为句，又衍一"农"字。（第 117 页）

此处戴望引《诗经》之传来解释"贤"字之义，此传原文来自《诗经·小雅·北山》："大夫不均，我从事独贤。"从文义来理解，"贤"有劳苦之义。戴望认为"事贤"即是"服劳"，《管子》此处"贤"字之义与《诗经》略同。再如：

> 《小匡第二十》：拘秦夏。
> 丁云："'秦夏'，疑'泰夏'之误，'泰'与'大'同。"望
> 案：《封禅》篇："西伐大夏，涉流沙。"则大夏盖国名。拘者，谓系
> 累其君而归也。（第 136 页）

这句话理解的关键是对"秦"、"拘"的理解，丁士涵认为"秦"为
"泰"字之误，"泰"又与"大"同义，故而"秦夏"乃"大夏"。戴望
引本书《封禅篇》解"大夏"为国名，"拘"为"系累"之义。实际上
已经说明了此句的文义乃"抓获大夏国国君而归"，排除了"拘"的另一
个被动义，也消解了此句"被拘禁于大夏国"的歧义。

总之，戴望《管子》研究的内容主要体现在版本、校勘、义理等方
面，侧重于以考据的方式来解决诸多问题，可见他的研究成绩也基本符
合有清一代乾嘉以来的流风。

第三节　戴望《管子》研究之特色与影响

戴望《校正》花费了其大半生的精力，成为其一生中最为著名之作，
并受到后世学者的赞誉和学习。戴望的《管子》研究体现了他毕生研究
的心得，有其特色，并影响着后世之学者。

一　戴望《管子》研究的主要特色

戴氏的《校正》在内容上表现出如此多的方面，当然是和前人的研
究成果分不开的。但这并不意味着《校正》约束于前人的研究视野而失
去了自身的特色，作为一部里程碑式的著作，必然有不同于前人的东西
在内，这些东西正是戴望研究《管子》的成绩与贡献。所以，要想了解
戴氏《校正》的价值与影响，对该书的校释特色加以论述是必要的。基
于上面的考虑，笔者认为戴望《校正》有以下几个方面的特色。

（一）重视版本对比及类书所引

戴望在撰写《校正》时对《管子》的版本对比极其重视，这在前人的研究成果中不多见。戴望曾经四处搜求《管子》的版本，同时也对陈奂、宋翔凤等人《管子》研究手稿视若珍宝，甚至不惜背上“窃”书的恶名。由于其嗜书如命的性格，他所收藏的学术著作极其丰盈。前面提到，戴望所收集到的或者是目历过的《管子》版本有很多，据《校正》中所提到的，有元刻本、朱东光本、刘绩本、宋本、中立本、绍兴本、蔡潜道本、杨忱本、赵用贤本、宋明道本等等。参照这些版本，可以对《管子》进行更科学的文字校勘。由此可见，有清一代版本学、校勘学理论已经得到普遍的应用。戴望《校正》对管子版本的引用得益于两个因素：其一便是版本学专门知识的广泛应用，学者已经掌握了版本学的基本知识与操作方法；其二是随着科学技术的进步，文献的刊刻与传播达到一个鼎盛的时期，学者在获得文献时比较便捷。因此，戴望对版本的重视其来有自，而在版本上有其独特的成就也不为奇怪了。

兹举一例：

> 《牧民第一》：地辟举则民留处。
> 望案：朱东光本作“地举辟则可留处”。据尹《注》，似亦作“地举辟”，“举”、“处”为均。上下文皆协均，此不宜独异。《轻重甲》篇曰：“地辟举，则民留处。”《事语》、《地数》二篇并曰“壤辟举则民留处”，是其明证。朱本“可”字误。（第17页）

此处将底本与朱东光本进行了对比，指出二本的差异在于“辟举”还是“举辟”，根据尹《注》来看，似应作“举辟”，但从协韵的角度看应作“辟举”，并有《轻重甲》、《事语》、《地数》三篇原文为内证。后学对戴氏之证颇为叹服，许维遹同意戴说，并认为“举”可训为发。① 黎翔凤对此作了更为详细的阐述：“《说文》：‘举，对举也。’古人偶耕，对举耒粗，故言‘辟举’。《诗·大田·笺》‘计耦耕事’，《正义》云：

---

① 郭沫若、闻一多、许维遹：《管子集校》，科学出版社1956年版，第1页。

'以耕必二耜相对，共发一尺之地，故计而耦之也。'《诗·七月》：'三之日于耜，四之日举趾。''发'今作'挖'。许（按：指许维遹。）知'举'训发，而不详其义。'辟'训法，此假为'擗'。古本误认'举'训皆，改为'举辟'，不知训皆为'与'之借。'辟举'改为'举辟'失韵，决非管书之旧。凡古本、朱本、刘本所不同于杨本者，皆为不知而妄改，予将一一证之，庶世人知其误而不为所愚矣。"① 黎氏不仅认为作"辟举"协韵，而且以"耦耕"这一农业现象为证，更增加了论述的科学性。

另外，戴望在进行《管子》研究时还十分注重类书、丛书以及他书所引《管子》的内容。一般来说，注重从类书、丛书及他书所引来旁证文献之文本，是乾嘉以来考据学擅用的治学方法之一，故而戴望有此类行为并不新颖，也没有多大特色。例如王念孙在校释《管子》时就多用类书所引，俞樾校书时更以类书所引而断下己意。现代学者对这类治学方法有所微辞，叶树声认为王念孙的校书就"过于相信类书，多好从中取证"②。黎翔凤对王氏以类书改正文颇不赞同，并举《四时》、《五行》、《小问》几篇的王氏论说加以讨论，说明王氏改字之失误。③ 戴望引用《初学记》、《艺文类聚》、《太平御览》、《北堂书钞》、《册府元龟》、《群书治要》、《通典》、《文选》等类书以及《鹖冠子》、《荀子》、《埤雅》、《长短经》、《国语》、《白帖》、《左氏正义》、《春秋繁露》等古籍以旁证今本，但他与王氏父子、俞樾略有不同的是他多数情况引而不论。如对《牧民第一》"灭不可复错也"句的校释，戴氏曰："《艺文类聚》五十二引'复错'作'得复'，《御览》六百二十四治道部引'错'作'措'。"（第17页）之后便不置一词。这说明戴望在对类书、他书所引不像二王、俞氏所为，而是抱有相当谨慎的态度。对无法考订的文字正误付以材料而不加评论，正可以说是他不同于前代学者的一个特点。

（二）博采前人的校释成果

在戴望的《校正》中，出现最多的是对前贤《管子》成果的引用。

---

① 黎翔凤：《管子校注》，中华书局2004年版，第4页。
② 叶树声：《王念孙父子校书特点概说》，《山东图书馆季刊》1993年第2期，第42页。
③ 黎翔凤：《序论》，《管子校注》，中华书局2004年版，第7页。

这些学者如丁士涵、王念孙、王引之、孙星衍、顾广圻、俞樾、宋翔凤、张文虎、俞正燮、段玉裁、陈奂、洪颐煊、臧庸、惠周惕、程瑶田、梅士亨、日人安井衡、猪饲彦博等，在《管子》研究方面都作过一定的贡献。戴望对此均加以参考，并有选择地引用到自己的《校正》中。这样一来，戴望的《校正》便成为一个《管子》研究的集大成者，包含了前贤的最高成就，再继以自身的研究成果，成为清代《管子》研究的最优者。

一般来说，戴望是选取最有代表性的说解加以引用，即基本符合戴望个人的思想，如果结论完全符合，且没有更新的论据时，就以此作为戴望个人的校释而加以引用；如果有进一步补充的必要，戴氏则提供更多的论据或作进一步的阐释。如：

> 《权修第三》：见其可也喜之有征见其不可也恶之有刑。
> 丁云："'刑'当读为'形'，与上文'征'字对。下文云：'赏罚信于其所见，虽其所不见，其敢为之乎？'是其证。"望案：《韩子·难三》篇引此文作"见其可说之有证，见其不可恶之有形"。（第21页）

丁士涵认为"刑"当以"形"释读，并联系上下文来证明。戴望又补一书证，《韩非子·难三》正引作"形"。再如：

> 《中匡第十九》：是故先王必有置也而后必有废也必有利也而后必有害也。
> 王云："两'而后'下皆不当有'必'字，此涉上文而衍。《小问》篇云：'是故先王必有置也，然后有废也；必有利也，然后有害也。'是其证。"望案：宋绍兴本"废"作"发"，作"废"者，后人不知古字通假妄改也。（第130页）

王念孙认为此句中"必"为衍字，并以《小问》篇为证。戴望认同王氏的观点，并进一步认为"发"为"废"的古字，因后人不明而妄改。

另外，对于前贤之说疑似有误的，戴望也坦率指出，有的加以解释，有的不作解释，但无论解释与否，这些应该说是戴望不泥于前人之说，兼收并蓄，取众长而抒己见的重要体现。如：

> 《禁藏第五十三》：夫冬日之不滥非爱冰也。
>
> 《意林》、《御览》《时序部》七、《人事部》三十六引"滥"作"鉴"，"冰"作"水"。丁云："'水'与'火'、'体'为均，当作'水'。"望案：《内则》有滥，以《周官》六饮校之，"滥"即"凉"也。《吕览·节丧》篇"钟鼎壶滥"，《注》云："以冰置水浆于其中为滥。"则滥近《小招》所谓冻饮者。（第296页）

戴望在此处校释中虽然没有直接反驳丁士涵之说，但他解释了"滥"字的含义，并以《礼记》、《周礼》、《吕氏春秋》为证，也就间接地否认了丁氏"冰"作"水"的说法。后世黎翔凤基本赞同戴望的说法："《说文》：'鉴，大盆也。'《天官·凌人》'祭祀共冰鉴'《注》：'鉴如甄，大口，以盛水。'《庄子》'同滥而浴'，借'滥'为'鉴'。注水于鉴中曰滥，《说文》训泛。《家语·三恕》篇：'夫江始于岷山，其源可滥觞。'谓注水于盘而洗杯也。《地员》'滥车之水'，亦谓注车。冬日不以冰注于鉴中，故云'非爱冰也'。作'水'者大谬。非韵文。"[1] 再如：

> 《九守第五十五》：安徐而静柔节先定虚心平意以待须。
>
> 《势》篇作"安徐正静"。丁云："'须'当为'倾'。倾，覆也，危也，言虚心平意以待天下之乱也。《势》篇云：'其所处者，柔安静乐，行德而不争，以待天下之溃作也。'尹《注》云：'溃，动乱也。'是其证。'倾'与'静'、'定'为均。《鬼谷子·符言》篇作'以待倾损'。"望案：韦注《周语》曰："待犹备也。"丁谓待天下之乱，说似误。（第307页）

丁士涵解释了"须"当为"倾"字之误，并释此句义为"虚心平意以待天下之乱也"。戴望认为，丁氏所释"待"为"等待"义，其义不

---

[1] 黎翔凤：《管子校注》，中华书局2004年版，第1009页。

确，应为"防备"义，并以《周语》韦《注》为证。其实戴氏的解释来源于俞樾，俞樾此条下注云："'须'本作'倾'，与上文'静'、'定'为韵。'待'训为备，《国语·周语》'其何以待之'，韦注曰：'待犹备也'。以待倾者，以备倾也。言须虚心平意以备其倾覆也。今误作'须'，则不特失其韵，且须即待也，于义复矣。"① 可见，戴望是赞同了俞樾的以"备"解"待"的说法，而不同意丁士涵对"待"的解释。

（三）匡正旧注旧校之误

清以前《管子》的校注成果在一定程度上对《管子》的流传起了积极作用，但由于校释水平不高，从另一角度讲也对《管子》义理的理解造成了消极影响。清代考据学兴盛，对文献的文字训诂工作做到了极致，注一字而至千言，因而与旧注旧校相比有相当大的进步。戴望基于考据学成熟的理论体系和方法以及前贤的校释成果，在《管子》的校释上取得了极大的成就。在对旧注旧校之误的批判方面，前人已经做了大量的工作，乾嘉学派的学者们在其著述当中多有提及，戴望乃在此基础上更进一步，是前贤指瑕的总结，也是他自己辨误工作的体现。事实上是，对旧注旧校匡正得越多，就越接近原始文献的旧貌，就越能释读出正确的义理。兹举例一二如下：

> 《小匡第二十》：众必予之有得力死之功犹尚可加也。
> 丁云："当读'众必予之有得'为句，'力死之功'与下'显生之功'对文，'加'与'嘉'通。"望案：朱本"得"作"德"，"予"读曰"与"，"众必予之有德"者，谓众以有德之名与之也。尹《注》非。（第 131 页）

案，尹《注》曰："愿君试用管仲，以显其定齐之功。如此，众必与之。与，许也。"尹氏释"予"为"与"，释"与"为"许"，乃赞同、赞许之义。戴望释"与"为给予、嘉奖之义，认为尹氏所解有误。此条明代刘绩有注，云："言常人有为君得曾力死为国者，功犹可贵；今鲍叔

① 俞樾：《诸子平议》，上海书店出版社 1988 年版，第 90 页。

为桓得生仲者，则功无以加矣。"① 刘绩之注于义可通，但"与之"释为"为君"，颇不合文义。至于戴望所释后来学者如何评价，至少在当时应该说是最为合理的一种解释。再如：

> 《海王第七十二》：万乘之国人数问口千万也。
> 宋本"问"作"开"，《揆度》篇亦作"开"，《通典》十引同。
> 望案：据尹《注》举其大数云云，则正文人数乃大数之误。（第 373页）

此条乃根据尹《注》而证明今本传写之误。关于"问"作"开"，猪饲彦博、孙星衍、宋翔凤、安井衡等都有阐说，戴望乃举其成说。至于"人数"为"大数"，前贤仅猪饲彦博有论，戴望承之，并论曰"据尹《注》举其大数"，为一家之说。郭沫若曰："猪饲与戴据注文疑'人数'为'大数'之误，非是。注'举其大数'云云乃指'千万'言。"②

再如前面提到的例子，《中匡第十九》："是故先王必有置也而后必有废也必有利也而后必有害也。"戴望案语曰："宋绍兴本'废'作'发'，作'废'者，后人不知古字通假妄改也。"（第 130 页）即指出后代的刊刻者不知"发"、"废"二字古代为通假而改。后郭沫若等《管子集校》指出几种版本的不同：古本"废"作"发"，刘本、朱本同古本，宋本作"废"，赵本同宋本。③"发"与"废"以古代汉语常识来说，毫无疑问二者为通假字。戴望认为"发"在前，"废"为后人所改，是后人不明二者的通假关系而妄改。再如，前面提到的《幼官第八》："动于昌故能得其宝。"戴望认为："昌"当为"冒"，"宝"当为"实"，皆字之误也。另外，戴望解释了此句句义："此盖言动于冒，故能得敌人之军器，所谓先人有夺人之心是也。"（第 54 页）同时也证明了尹《注》之失。

其实，戴望对错误的校勘并不仅仅局限于旧注旧校，对前贤时人的校释成果也经常指误，前面部分也偶有提及。当所引学者的校释有不尽

---

① 转引自黎翔凤：《管子校注》，中华书局 2004 年版，第 395 页。
② 郭沫若、闻一多、许维遹：《管子集校》，科学出版社 1956 年版，第 1041 页。
③ 同上书，第 300 页。

意之处时，戴望即加案语指出。如：《幼官第八》"则危危而无难"。戴望注曰："洪云：上'危'字当为'居'字之误。望案：《兵法篇》曰：'三官不谬，五教不乱，九章著明，则危危而无害，穷穷而无难。'亦以'危危'连文。洪改似非。"（第55—56页）可以说，戴氏的纠谬工作不完全是针对旧注旧校的，只要他认为是有误的，不论是前人还是时贤，都一视同仁，给予批评。这种校释态度是比较公允的。

（四）疏通文句，说解文意

戴望对文句的疏通主要通过文字的校释来解决，应该说，他抓住了问题的关键。一般来说，句意不明的关键是字词的不明，因此考据学者以训诂为根基是正确的。但我们看到，考据家往往止步于文字训诂，他们认为训诂明则义理出。对有一定学术基础的学者来说，这也许是非常可能的；可是对一般读者而言，字义明可能达不到句义明乃至篇章明，这就要在文字训诂的基础上再加以句义篇章的说解。虽然戴望的大量校释工作仍旧集中在文字训诂上，但我们欣喜地看到他还在说解文意上下了一番工夫，这在清代《管子》研究过程中是不多见的。可以想见，作为今古文学学术过渡时期的学者，他的学术著作中既表现出旧的、传统的学术思想及校释方法，也表现出新的、当下的学术思潮和校释手段。戴望作为这一时代的学者，在他的《管子》校释著作《校正》中，就表现出以上的特点。如：

《明法第四十六》：比周以相为匿是忘主死交以进其誉。

王云："尹读'比周以相为匿是'为句，注云：'比周者，凡有公是之事皆匿而不行也。'其说甚谬。此当读'比周以相为匿'为句，'匿'与'慝'同。比周以相为慝，犹言朋比为奸也。'是'下当有'故'字。后《明法解》作'比周以相为慝，是故忘主死佼以进其誉'，是其明证也。又案'忘主死交'，《韩子·有度》篇'死'作'外'，是也。故《明法解》云：'君臣皆忘主而趋私佼。''外'、'夗'（死）字相近，故'外'伪作'讹'。尹《注》云'为交友致死'，非也。刘以'夗'为'私'之误，亦非也。"（第267页）

此条引用王念孙校释主要批驳尹《注》失读并错解，也指出了刘绩本的错误。指出失误之后便提出正确的说法，并用"犹言"这一训诂术语说明句义，之后又用《明法解》和《韩非子》中的句子作为证据。那么，此条出现问题主要是由于断句、脱文不明所致。

要之，戴望校释《管子》时下了极大的功夫，在版本的汇集上，在同类书的对勘上，在众家学说的选择上，在对旧校旧注的理性思考上，戴氏都作了深入的探讨，并成为区别于前人时贤的亮点。这些特色有些被后代学者所借鉴、引用，《管子校正》成为《管子》研究中对后代较有影响的著作。

二　戴望《管子》研究的影响

戴望毕生从事于《管子》研究，其对于前贤时人的研究理应作了全面的参考，也在撰写《校正》时进行了缜密的、理性的思考。我们现今研读戴望之《校正》时，必然与其前后的《管子》研究历史作对照，比较之中，就可以发现前人之校释成果或学术之风气对戴望学术研究的影响，也可找到后学对戴氏研究成果和学风的接受。前面阐述中所提到戴氏师承关系、考据学派和所引前人时贤之作皆可成为对戴望撰作《校正》的影响，那么，戴望对后学的影响主要表现在以下几个方面。

（一）博采众长的校释思想之影响

我们知道，先秦时期，学习依赖教师的传道授业解惑。由于文字载体的稀少，学识多靠师徒的口耳相传，因此尊师而重教成为必然，孔子及其门人便是典型的例子。后来由于各自囿于门户之见而相互攻讦，门派之间老死不相往来，学术遂成僵死之态，至明末清初而尤盛。程善之曾言："夫古人之为学也，重师传，由师传而为门户，由门户而成桎梏，故虽至近之理，不能相说以解。"① 程氏道出了学术门派之争的弊端，并且他也感觉到清末以来，这种风气得到了扭转。

戴望所处的时代，学术风气较为开放，他本人又身受新旧之学的熏

① 程善之：《序》，见戴浚《管子学案》，台北正中书局1950年版，第2页。

陶，既有传统学术的根基，又有当下优良学风的影响，两者并行不悖，成就了戴望的学术成就。有人评价其学术为汉宋兼采，"戴望所处的时代，由于内忧外患的双重催迫，决定了在他的短暂一生中，时刻不忘了用学术去救治破败不堪的社会。……戴望的目的是改变社会现状，所以用什么学术形式，都只是形式。……因此就不难理解戴望那种不专主一家的学术立场了。不专主一家，就各采所需，对于汉学，戴望采的是其实事求是的方法；对于宋学，要的是其封建伦理纲常名教，而最终旨归是要落在经世之上，这就是戴望的汉学、宋学。"① 正因为戴望有这样的学术思想，因而他在校释典籍的过程中处处体现兼而有之的校释方式，将前人已有的成果拿来用之，不囿于学术门派。

对前人的成果不论门派，择优而用，可能是戴望一生所接受之学无门派之囿的缘故。戴望从小接受母训，及长拜程大可为师，接受的是汉学教育；后师从陈奂，汉宋兼采；又侍读宋翔凤，接触颜李之学，乃转而为宋学。可见，戴望的学术思想是综合性的，既有传统，又不失现代，既注重考据，也懂得说解义理。在学术研究上，兼采众长，接受前人时贤的已有成果，加以自己的研究，高屋建瓴，因而具有超越前人的学术水平。

后人的研究也正是接受了戴望的校释思想，而在研究水平上又有了新的超越。就以郭沫若等人所撰的《管子集校》来说，就是以前人的研究成果集成为主要意图的，并对戴望的《校正》极为重视。郭氏于序中曰："《管子集校》为已故许维遹教授所着手纂集，原名《管子校释》。许氏以戴望《管子校正》为基础，而加以扩充。凡在戴望以后诸家校释为许氏所见及者均为抄录，戴望以前者亦间有补遗。原稿共十九册，约四十万字。稿本均经誊录，有三四人手笔。许氏所用方法与戴氏无多殊，胪列诸家校释后，时或以己见评骘增损，亦有诸家未及而己见独到者，均以案语出之。唯于摘取原文标目时，则每依校释而径加改窜，其不同处以注文明之，其增补处以方格限之，此为特异。"② 《管子集校》是在许氏的《管子校释》的基础上整理而成的，而《管子校释》又以戴望的

①　张利：《戴望的汉学与宋学》，《宜宾学院学报》2005 年第 8 期，第 40 页。
②　郭沫若、闻一多、许维遹：《叙录》，《管子集校》，科学出版社 1956 年版，第 8 页。

《管子校正》为基础扩充补遗而来，可以想见二者的血缘关系。郭氏等的《管子集校》成书于新中国成立初期，其学术水平之高和影响之广是有目共睹的。

（二）注重版本的校释理念之影响

版本之间的比较在戴望的《校正》中得到了极大的重视。清代学者在《管子》版本方面唯一有突出贡献的就是戴望的《校正》。

其实，我们从《校正》的吴县潘祖荫之序中也可看到这一点。潘氏曰："《管子》不列于道藏，故屡经明人刊刻，其书在若泯若没间。吾吴黄荛圃有绍兴本，其中足证各本之谬者实多。如《形势》篇'虎豹讬幽而威可载也'，未误为'得幽'；'邪气袭内'，未误作'入内'；'莫知其泽之'，未误作'释之'；'其功违天者天围之'，未误作'违之'。《乘马》篇'凡立国都非于大山之下必于广川之上'，未误作'太山'；'薮鎌缰得入焉'，未误作'缠得'。《版法》篇'法天合德象地无亲'，未误作'象法'。《劝官》篇'必得文威武官习胜'下，未衍'之'字；'则其攻不待权舆明必胜则慈者勇'，未误作'权与'。《宙合》篇'内纵于美好音声'，未误作'美色淫声'。《枢言》篇'贤大夫不恃宗室'，未误作'宗至'……"① 由潘氏之序我们可以得到这样的结论，当时学者对版本的不同已经开始重视，得到一个别样版本如获至宝，并同已有之本进行比对。潘氏写成此序，至少是拿绍兴本与其他诸本通校一过，才能得出这样的结论。

重视版本之风气既起，后世之学者必然步前人后尘，极尽收集版本之能事，因而后出转精。我们还以《管子集校》为例，许维遹所成之《管子校释》，扩展收录了戴望以后诸家的校释，并以案语的形式参以己见。此书又经闻一多的补充订正，学术水平再一次得到了提高。郭沫若在此基础上又进行了大规模的整理，并加入了自己的见解，而成《管子集校》，遂成里程碑式的巨著，对后世研究者具有极其重要的参考价值。后人赵守正的《管子注译》和《管子通解》即基本依据此书而成。《管子集校》在戴氏《校正》的影响下对版本极其重视，戴氏《校正》所采

---

① 潘祖荫：《序》，《管子校正》，《诸子集成》（第五册），上海书店出版社1991年版，第3—4页。

版本约六种，而《管子集校》所用宋明版本达十七种。据书前《管子集校所据管子宋明板本》介绍，分别是宋杨忱本、陆贻典校刘绩补注本、明抄刘绩补注本、十行无注古本、朱东光中都四子本、赵用贤《管韩合刻》本、凌登嘉《管子治略篆言》、朱长春《管子榷》、张榜《管子纂》、凌汝亨《管子》、吴勉学《管子》、《新锲翁状元汇选注释管子评林》、梅士享《诠叙管子成书》、朱养和《管子》（花斋本）、明新安黄之寀校刻《管子》、姚镇东《管子纂注》、葛鼎《管韩合刻》等。不论郭氏等人所选之版本的质量高低，但其研究工作中对版本的重视则因袭了清以来的版本理念与学风，此后《管子》研究基本上遵循了戴氏《校正》版本集成之理念。

（三）整齐划一的校释体例之影响

有清以来，以文字、音韵、训诂为基础的考据学风行，成为扭转明末清初崇尚清谈而僵化之积弊的动力。训诂明而后义理出，此为乾嘉考据学者普遍遵循的一个治学准则。钱大昕说："有文字而后有训诂，有训诂而后有义理。训诂者，义理之所由出，非有义理出于训诂之外者也。"[①]段玉裁在谈到戴震的治学时也说："先生……作书与玉裁曰：仆自十七岁时有志闻道，谓非求之六经、孔孟不得，非从事于字义制度名物，无由以通其语言，为之三十余年，灼然知古今治乱之源在是。"[②]作为一种成熟的学术，考据学在治学方法上有其独到之处，并且在治学风格上有大致相似的内容。戴望的治学门径，也基本出于考据学之下，尤其是其对《管子》的考证。

值得一提的是，戴望的《校正》在校释体例上较前贤有长足的进步。前代考据学家在校释体例上没有更多的在意，而是处于一种自由的状态。戴望在总结前人研究成果的基础上，意识到校释体例之清晰的重要性，并有意识地贯穿到他的研究成果中。在《校正》中，戴氏的校释体例大致概括如下：

---

① 钱大昕：《潜研堂文集》，江苏古籍出版社1997年版，第377页。
② 段玉裁：《戴东原先生年谱》，《戴东原先生全集》（附录），台北大化书局1987年版，第30页。

版本→类书→引证→案语

版本对比是戴望首先要进行的工作，版本间文字稍有不同，则加以标出，或不置一词，或徐下己意，或引用他人之成说，总之在文字上和版本鉴识上起到了重要作用。其次是加入类书所引，类书和其他文献所引文字是《管子》校勘极为重要的依据。虽然这些文献中对原书所引由于目的和态度不同而有其随意性，因而降低了类书等文献作为证据的信用度，但戴望从学术存疑的角度保留了尽可能完整的信息，既利于自己的研究，也方便后人的学习。再次是对已有前人校释成果的引用，这是戴氏《校正》的主体部分。前面谈到，对已有研究成果的博采，体现了戴望不拘于门户之见的学术思想，也集中体现了前人的研究价值，提高了自己著作的可信度。案语是戴望个人价值的体现。引用他人的研究成果并不是一本研究著作的最终期待，也没能达到研究著作的真正价值，只有加入自己的研究心得，才算得上是一部有意义、有价值的学术著作。戴望通过案语对已有的版本、类书所引、引书引证、旧注旧校给予全面的评述，并提出自己的看法。

以上这种整齐划一的校释体例是戴氏之前的《管子》研究中所缺少的，前人过多地采用札记、笔记的形式来研究《管子》，表现为闲言碎语式的说解，自由的阐发、随意的校释、不拘一格的书写是这类作品的特点，如王念孙的《读书杂志》、俞樾的《诸子平议》和孙诒让的《札迻》。后代的《管子》研究著作则对校释体例比较留意，所撰写之著作多遵循一定的校释规律，并按既定的校释体例来撰写。据郭沫若《管子集校》，王先谦所撰之《管子集解》乃全依戴氏的《管子校正》略加裁剪分别录入原书文句下而成，[①] 自然与戴望之校释体例雷同，不同之处唯有割裂戴注于原书文句之下而已。再谈郭氏之书，其校释体例清晰可见，依各校释书成书的前后一字排开，各成一段，不相杂厕，之后缀以案语，明显出于戴望《校正》之体例，而又优于戴氏。

---

① 郭沫若、闻一多、许维遹：《管子集校引用校释书目提要》，《管子集校》，科学出版社1956年版，第24页。

（四）考据与义理完美结合的校释方法之影响

汉学以考据为长，宋学以义理为优，两者各有千秋，故而有清一代先考据而后义理，考据穷于僵死则义理复兴。戴望处于两者交替之间，故其学术方法兼而有之。崇尚考据之学，可以避免只谈义理的空疏学风，不为无源之水，无本之木；讲求义理，可以弥补考据"稽古右文"脱离社会现实的弊端，不为不求其理但求征引之富，而为致用之术。

戴望于学术不离于考据，故其校释以朴实为基调，他从事《管子》研究耗费了大半生，可见一斑。如《校正》中对《宙合第十一》"故退身不舍端"的校勘：

> "端"当读为"专"，假借字也。《说文》曰："专，六寸簿也。"段氏注云："六寸簿，盖笏也。《曰部》曰：'🉀，佩也。'无笏字。《释名》曰：'笏，忽也。君有命则书其上，备忽忘也。'徐广《车服仪制》曰：'古者贵贱皆执笏，即今手版也。'杜注《左传》：'珽，玉笏也。若今吏之持簿。'《蜀志》'秦宓见广汉太守，以簿击颊'，裴松之注：'簿，手板也，六寸，未闻，疑上夺二尺字。'《玉藻》曰：'笏，度二尺有六寸，此法度也，故其字从寸。'"望谓：古端声叀声同部，故可假借"端"为"专"，下文"修业不息版"，"版"与"专"正同物，若读"端"如字，则不可通矣。"（第69页）

戴氏对于"端"的训释不可谓不详尽矣。

然而，戴望的考证并非单纯的考证，而是通过考证来阐明义理，借以表达自己的思想。如在《校正》中对《形势第二》"独王之国"的校释，戴望云："刘云：当依解作'独任之国'。王云：'任'字古通作'壬'，因讹为'王'耳。望案：'王'字义长，不必改字。独王者若桀纣为天子，不若一匹夫也。"（第21页）"独王"与"独任"，一字之差，而义理有别。戴望反对暴君之政，因此认为"独王"较"独任"义长。无论"独王"还是"独任"，所指无非是桀纣，但从语义来讲，"独王"

更显出对败国之君的痛恨来。闻一多对此颇有同感，他说："戴说是也。
《权修篇》曰：'故功之不立，名之不章，为之患者三：有独王者，有贫
贱者，有日不足者'，'独王'之语与此同。"① 从《管子》原文来看，
"王"字并不是原作者本意，但戴氏一再坚持"独壬"为"独王"，说明
其考据之本意有"得意而忘荃"之实，即不以"实"为主要目标，而是
倾向于"义"。

　　正是受戴氏之影响，后世之《管子》校释中较有影响者大都结合考
据与义理，以考据求真义，以义理说思想。其实这正说明了一个普遍的
道理，没有读懂原著就不可能真正懂得原著的思想，而读懂原著的关键
是靠通晓字义句义，字义句义又是靠考据获得的。清末之章太炎，师从
经学大师俞樾，其对《管子》的研究则兼有考据与义理之长。他的读书
笔记《膏兰室札记》中，有大量关于《管子》文字、音韵的考证，可见
其对《管子》考证所下的工夫，后其在《经世报》发表了关于《管子》
义理研究的一篇文章《读〈管子〉书后》，证明其在义理研究上也有独到
之处。在文章中，他对《管子》中侈靡思想表示赞同，并成为发现《管
子》消费思想的第一人。他说："《管子》之言，兴时化者，莫善于《侈
靡》！斯可谓知天地之际会，而为《轻重》诸篇之本，亦泰西商务所自出
矣！"② 可见，考据与义理两者并不矛盾，义理以考据为基础，考据以义
理为目标。章太炎正是由于有了很好的考据学功底，才能在《管子》义
理的研究上有骄人的成绩。

　　总之，戴望的《管子》研究之所以对后世产生较大的影响，不外乎
其本人在此研究上所付出较多的心血。邵懿辰在《增订四库简明目录标
注》中就赞道："余友戴子高望有《校正》二十四卷，极精博。"③ 谭献
在其日记中说道："王氏校《管子》多粹，胜《荀子》书。子高校本详
密，中采宋于庭、俞荫甫说多入微，可喜也。"④ 虽然戴望的《管子》研
究也有一些问题，如在校释上有时主观臆断，在引用上有时断章取义，

　　① 郭沫若、闻一多、许维遹：《管子集校》，科学出版社 1956 年版，第 36 页。
　　② 姜义华、朱维铮：《读〈管子〉书后》，《章太炎选集（注释本）》，上海人民出版社
1981 年版，第 20 页。
　　③ 邵懿辰：《增订四库简明目录标注》，上海古籍出版社 1979 年版，第 415 页。
　　④ 谭献：《复堂日记》，河北教育出版社 2001 年版，第 223—224 页。

但瑕不掩瑜，后世仍然肯定其研究成绩，尤其是在版本上的成绩。有的学者将其与杨忱、刘绩、赵用贤并称为明清四大版本，足证其《管子》研究史上的地位。

第 四 章

清代《管子》分篇研究

第一节　清代《管子》分篇研究概述

有清一代，学者针对《管子》的不同内容进行专门性的研究，并贯穿于清代始终。清儒对《管子》进行分篇研究是有一定的研究基础的，据《汉书》记载，早在汉代就有人对《内业》篇做过注释，只是该书已佚，著作者也未留下姓名。在宋代，就有学者对《弟子职》做过研究，据《宋史·艺文志》记载，张时举有《弟子职女诫乡约家仪乡仪》一卷，著录于"儒家类"下。此后，管子的分篇研究特别是其中的《弟子职》的研究一直延续下去。清代以来，《管子》的分篇研究从《弟子职》扩展到其他篇目，形成了《管子》分篇研究的兴盛局面。

《管子》分篇研究从汉代以来就有深厚的研究基础，这也是至清代厚积而薄发的一个重要原因。再者，清代诸子学的兴盛也是《管子》分篇研究的一个推动。诸子学从经学的附庸一跃而为新兴的学科，并有后来居上之势，必然带动诸子学下各个分支的发展，《管子》研究乘此东风而更加蓬勃，《管子》研究的深入又为其分篇研究创造了条件。另外，《管子》本身又是个治国方略的集成，学者可以从不同角度作为切入点进行研究，也可以就不同内容进行研究，这些则使《管子》分篇研究成为可能。随着时间的推移，《管子》整体的可掘进研究日趋枯涸，这种现状也促使一些学者抛弃其余，专心于《管子》某一篇章的研究。因此，《管子》分篇研究活跃于清代是有一定的原因的。

那么，清儒主要致力于《管子》的那些比较有研究基础和反映内容较单一的篇章，或者是那些被认为是管仲亲力亲为的部分。就清儒所作分篇研究工作，特作如下概述。

一 《弟子职》研究

(一) 关于《弟子职》

《弟子职》为《管子》十九卷第五十九篇（《杂篇》第十），所讲的是弟子所应遵守的常则。全文共计九章，首章兼言学业与德行，可视为总则。其余八章，分言早作执事、受业应客、侍食、就餐、洒扫、执烛、服侍先生寝息与复习功课诸项规则，都是具体要求。且于童子进德修业事师之规，无不详备。这是我国古代的一部内容最全面、篇章最完整、记述最明晰、年代也最久远的校规学则。它不但具有珍贵的史料价值，而且其中诸如注重童蒙，提倡质疑讨论，主张寓教于日常行为之中，使习与性成之类的教育观点与教学方法，至今仍有借鉴意义。

《弟子职》曾以单行本流传于世，据《汉书·艺文志》著录，孝经类下有《弟子职》一卷，班固曰："孝经者，孔子为曾子陈孝道也。夫孝，天之经，地之义，民之行也。举大者言，故曰孝经。"[1] 百善孝为先，孝为天经、地义、民行，可见其重要性。《弟子职》归入孝经类，主要是突出其尊师重教的本意，是非常合理的。其后《宋史·艺文志》亦列张时举的一部研究著作，并划入了儒家类，说明了《弟子职》仍然是一个可以游离于《管子》之外的被认为是儒家之作的文献。汉代经学大师郑玄注礼经时就曾以《弟子职》为书证，许慎注《说文》时也曾引用《弟子职》，而不提来自《管子》书。刘向《别录》有《子法》、《世子法》、《弟子职》三篇，记载弟子事师的仪节，亦不提源于《管子》书。《汉书·艺文志》将其列入孝经类，下引应劭注云："管仲所作，在《管子》书。"[2] 始云见于《管子》。朱熹《仪礼经传通解》卷十收入《弟子职》，于其目录云："此《管子》之全篇，言童子入学受业事师之法。"[3] 由此

---

① 班固：《汉书》，中华书局 1962 年版，第 1719 页。

② 同上。

③ 朱熹：《篇第目录序题》，《仪礼经传通解》，上海古籍出版社 2002 年版，第 36 页。

可知，古时流传于世的单行本《弟子职》与《管子·弟子职》是同一篇。而在整个由汉至清的学术研究历程中，《弟子职》历来就被视为儒家经典而受到历代学者的重视，并一直有学者在研究，无论其是否在《管子》内。

关于《弟子职》的性质，古人也有争议。清人洪亮吉在《弟子职笺释·叙》以"乃古塾师相传以教弟子"。① 清人庄述祖在《弟子职集解序》中也认为"古者家塾教弟子之法"。近人郭沫若经过潜心研究，断言"《弟子职篇》当是齐稷下学宫之学则，故被收入《管子》书中。此中弟子颇多，先生亦不止一人，观其'同嗛以齿'及'相要以齿'可证。且学中有'堂'有'室'，有寝有庖，师徒均食息其中，规模宏大，决非寻常私塾可拟"②。郭氏的研究可以说明，在当时的教育条件下，规模宏大的教育机构也已出现，并且出现了比较完善的教育制度，如学校的规章制度等。

《弟子职》是一份非常真实、完整、宝贵的研究中国历史尤其是中国教育史的文献。《弟子职》在汉代就已经受到郑、许这样的大师重视，也足以说明了《弟子职》"真古书也"。③ 戴浚也说："愚案教者不徒教之，又必育之，使就当由之路谓之教，使之自然长养谓之育，学者非徒务学，且贵能行，学为求知，行乃致用。《管子》之《弟子职》在教育则明其教育兼施，使之自然长养而入当由之路，在学者则示其学行并重，尚实用以广其知。故教者既可避供权势之嫌，学者亦能免读死书之诮。"④

（二）清代《弟子职》研究

有清一代，由于书院制度的完善，教育在不断发展，那么随之而来的教育文献整理也得到了一定程度的发展。《弟子职》是古代学校教育的重要文献之一，所以整理研究的学者也比较多，整理角度较广，成果较为显著。

---

① 洪亮吉：《叙》，《弟子职笺释》，《四库未收书辑刊》六辑第 12 册，北京出版社 2000 年版，第 251 页。

② 郭沫若、闻一多、许维遹：《管子集校》，科学出版社 1956 年版，第 956 页。

③ 孙同元：《自序》，《弟子职注》，《丛书集成初编》第 33 册，商务印书馆 1935 年版，第 417 页。

④ 戴浚：《管子学案》，台北正中书局 1930 年版，第 93—94 页。

基于以上的分析，再看清代《弟子职》研究的成果，我们可以得出这样一个结论：清代的《弟子职》研究并不与诸子学乃至《管子》研究的黄金时代同步，而是要早于《管子》其他篇章的研究。自乾嘉以来，直至清末，《弟子职》的研究一直保持着长盛不衰的状态，取得了大量的研究成果，并在《管子》分篇研究领域处于绝对显赫的地位。据第一章"清代管子研究成果"中的《弟子职》研究统计，从乾隆五十一年（1786）王元启撰成《弟子职补注》起，至清末宋育仁撰成《管子弟子职说例》止，共有《弟子职》研究著作二十一部，约占清代《管子》研究文献四分之一。

1. 研究原因

关于清代学者整理研究《弟子职》的原因，笔者认为有以下几个方面：

首先，教育的兴盛使《弟子职》研究成为必然。清朝建立全国性政权之初，沿袭明代教育制度，并建立了覆盖全国的国子监和府州县学的官学系统，从而使官学教育与科举制度结为一体，成为官僚队伍的后备机关。以四书、五经和宋明理学为主的教学内容完全服从于封建社会制度。后来以民间教育形式出现的书院制度逐渐兴盛起来，并显现出明显的官学化趋势。书院以学者办学为主，故而形成自己独特的风格，以追逐学术潮流、推动学术发展为主要目的。这两类教育形式在清代前期及中期都得到了很好的发展，而这两类教育的共同特点是具有怀旧性和学术性，因此重建前代甚至古代的教育范式、敬仰汉代及以前的学术就分别成为两者的重要体现，《弟子职》的研究就是前者的必然结果。

其次，清代教育虽然趋向兴盛，但学风有待进一步发展，因此清代学风要求学者对《弟子职》等一类的学风著作加以研究乃至推广。清代学风不谨在教育者眼中是非常普遍的现象，学者们常常慨叹学风日下。清代著名学者汪家禧（1775—1816）曾曰："四术既微，异端竟起，于是人自为师，倍畔侵陵之风长，而古人悲敬之意亡。小者藐视师训，不习其传；甚者恃一偏之见，期驾乎师上。子方之学，流为庄周；荀卿之徒，乃出李斯。授受不谨，小学之教废也。"[1] 侵陵长上，藐视师训，成为近

---

① 汪家禧：《序》，《弟子职注》，《丛书集成初编》第33册，商务印书馆1935年版，第416页。

古之风气，而这种风气的形成与教育规范的缺位、礼仪的丧失不无关系。因此，清代学者对学风的建设颇为重视，并形成以书院为中心的教育规范模式，而《弟子职》的研究与推广在学风建设方面具有一定的影响。

最后，《弟子职》研究体现了对古代教育思想的传承。孔子曰："礼失而求诸野。"随着时代的发展，礼仪道德也处于逐渐沦丧的境地。到清代，礼仪之数伴随着重士重知识而丧失殆尽。古代的知识教育和文明礼仪教育只延续了一半。鉴于此，清代学者大力提倡文明礼仪教育，《弟子职》作为一本知识教育与文明礼仪教育相结合的最佳代表而得到学者们的青睐，并借助书院教育而快速传播开来。"《弟子职》中含有品德教育、卫生教育以及文明礼教、习惯养成教育等多方面的教育思想。同时《弟子职》是我国最早的校规学则。具有丰富的史料价值。"顾金玲如是说。[①]事实上，清代学者也是看中了《弟子职》在知识教育与礼仪教育方面的优势而对其研究和宣扬的，也同样传播了古代的教育思想。

2. 研究内容

清代《弟子职》的研究成果焦点在于实用，即通过学者的研究来达到应用于实际教育当中。基于这样的目的，学者们在研究《弟子职》时，不十分突出研究的学术性，而是注重让师生在教学中的贯彻使用，所以通俗易懂是第一要务，故清代《弟子职》的研究更强调实用性而淡化学术性。基于以上的结论，清代《弟子职》的研究在以下方面作了努力。

（1）考证

清代学者对《弟子职》做了大量的考证工作，这是他们值得骄傲的地方。这些工作主要包括了这样几个方面的内容：其一，理清了《弟子职》的来龙去脉，即披寻经史子籍，找出《弟子职》曾被记载的蛛丝马迹，整理出它在历史纵深上所呈现的形态。上面提到的十几位清代学者，大多在其著作之前的他人所序及自序中提及《弟子职》的历史发展状况，如孙同元《弟子职注》前的王宗炎序、汪家禧序及自序。[②] 其二，辑集历代学者对《弟子职》的评价。考证的目的的在于说明历代学者对《弟子职》

---

① 顾金玲：《"知书达礼"思想初探——试评〈弟子职〉的教育思想》，《长江师范学院学报》2010 年第 2 期，第 159 页。

② 孙同元：《弟子职注》，《丛书集成初编》第 33 册，商务印书馆 1935 年版，第 416—417 页。

的认识，也可说明《弟子职》在不同时代所处的地位和影响。除各家著作之序、跋等有详细阐述外，黄彭年有专门的《弟子职考证》一文，附于其所校庄述祖《弟子职集解》后，这是对《弟子职》进行专门考证的较早的文章之一。其三，进一步重申了《弟子职》的教育思想。考证工作从整体上把握了《弟子职》在教育规范上的价值，提倡了尊师重道的教育理念，解读了关于"知书达礼"的教育意识。黄彭年《考证》引吕澄曰："古之教者，子能食而教之食，子能言而教之言，欲其有别也。而教之以异处，欲其有让也。而教之以后长，因其良知良能而导之，而未及乎读诵焉。……管氏书载《弟子职》一篇，句四言或五言六言，皆韵语，句短而音谐，盖取其诵读之易而便于童习也。"① 教之以有别、有让，尊师重礼，即是《弟子职》之教育思想。

（2）注疏

注疏是解释的核心工作，清代学者以学子教育为目标，对《弟子职》的阐释则注重实用性，即字无难易，只要有利于教学，就作解释。因此，学者们在文字的训释、文献的引证、章句的释义、情境的描述等方面下足了工夫，并取得了效果，至少童子在《弟子职》的理解上比较容易，也能正确践行。虽说不同学者在注疏《弟子职》时有不同的风格，但归纳起来，他们的工作都以适应教学的需要而进行。

（3）音读

《弟子职》是一篇有韵读的文章，这是在当时条件下形成的便于识记的最为简单直接的方法。直到现在，这种方法仍然是学生们在记忆时使用的较为可取的方法之一。但《弟子职》是承继了千年的一篇古文，其文字虽然可识，其音读却是困扰学者们的难题，语音流变是最根本的原因。清代学者极尽可能地使用了多种方法来试图恢复《弟子职》的音读，但事实上这种努力收效甚微。与其说他们在努力恢复《弟子职》的古音，倒不如说他们在新建《弟子职》的当代音读，即适应时代的需要，推拟出《弟子职》当下的韵读来，使弟子们读起来朗朗上口，达到识记和理解的目的。王筠的《弟子职正音》、黄彭年的《弟子职句读》及《补音》

---

① 黄彭年：《弟子职考证》，见庄述祖《弟子职集解》，《四库未收书辑刊》第六辑第12册，北京出版社2000年版，第274页。

就是最为直观的例子。

　　3. 研究意义

　　清代《弟子职》研究在《管子》的分篇研究中取得了非常突出的成绩，也在整个《管子》研究当中具有十分重要的地位。

　　首先，《弟子职》的研究开启了《管子》分篇研究的先例。汉代以后，《弟子职》就正式成为《管子》的一部分了。汉代以后学者对《弟子职》的研究，便是在《管子》书中开展的。但直到清代，对《弟子职》专篇的研究才真正出现。如果抛弃政治因素的话，我们可以看到《弟子职》的研究更能说明教育的兴盛与作用。而分篇研究之法同样也启发了后代学者，在《管子》研究中，他们意识到《管子》包含有不同的思想，容纳有不同的流派，对这些不同的内容分别加以研究，是有利于《管子》研究的，至少可以找到《管子》思想的根源。因此，清代以后，分篇研究逐渐流行，新中国成立以后，这种研究模式一发而不可收，成为《管子》研究的主流。

　　其次，《弟子职》的研究有利于对《管子》教育思想的认识。《弟子职》作为稷下学宫的学规，是中国古代教育史上第一个较为完备的学生守则，并成为后世官学、私学、书院制定学规、学则的范本。而《弟子职》又是《管子》教育思想的一部分，集中反映了《管子》对教育礼仪的认识。历代学者对《弟子职》的说解不仅能够完善《管子》的教育思想，而且也从一定程度上反映了不同时代教育礼仪的状态。

　　最后，《弟子职》的研究再现了我国古代教育教学的情境，为后代的研究打下了基础。前面提到，清代《弟子职》的研究更注重的是实用性，即指导书院、私塾的教学行为，而淡化其学术性，因此通过研究构建了我国古代教育教学情境，这对后世教育、礼仪、风俗等方面的研究打下了基础。《弟子职》规定了学子学习时八个方面的内容：执事、受业应客、侍食、就餐、洒扫、执烛、服侍先生寝息与复习功课，实际上全景再现了我国古代教学过程，而清代的研究又丰富和发展了《弟子职》的内容，对后世的研究是非常有益的。

二　《地员》篇研究

（一）关于《地员》篇

《地员》篇位于今本《管子》卷十八中，第五十八篇，前一篇是《度地》篇，与此为上下承接关系；后一篇为《弟子职》，与本篇关系不大。《地员》篇和《度地》篇、《水地》篇、《地图》篇一道，构成《管子》关于地理学的核心理论，阐述了土壤地理、水文地理、植物地理等方面的知识。

《地员》篇主要是讨论各种土地与其上所生植物以及和农业的关系。全文可分为两大部分，前一部分是讨论土地与植物的关系，即说明在不同的土壤中，随着地势的高下，水源的深浅，在它们之上生长的植物就会有所差别；后一部分是对"九州岛之土"的分类介绍，即分为上土、中土、下土三等的十八种土壤，对每种土壤，不但说明其性状，所宜种植的谷类品种，更述及它们在丘陵山地上可以生产的各种有用植物，如树木、果品、纤维、药物、香料等，并涉及畜牧、渔业以及其他动物之类。

《地员》篇是对当时农业生产水平的全面总结。当时，随着铁制农具的逐渐推广，土地利用面积逐步扩大，农民个体生产力加强，便不再受原领主的约束，而到一些地方垦荒而食。而这种现象导致国家公有经济严重受损，国力减弱。在这种情况下，管仲实行"相地而衰征"的新政策，以便根据不同地力而制定合理的赋税等级。为了实行这样的政策，前提条件就是对各个地区的土壤、物产、生产能力等进行调查。在劳动人民扩大耕地和土地利用范围的实践中，以及"相地而衰征"政策的长期实行中，国家积累了各地区地形、地下水位、土壤、物产等丰富数据，这些数据为《地员》篇的写作提供了坚实基础。因此，《地员》篇的出现是当时农业生产及农业政策的反映，是长期农业实践的结果。夏纬英先生曾道："土地有各种不同，土地上所能生产的植物也因之而异。要训说土地对于农林生产所起或善或恶的作用，须先考察土地对于农林生产所起或善或恶的作用。《地员》篇的训说，是经过实地考察而来的，是考察了各种土地的地势高下、土质优劣、水泉深浅以及各种土地上所宜生的植物种类，才判定它对于农林生产是善还是恶的。这样的著作，不能凭空写出，必须有一定的考察，才能得到结论。"① 夏氏的见解说明了一个普遍的道理，即如《地员》篇一类的生态学、植物学著作，没有长期的考察实践是不能得出科学的结论的。

《尚书》中有《禹贡》等篇，是土壤描述著作的发端，《管子》的《地员》篇等乃其续，但《地员》篇等对土壤的分类及性状的描述要比《尚书》详细得多，各类土壤与植物关系的分析也更为深入，而且进行了理论的概括，是我国古代一篇极其宝贵的生态地理植物学论文。

（二）清代的《地员》篇研究

《地员》篇乃《管子》书中一部分，自唐以来，就有人作过探索研究，主要留意于标点注释方面。清代《地员》篇的研究仍以校释为主，何如璋、王念孙、孙诒让、张佩纶、王绍兰、丁士涵、俞樾、方苞、张文虎、江有诰、任兆麟等人对此都有过研究，并作出了一定的贡献，其中尤以张佩纶、王绍兰、丁士涵三人对《地员》篇贡献较大。而王绍兰的《管子地员篇注》是对《地员》篇进行专门研究的第一人。

王绍兰研究《地员》篇的原因有三：一是供读者广博见识；二是对旧注的全面梳理和考据；三是疏通古今地理生态名称的障碍，为当下的农业生产提供支持。王氏在研究中主要的工作是释义、考源、辨误、说解名物制度等，由于他的研究具有专门化特征，王氏研究对后世产生了较大的影响，也是学者摆脱经学而探索地理科学的最好见证。

三　《内业》篇研究

（一）关于《内业》篇

《内业》篇位于今本《管子》卷十六中，第四十九篇。马非百先生认为，该篇是一篇讨论精神学说的文章，篇中所使用的"道"、"精"、"气"、"神"、"性"等字，都是同义语。② 学者普遍认识到《内业》篇与《心术》上下篇和《白心》篇一道，共同构成《管子》的哲学思想。张

---

① 夏纬英：《序言》，《管子地员篇校释》，中华书局1958年版，第1页。
② 马非百：《〈管子·内业〉篇之精神学说及其他》，《管子学刊》1988年第4期，第4页。

岱年先生从十二个方面探讨了《管子》书中的哲学范畴，如果细寻其中所涉及的例证，就可以看出，张氏仍以《管子》上述四篇为研究核心。他对《内业》篇也有相当深刻的认识，他说：

> 内业提出了一个重要命题：精也者，气之精者也。所谓精其实乃是精气。所谓精即是细微而粹美的气，亦称为精气。……总起来说，《管子》的《内业》等篇认为，有一种精粹的气，是构成五谷以至列星的原素，又是圣人智慧的来源，称之为精气。这精气与普遍的气的关系如何？圣人胸中的精气与圣人身体的关系如何？关于这些问题，《内业》等篇都没有明确的提示。《管子》精气说的一个重要特点是企图以气来解释精神的来源，认为人类的精神现象不是脱离气而独立存在的。在中国古典哲学中气是表示物质存在的范畴，以物质性的气来解说人类的精神现象，这是唯物主义的观点。①

《管子》的哲学思想包含了儒、道等先秦诸子的部分思想精髓，并与之有不同的地方，因此在研究《管子》的思想时，学者多与先秦诸子进行比对，来找其的哲学异同。《内业》篇以"精气"为叙述中心，显然与道家养生之说有相似之处。

（二）清代的《内业》研究

清代对《内业》篇的研究仅马国翰一家，马氏长于辑佚，成《玉函山房辑佚书》七百余卷，《内业》篇隶属于该书的"子编儒家类"下。马氏对于《内业》的研究，着重于辑佚一途，而其真正目的，在于试图从《管子》中辑出《汉志》中儒家类目下所载的《内业》，故马氏将从《管子》中辑出的《内业》篇隶于"子编儒家类"下。在卷首，马氏道出所辑缘由：

> 《内业》一卷，周管夷吾述。《汉志》儒家有《内业》十五篇注，不知作书者。隋唐《志》皆不著录，佚已久。考《管子》第四

---

① 张岱年：《管子书中的哲学范畴》，《管子学刊》1991 年第 3 期，第 5 页。

十九篇标题"内业",皆发明大道之蕴旨,与他篇不相类。盖古有成
书而管子述之。案《汉志》孝经十一家有《弟子职》一篇,今亦在
《管子》第五十九,以此例推,知皆诵述前人,故此篇在《区言》
五,《弟子职》在《杂》篇十,明非《管子》所自作也。兹据补录,
仍厘为十五篇,以合《汉志》。不题姓名,缺疑也。①

　　马氏认为《管子》中的"内业"篇即《汉志》儒家下所著录的《内
业》,其理由之一是内容与《管子》其他篇"不相类",理由之二是以
《弟子职》例之,两者皆为"诵述前人"之作。因此,《管子》"内业"
篇为管子及其后人编入他人的著作,即是《汉志》儒家类的《内业》。正
由于这样的推断,马氏将从《管子》所辑得的内容仍依《汉志》所载的
《内业》旧有体例编排,析为十五篇,符合《汉志》所著录的篇数。这是
马氏所做的研究工作。

　　从《管子》分篇研究的角度来看,马氏所做的工作并不在辑佚而在
内容的断定,他将《内业》定为儒家类的内容,并说明了判断的理由,
即"皆发明大道之蕴旨,与他篇不相类"。马氏认为《内业》为儒家之
言,基于他对《管子》整体风格的认知,可谓一家之言。今人马非百先
生认为,《内业》为道家之言,他说:"我初步认为本篇(即《内业》)
是用道家的唯物主义观点来对《孟子》、《大学》、《中庸》加以改造
的。"② 之后,乐爱国先生的论文从养生之道来探讨了《内业》的精髓,
显然是更为深入详尽地从道家学说研究。③ 但无论如何,马国翰从大道出
发对《内业》的认识也具有一定的价值。

四　《小匡》篇研究

(一)关于《小匡》篇

　　《小匡》篇位于今本《管子》卷八中,第二十篇。从内容上说,

---

　　① 马国翰:《序》,《玉函山房辑佚书》子编儒家类第七帙卷六十五,光绪九年(1883)长沙娜嬛馆补校本。

　　② 马非百:《〈管子·内业〉篇之精神学说及其他》,《管子学刊》1988年第4期,第7页。

　　③ 乐爱国:《〈管子·内业〉篇新探》,《管子学刊》1992年第4期,第6—11、19页。

《小匡》篇是管子辅佐齐君实施教育行政的思想。对比总结了"三匡"之后，黄怀信认为："《管子》三《匡》之'匡'，取辅相之义；其'大'、'中'、'小'，乃按古书名篇惯例，以撰作时代及记事早晚而别。《大匡》撰作在先，记事较早，故冠以'大'而编在前面；《小匡》撰作在后，记事较晚，故冠以'小'而编在后面；《中匡》撰作及记事不晚于《小匡》，又不早于《大匡》，故命以'中'，而夹在两篇中间。"①

《小匡》篇中关于"四民"分业教育的理论是当今学者关注的热点问题。《小匡》篇的这一论述是中国古代典籍中最早有关家庭教育情况的文字记载。文中，管子在回答齐桓公关于如何加强对平民百姓统治的问题时说，士、农、工、商四民分业而教，不相杂处，分别教育自己的弟子。这种教育制度春秋时期其他国家也施行过，如楚国、晋国等，因此，管仲的政策并不一定是独创的，但好的教育政策放之四海而皆准，这是毋庸置疑的。另外，《小匡》篇中还有关于军事建制思想和城乡规划思想以及治民举贤思想等。

（二）清代《小匡》篇的研究

清代关于《小匡》篇的研究，仅刘光蕡一家。刘氏有《管子小匡篇节评》一卷，生前未能刊刻，后由其弟子收入合力刻成的《烟霞草堂遗书》内，由王典章思过斋在民国10年于南京印行。由于本人暂时未收集到该书，对其书无法作出评论，暂存目于此，假以时日，再为研究。

第二节　清代《弟子职》研究（上）

一　洪亮吉与《弟子职》研究

洪亮吉（1746—1809），字君直，一字稚存，号北江，晚号更生居

---

① 黄怀信：《试说〈管子〉三〈匡〉命名之故》，《西北大学学报》1997年第2期，第86页。

士，阳湖（今江苏常州）人。清代文学家、语言学家，也是著名的书法家、人口论学者。他于经学、小学、史学、文学、地理学、方志学都有很深的造诣，也都有杰出的成就。乾隆五十五年（1790）进士，授翰林院编修，后督贵州学政。嘉庆元年（1796）回京供职，以越职言事获罪，充军伊犁。五年赦还，从此家居专心撰述，直至终老。他一生好游名山大川，足迹遍及吴、越、楚、黔、秦、晋、齐、豫等地，所以他的山水诗特别多，其中有不少佳作。洪亮吉著作有《卷施阁诗文集》、《附鲒轩诗集》、《更生斋诗文集》、《北江诗话》及《春秋左传诂》。

洪亮吉在《管子》研究方面的贡献主要有《弟子职笺释》一卷，清光绪三年（1877）由授经堂刻成，后有武昌局洪北江遗书本字样。北京出版社的《四库未收书辑刊》影印了授经堂刻本，在六辑第十二册中。

关于此书的成因，洪亮吉在《弟子职笺释·叙》中叙述得比较详细，兹节引如下：

> 孔子之言曰：弟子入则孝出则弟，谨而信，泛爱众而亲仁，行有余力则以学文。孔子之言，《内则》、《弟子职》之纲也。……乌乎，风俗之坏盖肇于魏黄初正始间乎。……弟子之绳检尽去，而天下之风俗随之。于是刘石入中国而怀愍，皆下堂。百年之中，四海鼎沸，其不至于为禽兽者仅仅一间耳。《弟子职》不讲之害，一至此乎。盖弟子者成人之基也，成人者一乡一国所取法也。正弟子方可以正成人矣，成人正方可以正一乡一国及天下矣。语有之：少成若天性，习惯成自然。圣人又岂好为此委曲烦重以苦弟子哉。观三代之风俗如彼，魏晋之风俗如此，亦可以憬然悟矣。今桉《弟子职》亦非管子所为，乃古塾师相传以教弟子。管子作内政时取以训士，后人遂入之于《管子》耳。总之，《弟子职》之在《管子》与《内则》之在《小戴礼》等也。班固《汉书·艺文志》本刘向之旧，附《弟子职》于《孝经》，最得圣人之旨。自《隋书·经籍志》以下，毕杂入《管子》中，不更分出，则魏征、欧阳修等读书之无识也。余少习是书，凡弟子塾皆以是书为始，又病唐尹知章注简陋，刘绩补注亦未该洽，因仿汉儒注经之法一一笺释，俾是书得专行。乌乎，

后之教弟子者其慎之哉！①

对于自己研究《弟子职》的原因，洪氏在这段话中主要认为有三个方面：一是由古及近礼仪风俗渐坏，需要对礼仪之书进行重新梳理，进而达到重振学风、加强礼仪教育的目的。二是针对前代学者对《弟子职》的误解与误释，如魏征、欧阳修、尹知章、刘绩等人的注释皆存在一定的弊病，洪氏认为有必要进行拨乱反正式的研究。三是正《弟子职》在弟子教育中的地位，洪氏认为，《内则》是弟子居家时应遵守的礼仪，即孔子所谓的"入则孝"，《弟子职》是弟子外出时应遵守的礼仪，即孔子所谓的"出则弟"，二者共同形成了弟子成长过程中的礼仪制度，是缺一不可的，因此《弟子职》在弟子的礼仪制度中应提高到相应的地位，而不是当下教育中被忽视的情景。

关于洪亮吉在《弟子职》研究方面的特色，经过翻阅，笔者大致认为有以下几个方面。

（一）以文字训诂为主

洪亮吉的《弟子职笺释》以文字的解释为主要任务，多引字书的释义，兼经典中文字释义的引证。洪氏通过自己的校释，想展现给人们或者确切地说是学子们《弟子职》的文字之义，进而获得句义及文义，从而习得侍事师长之仪。义理明而大义出，可见洪氏校释走的还是考据学的路子。如对《弟子职》"夙兴夜寐，衣带必饰"的校释：

> 虞翻《易解》："夙，早也。"《说文》："夙，早敬也。兴，起也。"高诱《吕览注》："兴，作也。"《广雅》："夜，莫也。"《说文》："夜，舍也。天下休舍也。"《诗》郑《笺》："昏为夜。"《诗毛传》："寐，寝也。"《说文》："寐，卧也。""衣，依也。上曰衣，下曰裳。"《释名》："人所以蔽寒暑也。"孔安国《书传》："衣，服也。"《说文》："带，绅也。"《广雅》："带，束也。"郑玄《礼记

① 洪亮吉：《叙》，《弟子职笺释》，《四库未收书辑刊》六辑第 12 册，北京出版社 2000 年版，第 250—251 页。

注》："所以自结束也。"《仪礼注》："带下体之上也。"《周礼注》：
"饰谓刷，治洁清之也。"高诱《淮南王书注》："饰，治。"《释名》：
"饰，拭也。物秽者试其上使明，由他物而后明，犹加文于质上也。"
"饰"，宋本作"饬"。《汉书集注》："饬，整也。"王肃《家语》：
"饬，整齐也。"①

这里引用的文献主要有两类：一是字书，如《说文》、《释名》、《广
雅》等，这一类是文字通用义的说解；二是文献原典及注疏，如《易
解》、《吕览注》、《诗毛传》、《汉书集注》、《孔子家语》、《仪礼注》、
《书传》、《淮南子注》等，这一类是文字应用时生成义的说解，是对文字
通用字的补充及证明。

需要说明的是，洪氏的文字训诂与所谓的考据学略有不同。从校释
风格上来说，二者是相近的，但洪氏的校释注重的是文字字义的明了，
而多数时候不求甚解，即不追究得义的由来，与考据学为一字一义而证
万言的方法是根本不同的。形成差别原因主要是洪氏之书主要是针对弟
子习得礼仪而撰写的，力求简洁明快地将字义摆出，而不及其余，便于
弟子理解和掌握，而不是学术探究，故而与考据学著作有异。也就是说，
这种差异是撰写目的和阅读对象的不同而造成的。

（二）以早期文献为据

关注弟子的教育，使弟子学习时注重礼仪的养成，教育者必然要借
助一些理想的教材。《弟子职》恰好就是在礼仪大盛时期的文化结晶，其
教育及文化意义在一定程度上扭转清代礼仪学制颓废的风气。《弟子职》
的这一价值正是当下教育者汲汲于心的，故被立为学塾之入门必读的条
例乃至遵守的规则。洪氏校释《弟子职》的意义也在乎此，前面所及洪
氏之叙也提到这一点，即"弟子塾皆以是书为始……后之教弟子者慎之"
的理论主张或谆谆之言。

洪氏校释以简明为目的，以浅显为表现形式，以学子为教学对象，

---

① 洪亮吉：《弟子职笺释》，《四库未收书辑刊》六辑第 12 册，北京出版社 2000 年版，第
252 页。

那么他的校释依据或文献的引证则以学子广闻而习见的典籍为主，这样才能使学子有所获。上面所举之例中洪氏所引的两类文献，其实大多是汉代以前的文献，即与《弟子职》大约同时期的典籍，在释义时具有比较高的参考价值，再加上它们本身是常用典籍，因此累加起来就成为《弟子职》校释的最为恰当的佐证材料。如对《弟子职》"受业之纪，必由长始"的解释是：

> 《尔雅·释器》："大版谓之牒。"《释文》"牒"本作"业"，《说文》："业，大版也。所以饰悬钟鼓，今借为学业之业。"韦昭《国语注》："业，事也。"《礼记正义》："业谓所学。"案今弟子于师称受业本此。韦昭《国语注》："纪，理也。"又云："纪，犹法也。"高诱《吕览注》："纪，道也。"《尔雅·释诂》："由，自也。"《汉书集注》："由，从也。"①

这里引用了《尔雅》、《释文》、《说文》、《国语注》、《礼记正义》、《吕览注》、《汉书集注》等文献，其证"业"、"纪"、"由"之义的解释是非常恰当的。虽然这样的解释没有多少学术性，也显得过于浅显，但对于初学的弟子们来说又是非常易于接受的。这样的校释形式，充分体现了洪氏校释《弟子职》的理念。

（三）以自身体会为补充

洪氏在说解过程中，也会遇到一些特殊情况，比如一些名物制度、习俗礼制、生活情境等方面，在解释时会遇到文献不足或难以用文献来引证的境地。在这种情况下，用当时通俗的语言和个人的理解来解释就成为首选。洪氏此书以教育弟子为目的，当然以引用为主，即以经典文献的说解为准。那些个人的体会理解虽然不多，但弥足珍贵，它体现的是洪氏对事师礼仪的认识和对弟子习得礼仪的取向。当然，遇到名物制度、习俗礼制、生活情境等方面的校释时，一般文献也语焉不详，故洪

---

① 洪亮吉：《弟子职笺释》，《四库未收书辑刊》六辑第 12 册，北京出版社 2000 年版，第 253—254 页。

氏以自己的经验为先导，对此进行说解，并试图还原当时的礼仪情境，这种尝试虽然不可能做到最好，但还是有一定意义的。

在《弟子职》中，有"周则有始，柄尺不跪，是谓贰纪"一句，洪氏的说解是：

> 豆有柄长尺者，亦如斗之有柄，便取携也。不跪者，执豆柄势不能跪也。贰纪谓增益菜羹之法。①

对"拼前而退，聚于户内"一句的说解是：

> 扫皆从前至后，昔人所云却扫也。农耕亦然，《淮南王书》"耕者日退"是也。聚于户内谓聚粪秽于户内，待毕事而弃之也。②

以上两例分别是对"豆"及用豆情境和扫的状态给予描述，由于文献不足征，或者文献对字义有描写，但对情境的描述存在不足，特别是字典类的文献这种不足就体现得更为明显。洪氏以描写情境的方法来解决这样的问题，看来是很得当的。

总之，洪亮吉的《弟子职笺释》以教育弟子为主要目的，明显带有教学文献的性质，强调文字训诂，突出引用文献的经典性、工具性和适时性，注重情境的再现，以简洁浅显为内容特色，以通俗易懂为撰写理念，形成了一本对弟子礼仪教育极有帮助的手册。因此，后代学者在研究《弟子职》时，皆将洪氏之作作为第一读本。如庄述祖的弟子职著作大量引用洪氏之成果，使其与自己的研究融而为一，相得益彰，取得了更为理想的效果。

二 庄述祖与《弟子职》研究

庄述祖（1750—1816），字葆琛，江苏武进人。因其书斋名曰珍艺

---

① 洪亮吉：《弟子职笺释》，《四库未收书辑刊》六辑第 12 册，北京出版社 2000 年版，第 256 页。

② 同上书，第 258 页。

宦，故学者称为珍艺先生。父亲庄培因，曾做过侍讲学士，伯父庄存与，官礼部侍郎。乾隆四十五年（1780）进士，选山东乐昌知县，累授桃源同知。在山东潍县做知县时，"整饬吏治，培奖士林，尝以经义断事，耆宿倾服。岁甲寅，大计卓异，引见，交军机记名"①。由于与当时的奸臣和珅产生了矛盾，故虽有政绩而不被提拔。后和珅下台，他有机会再次升迁，但由于无意仕进，不久便乞养归家。"家居足迹不至州府，亦不以书简通当路，不与乡人酒食之会。然遇后生以学问就正，即诲诱无所隐。侍母以孝，怡怡色养，未尝一日离左右，凡十六年。比母丧，时已六十有二。哀毁柴瘠，见者嗟叹。又五岁，亦病死。"②

　　庄述祖与其父亲、伯父相比属于仕途不畅，仅做过知县一类的小官，而且时间也很短。但在学术研究上有更多的时间和精力，故其治学成就较为突出。述祖传其伯父存与之学，"研求精密，于世儒所忽不经意者，覃思独辟，洞见本末。著述皆义理宏达，为前贤未有"③。关于庄述祖有多少著述，据黄开国等引用张广庆的统计，有四十种，兹引如下：

　　　　据张广庆统计，庄述祖的著述共计有三十七种。其刊行者有《尚书今古文考证》七卷、《毛诗考证》四卷、《毛诗周颂口义》三卷、《夏小正经传考释》十卷、《五经小学述》二卷、《历代载籍足征录》一卷、《白虎通义考》一卷、《辑白虎通义阙文》一卷、《说文古籀疏证目》一卷、《石鼓然疑》一卷、《弟子职集解》一卷、《汉铙歌句解》一卷、《珍艺宦文钞》七卷、《珍艺宦诗钞》二卷。此外，有《诗纪长编》一卷、《乐记广义》一卷、《左传补注》一卷、《穀梁考异》二卷、《论语集解别记》二卷、《五经疑义》一卷、《古文甲乙》篇、《说文古籀疏证》二十五卷、《说文谐声考》一卷、《说文转注》一卷、《钟鼎彝器释文》一卷、《声字类苑》一卷、《史记决疑》五卷、《天官书补考》一卷，及校定《尚书大传》《逸周书》《孔子世家》《列女传》等书，未有刊而藏于家，存佚不可得

①　支伟成：《清代朴学大师列传》，泰东图书局 1926 年版，第 239 页。
②　同上书，第 239—240 页。
③　赵尔巽：《清史稿》，中华书局 1977 年版，第 13218 页。

知。而蔡长林所见则与张广庆的统计有一定差异，他所列只有三十四种，较张广庆所列总目要少三种；但蔡长林所列《尚书》类就有六种之多，较张广庆所列《尚书》类四种要多出两种，蔡长林所列《明堂阴阳夏小正经传考释》《明堂阴阳记长编》《特牲馈食礼节记》等也未被张广庆收入。所以综合起来看，庄述祖的著述总计应在四十种以上。[①]

庄述祖是清代春秋公羊经学的重要代表，崇尚西汉的今文经学，与乾嘉汉学有着根本不同的学术风格，刘逢禄和宋翔凤是其后继者，他们共同形成清代与乾嘉汉学比肩的公羊学。而令人感到有趣的是，他们在《管子》研究上都作出了可贵的贡献。下面介绍一下庄述祖在《弟子职》研究上的成绩。

庄述祖有《弟子职集解》一卷，是《珍艺宧遗书》中的一种，最早由庄述祖间令舫刊刻，后有遵义唐氏刻本、苏州书局本、端溪书院本、章氏式训堂本、朱氏槐庐本，皆为间令舫的重刻本，后贵筑黄彭年对此作了校刊，并将自己的句读、考证、补音各一卷合刻，于光绪十四年（1888）成新刻本，即为目前通行的本子，后此本编入《四库未收书辑刊》中，由北京出版社出版。[②] 康有为有《康子内外》篇（外六种），其中有《弟子职集解》一卷，内容与庄述祖所著完全相同，据楼宇烈《点校说明》称，乃据蒋贵麟编《万木草堂遗稿外编》所刊文为据整理而成的。[③] 二书是何关系，今阙如存疑。

总的来说，庄氏《弟子职集解》有以下几方面特点。

（一）以义分节，重义理而轻诂训

《弟子职》寓于《管子》书，但又与《管子》书的风格有明显的不同，它自成一体，具有较强的独立性。它最显著的特色就是规则性，即

---

① 黄开国、鲁智金：《庄述祖的经学思想》，《杭州师范学院学报》2006 年第 3 期，第 23 页。

② 庄述祖：《弟子职集解》，《四库未收书辑刊》六辑第 12 册，北京出版社 2000 年版，第 261—277 页。

③ 康有为：《康子内外》篇（外六种），中华书局 1988 年版。

对学童学习生活的规定。因此，庄述祖在进行阐释时注意其分类的原则，特别是通过章节之旨来对《弟子职》的分类。《弟子职》是先秦弟子从师学习之法，这里没有学习内容的要求，而是弟子事师之职，从晨起到入眠，各有仪则，并且在当时为弟子之常规。虽然这样的规矩是先秦乃至后世的不二之则，但礼式渐衰的清代，庄氏的《弟子职集解》有重振学风之势，至少在其家塾的教学中贯穿了他复制上古学礼的决心。

以义分节，这似乎并不算一个特色，也并不被以前的学者所重视，因为《弟子职》所述内容本身就是一个学习流程，而且内容之间界限分明，所以对于分节并不是笔者叙述的重点。在对《弟子职》进行专门研究的清代学者中，庄述祖所作的分节及释义是比较超前的。他将每节之旨简明扼要地立于阐述之首，有画龙点睛之效。兹举一例如下：

> 此一节记教学之法，及为学之要。《礼记·曲礼》曰："从于先生。"郑氏注曰："先生，老人教学者"。孔颖达正义曰："先生，师也。"谓师为先生者，言彼先己而生，其德多厚也。自称为弟子者，言己自处如弟子，则尊师如父兄也。《尚书大传》曰："大夫士七十而致仕，退老而归其乡里，大夫为父师，士为少师。"《白虎通义》曰："古之教民者，里皆有师，里中之老有道德者，为里右师，其次为左师，教里中之子弟。"是大夫士致仕而退，又必有道德者，然后可从子弟有所则效，以为人师也。温恭而后能事师，自虚而后能受教。①

开篇明义，乃与考据学者略有不同，更显公羊学派之学风。下引《礼记》、《尚书》、《白虎通义》，皆以义理为先，而不拘于一字一词之训。这或许是庄述祖给《弟子职》乃至《管子》研究带来的不同于考据学的研究风气吧。

（二）以洪注为"并录"，相得益彰

前面述及，清人在《管子》研究及《弟子职》的研究上贡献良多，

---

① 庄述祖：《弟子职集解》，《四库未收书辑刊》六辑第 12 册，北京出版社 2000 年版，第 265—266 页。

其中不乏有名望者。而庄述祖于众学者之中只取洪亮吉一人，可见他对洪注的重视。洪亮吉《弟子职笺释》颇得考据学的精髓，而摒弃了考据的烦琐之气，一字一词，释义准确而恰当，可以说是一本和庄氏《集解》相辅相成的著作。庄氏看中洪注正是这一点。其中"并录"一词，来源于庄氏《集解》自序，节引如下：

> 近洪北江编修所撰《弟子职笺释》，征引尤博，今并录之，稍有所增演，名曰《集解》，犹裴龙驹之《史记》本之徐广也。又注疏所引《弟子职》文与义多异同，彼此可以互证，取便童子讲授，故不厌其繁委，至是书之有关于风俗升降，昔者吾友论之详矣，兹弗复云。①

庄述祖称誉洪亮吉《弟子职笺释》"征引尤博"，实为溢美之辞。洪氏之作征引汉代前后的著作为要，如《诗经》、《楚辞》、《战国策》、《礼记》、《说文》、《尔雅》、《汉书》等，而对唐以后的注释关注度不够。这可能是受清代考据学崇汉的思想影响。再说，庄氏所讲的"并录"，也并不是完全将洪氏的著述内容照搬到他的作品中，而是有选择地选取其中有利于他阐发义理的部分加以录用，兹引二书对《弟子职》"反坐复业若有所疑捧手问之"注释之比对如下：

> 《说文》："反，还也。"《广雅·释诂》："反，归也。"《汉书集注》："复，犹补也。"《素问注》："复，谓复旧也。"《说文》："疑，疑惑也。"孔晁《周书注》："疑，犹豫不果也。""捧"当作"奉"。《释名》："捧，逢也，两手相逢以执之也。"《穆天子传》："捧，两手持也。"《说文》："手，拳也。问，讯也。"《诗毛传》："问，道也。"②

（洪亮吉《弟子职笺释》）

---

① 庄述祖：《弟子职集解》，《四库未收书辑刊》六辑第 12 册，北京出版社 2000 年版，第 265 页。

② 同上书，第 255 页。

洪云:"《汉书集注》:'复,犹补也。'《释名》:'捧,逢也。两手相逢以执之也。'字亦作'奉'。"奉手,犹拱手也。请业请益,皆起问所疑。但奉手者,有疑则问,与受业异,故坐而拱手也。①

(庄述祖《弟子职集解》)

通过对比我们发现,庄述祖只选取了洪注中的《汉书集注》、《释名》两条而舍弃了其余,甚至包括所引《说文》。这说明庄氏引洪注的目的只是为了更好地补充其对义理阐释的不足,而不在意引文的多与少。这也进一步证明了我们上面提到的一个观点,庄氏注重义理的阐释而不关注训诂,上面所引庄氏的校释除洪注外,关注更多的是对教学过程中学生产生疑问时如何处理的场景。这种场景式的描述对建立规范的学制起到必要的作用,也必然对当下学制废弛的弊端有所扭转。

(三)以旧注为关注对象,尊重前贤

对于旧注,清代《管子》研究者多有提及,可能是无须强调便可心知肚明,即唐尹知章所撰,并且历来多所诟病。庄述祖给予了旧注更多的关注,但他的著作里,将旧注作为重要的书证来加以引用,无论旧注正确与否,庄氏都加以引用,可见庄氏对旧注的重视程度。我们不论庄氏引旧注的结果如何,但可以说明一点,即庄氏对前代特别是《管子》注疏的第一注——尹《注》表现出相当的尊重,而不是一味地随众口而加以笔伐。这说明一个学者应有相容并包的学术态度。

庄述祖在其书的自序中就对引旧注作了说明,他说:"注《管子》者或云房元龄(案:"元"实为"玄",因避讳而改),或云尹知章,要是,唐人旧注犹不失诂训之恉。朱子《仪礼经传通解》载《弟子职》,亦采旧注。间有与世所传刘绩补注同者,不能复为别出。"② 他明确指出尹《注》"犹不失诂训之恉",又以朱熹所撰《仪礼经传通解》亦采旧注来增强自己判断的说服力,正说明了我们上面提到的观点。

① 庄述祖:《弟子职集解》,《四库未收书辑刊》六辑第 12 册,北京出版社 2000 年版,第267 页。
② 同上书,第 265 页。

那么，我们再看庄氏在实践过程即校释中是如何引用旧注的。《弟子职》"同嗛以齿，周则有始"，庄的解释：

> 洪云："范宁《穀梁注》：嗛，不足貌。"旧注云："齿，类也，谓食者则以其所尽之类而进。"《通解》云："齿，次序也。如菜肉同尽，则先益菜后益肉也。"高诱《吕氏春秋注》："齿，列也。"同嗛，则从豆列之远近以次益之，周而复始也。"有"，读为"又"。①

从庄氏所引的这条旧注来看，他并没有对旧注的正确与否作出判断，而且他的整部著作中都保持着这样的态度，这证明我们对庄氏与旧注关系的判断是恰当的。俞樾对旧注是持批判态度的，他说："尹氏此说，于'同嗛以齿'，未得其义。'齿'者，年也，长幼之次也。'同嗛以齿'，以先生之齿言，犹下文'弟子乃食，以齿相邀'，以弟子之齿言也。盖食尽则更益之，有同尽者，则以齿为序。先生亦或非一人，自有长幼也。"② 从这一角度看，俞樾对尹注的批判过于严谨，庄述祖对旧注的宽容也是可取的。

（四）引礼而徐下己意

《弟子职》来源于礼书，这是庄述祖的认识，也是他在校释《弟子职》时的依据。在自序中，庄氏对《弟子职》来自礼书的认识是非常肯定的，他说："《弟子职》在《管子》书，古者家塾教弟子之法。《汉艺文志》附《石渠论》、《尔雅》后，盖以礼家未之采录，故特著之六艺，有《说》三篇，今佚。案，《别录》有《子法》、《世子法》、《弟子职》记弟子事师之仪节，受业之次叙，亦《曲礼》、《少仪》之支流余裔也。汉建初，论五经引《弟子职》，郑康成每据以说《礼》，当时尤重之，与六艺同，今以附礼家之后，其说盖阙焉。"③

---

① 庄述祖：《弟子职集解》，《四库未收书辑刊》六辑第 12 册，北京出版社 2000 年版，第 268 页。

② 俞樾：《管子平议》卷五，《诸子平议》，上海书店出版社 1988 年版，第 95 页。

③ 庄述祖：《弟子职集解》，《四库未收书辑刊》六辑第 12 册，北京出版社 2000 年版，第 265 页。

从《管子》到《汉志》、《别录》，《弟子职》从来就是以礼节为根本宣扬的内容，故而世人多以此为礼学之流派，郑康成据以说《礼》，即明其价值，也暗示了《弟子职》与《礼》之间的密切关系。《弟子职》其说近礼，故可为说礼之证；反过来，礼也可成为《弟子职》之证。庄氏非常睿智地看到了这一点，并在著作中给予特殊关注。可以说，正因为他对礼书的重视，使其著作的训释方面有独到之处，在阐述自己的观点时，也有相当的自信和学术深度。以《弟子职》"各彻其馈，如于宾客"为例：

> 《曲礼》："卒食，客彻饭，齐授相者。"《注》引《公食大夫礼》，"宾卒食，北面取粱与酱以降。"《正义》以为是卑者侍食之客，若敌者则否。《曲礼》又言："主人兴辞于客，然后客坐。"则客亦止不彻。且客所彻者，特主人自置之饭与酱，非谓进食者之所设也。即客必自彻，客尊而弟子卑，客尚自彻，弟子之自彻，更不待言，又何必以宾客例弟子邪？《玉藻》："一室之人，非宾客，一人彻。"《注》："同事合居者也，宾客则各彻其馔也。"《正义》曰："合居既无的宾主，故必少者一人彻馔也。"郑彼《注》亦约此文。言各彻其馈，加于宾客者，谓此一室之人，虽非宾客，然弟子馂师之余，始所馈者，终必各自彻之，不得如同事合居之人，使少者一人彻也，与《玉藻》义互相足。①

《曲礼》、《玉藻》皆为礼书的重要部分，其内容有与《弟子职》相似的地方，两者在教学情境上有相同之处，故以此证彼，互为表里。庄氏此处所下己意，完全是结合了礼书所记述的情境而作出的结论，比较符合情理，让人信服。

总之，庄述祖的《弟子职》研究以章旨、旧注、引礼为主要特色，并成就了其在《弟子职》乃至《管子》研究中特殊的地位，受到了后世学者的好评。为其写叙的清代著名收藏家刘位坦就曾在叙中对庄氏的研

---

① 庄述祖：《弟子职集解》，《四库未收书辑刊》六辑第 12 册，北京出版社 2000 年版，第 270 页。

究大加赞赏：

> 余尝读之，略省制外养中之旨，独歉十七篇皆士大夫及诸侯礼，而童蒙事先生者阙如。至《曲礼》《少仪》，《内则》又杂无比次。公余阅《管子·弟子职》篇，条晰缕分，其所教以洒扫应对进退之节，足补《仪礼》所未及。若首段所言直可入成人之德，岂但小子之造已乎。唐房相旧注颇简略，国朝武进庄氏辑洪稚存先生注，较精确，急付剞劂，用勗鞶鞶，苟能诵其文习其仪而内以摄其心，未有不为经明行修者。且予尝阅明人《野获编》，永乐中御史沅州刘有年得《仪礼》逸经八篇上之，不报其书，无论真伪，当非汉后所能作。余谓即汉后作亦必能达《仪礼》及郑、贾《注》《疏》乃敢从事，断非率尔操觚者。向使书传不必假托逸经，直名曰"仪礼补亡"，其嘉惠后学，岂束广"微鱼游清沼，鸟萃平林语"所可拟耶。乃迄今无志此者，徒生二酉间，穷年兀兀，嗜琐耽常习为浅肤，良用慨耻。今导学童读斯篇，为读《仪礼》开其先，他日学成，或有如刘御史者，复补逸经而献之，安见其不博士为高堂生、礼官为鲁徐生乎？是稽古之荣也，后生勉之，余深望之。①

他认为庄氏之书校释精确，其义较明，礼仪制度分析入理，是一本惠及后世的好书。黄彭年重刊庄氏之书时，亦曾对该书有评价："国朝北江洪氏为《弟子职笺释》，武进庄氏复增演之为《集解》，而后此书大义故训粲然著明。"②《弟子职》因洪亮吉、庄述祖的校释而义理昌明，可见黄彭年对洪、庄二人研究成果的佩服。李兆洛说过："宗伯（庄存与）如泰山洪河，经纬大地，而龙虎出没，风云自从；大令（庄述祖）如穷岛极徼，宙合未通，而奇险所辟，跬步皆实，盖有积精致神之诣焉。"③

---

① 刘位坦：《弟子职序》，《弟子职集解》，《四库未收书辑刊》六辑第 12 册，北京出版社 2000 年版，第 262 页。

② 黄彭年：《重刊弟子职集解叙》，《弟子职集解》，《四库未收书辑刊》六辑第 12 册，北京出版社 2000 年版，第 263 页。

③ 参见李兆洛《珍艺宦遗书序》，转引自黄开国、鲁智金《庄述祖的经学思想》，《杭州师范学院学报》2006 年第 3 期，第 27 页。

虽然上述言论是对庄氏伯侄经学的称道，但也可从一个侧面反映出庄氏在《管子》研究上的独到之处。

第三节　清代《弟子职》研究(下)

一　王筠与《弟子职》研究

王筠（1784—1854），字贯山，号篆友，山东安丘人，清代著名的语言学家、文字学家。出身书香世族、官宦之家。道光元年（1821）举人，任山西乡宁知县，曾权知曲沃、徐沟二县。王筠少喜篆籀，长而博涉经史，尤以《说文》研究为长，为清代"说文四大家"之一。在京期间，与许翰、何绍基、陈庆镛、陈奂等名士切磋文字。"筠治《说文》之学，垂三十年。其独辟门径，折衷一是，不依傍于人，论者以为许氏之功臣，段、桂之劲敌"。①

王筠一生著述宏富，影响巨大。自著书五十多种，勘订他书六十余部，计数百卷，可谓著作等身。所著《说文释例》、《文字蒙求》、《说文句读》、《说文韵谱校》、《说文属》等等，多有开拓性和突破性。其中《说文句读》、《说文释例》是朴学、文字训诂学方面的经典性代表巨著。《说文句读》二十卷，是他采撷诸说文学大家的著作，辨其正误，删繁举要，参以己意，集语言文字之大成，浅易简明，是初学《说文》者使用较为便利的本子。《说文释例》疏解许说，贯穿通达，博大精深，辞尚体要，为研究许书开辟了新途径，使阅读《说文》者能够提纲挈领，登堂入室。《文字蒙求》，说解简洁明朗，是一本少见的少儿普及教材。

王筠的《弟子职》研究著作，主要有《弟子职正音》一书，其他散见于他的一些学术笔记中，如《蛾术编》等。《弟子职正音》共一卷，由王氏天壤阁首刻于道光三十年（1850），置于家塾中用于弟子教育，后与《夏小正正义》、《毛诗双声迭韵说》、《毛诗重言》三种于咸丰二年（1852）合刻成《鄂宰四种》，此后又有式训堂重刻本、福山王懿荣《天

---

① 赵尔巽：《清史稿》，中华书局 1977 年版，第 13280 页。

壤阁丛书》刻本等,① 今所见为《丛书集成新编》收集并影印的天壤阁本。② 王筠据《弟子职》所述内容,将其分为十章,依次为《学则》、《蚤作》、《受业》、《对客》、《馈馈》、《乃食》、《洒扫》、《执烛》、《请衽》、《退习》。

关于该书的撰写情况,王筠在其书序言中有所描述:

> 《汉书·艺文志》既收《筦子》于道家,而《孝经》类中又出《弟子职》,知汉初固已重此篇矣。《仪礼经传通解》亦载之,兼录旧注,且区别其韵。吾友日照许元翰(瀚)以其韵尚疏也,更详定之,所据者段氏《六书音均表》也,正韵△其侧,间韵□其侧,甚便初学。惟受业之纪十二句元翰分两韵,今则通为一韵,其他亦小有增改。《通解》分章,今亦依之,惟区受业、对客为两章,旧注亦钞之。有未惬者,则出鄙见为之订正,以为家塾训蒙之用焉。③

在这里,王筠说明了成书过程,即以好友许瀚的著作(笔者案:许瀚有同名著作一卷)为基础,参考朱熹的《仪礼经传通解》中所载《弟子职》及旧注,"小有增改",并附以自己的案语,形成了《弟子职正音》,目的是利于童蒙初学。由此也可想象得到此书最初是家刻本并藏于私塾的原因。

王筠在《弟子职》的研究上主要做了下面几方面工作。

(一) 正音

正如著作名称所言,王筠在《弟子职》的音读方面作了相当大的努力。他是一名杰出的考据学者,尤其在文字、音韵、训诂方面有相当突出的贡献。因而在《弟子职》的研究上也留意于这些方面的问题。作为

---

① 张之洞:《书目答问》卷三子部,范希曾:《书目答问补正》,上海古籍出版社2001年版,第141页。
② 王筠:《弟子职正音》,《丛书集成新编》第33册,台湾新文丰出版公司1985年版,第407—411页。
③ 王筠:《序》,《弟子职正音》,《丛书集成新编》第33册,台湾新文丰出版公司1985年版,第407页。

一本童蒙学习规范手册，其主要目的是起到对学童在礼仪上的规范和实践的指导。那么，童子在入学后首先就要熟习学习守则，这些守则除教师讲授之外，更多的是需要自我学习，而学习则从读音开始。因此，王筠的正音工作正是学童正确学习《弟子职》的必由之路。

王筠的正音工作主要有两个方面内容：一是注音，即给那些难认字和多音字标注读音，标音方法多以直音或反切。如"受业之纪，必由长始"之"始"标注为"丁丈反"；"先生有命，弟子乃食，以齿相要"之"要"标注为"要，平声"。将原文关键词标明音读，极大便利了童子的自学和互相学习，有利于其对含义的理解，同时也起到了强化教育意识的作用。二是辨韵，即辨别各章以及整篇的用韵情况。这部分是正音工作的主要内容，从序来看，这部分内容是借鉴了好友许瀚的研究成果并稍有增改而成的。王筠在每一章后都有对用韵的分析，如首章《学则》之后加案语曰："本章正韵一部，间韵一部，凡韵字十三。"（第407页）①二章《蚤作》之后案语曰："本章正韵一部，间韵一部，惟'坐'字无征，谓之叶韵可也，凡用韵字九。"（第407页）强化音韵的准确性，以指导学童的诵读，正是王筠正音的核心价值。

（二）辨字

对字义、句义、章义乃至文义的理解当以正音始，以字形为要。《弟子职》为一本千年以前的学规，其中文字古奥之处甚多，对当时学童理解原文而言有如一道屏障。因此，对文字形体的古今联系就是王筠解决的主要问题，也是他剖析《弟子职》义理的前提条件。

字形的古今差异有多种现象，有古今之演变，有正俗体之分，有本字与假借字之别，等等。因此，王筠在辨字时就要校释古字与今字的问题，并指出两者的联系以及属于什么关系。如对"执事有恪，摄衣共盥"之"共"的解释："'共'音恭，案今字作'供'，供奉也。"（《蚤作》，第407页）这里，"共"与"供"的古今字关系表达出来，其义便也自现。再如"饭必捧擎，羹不以手"之"擎"的说解："擎，俗作'览'，

---

① 本文所引王筠《弟子职正音》皆以《丛书集成新编》所载为据，并以该书对《弟子职》所分的八章为分类，所标页码为《丛书集成新编》之页码，下仿此。

许本作'擎',误。捧擥者,食必以手,左捧之,右擥之也。"(《乃食》,第408页)这里,"擥"与"览"是正体与俗体的关系,而且指出了许本于此字误作"擎"。这样,再释"擥"义时就顺理成章了。学生既认识了"擥"字,也知晓了字义,又和"擎"字作了区分。

(三)释义

无论正音还是辨字,其根本目的是明义。王筠《弟子职正音》虽名为"正音",但正音工作只是其中的部分,更多的内容实为释义。王氏知道,《弟子职》并不是《管子》思想的重要体现,而是一篇教学规章制度,因此《弟子职》更重要的是其实用价值。在礼崩乐坏的当代,重拾一千多年前学童规则,并将其普及于当下的学子中,则是学者们努力建构的蒙学理想境界。这个理想在清代学者眼中变得更为迫切,是因为元明清以来少数民族的蛮荒对中国千年礼教的冲击。《弟子职》是学童侍师的重要守则,包含了学童应遵守的最基本礼仪规范,是端正当下学风的重要手段,是实现礼乐理想的基本步骤。

王筠编写《弟子职正音》的初衷是为了教授家塾的弟子,故先由家塾刊刻,后来由于影响的扩大,才有了众多的影刻本流传于世,确实起到了普教惠学的作用。那么,作为一本流布了近两千年的蒙学守则,其字形、字音、字义乃至其他方面小学研究的内容,都有必要以当下学童为教学对象而进行有效对接。王筠正是担当此任的学者,他在释义方面做了大量的工作。有时解释字词之义,如"后至就席,挟坐则起"中"挟坐"有解曰:"'挟'字从许本、朱子本作'狭',似误。云'挟坐'者,盖与'左右夹辅'之'夹'相似,与《仪礼》'夫人侠拜'之'侠'亦相似。一席容四人,必以齿序坐,有后至者,前之坐者必起,于事为便,且恐其狎习相慢也。言'挟坐则起',而异席不起可知,所以别于敬师也。"(《受业》,第407页)此处说解首先指出了许本、朱本"挟"为"狭"之误,其次说明了"挟坐"与"夹辅"、"侠拜"的相似性,最后解释此句与敬师之意的不同。有时解释章句之义,如"各彻其馈,如于宾客"的释义是:"谓上文馈馈章,师与客食皆弟子彻之,此弟子自食,亦自彻之,不用童仆耳。"(《乃食》,第408页)此处是说弟子侍师与客饮食之事,弟子自彻其食而不用童仆。

总之，以学童为教学对象，以浅近易懂为校释目标，王筠在正音、辨字、释义等方面对《弟子职》进行说解，对后世的学校基础教育和基本礼仪规范产生了积极意义，当然也在《管子》的分篇研究上作出了突出贡献。

二　黄彭年与《弟子职》研究

黄彭年（1824—1890），字子寿，号陶楼，晚号更生，贵州贵筑县（今贵阳市）人。出身仕宦之家，其父黄辅辰为有清一代循吏。道光二十三年（1843）举人，二十七年（1847）进士。改翰林院庶吉士，散馆授编修。咸丰初，随父在籍办团练，参加镇压农民起义。同治初，入川督骆秉章幕，又参加镇压太平天国石达开部，因"有功"，得保荐。后陕西巡抚刘蓉聘其主讲关中书院，久之，李鸿章聘其修《畿辅通志》，并主讲莲池书院。光绪八年（1882）升按察使。年余，结案四十余起，平反冤案十数起。十一年，调陕西按察使、署布政使。洪水决堤堰，捐款报复，保百姓平安。又迁江苏布政使，疏浚吴淞江等。十六年，调湖北布政使，总督张之洞倚重之，病逝于湖北任上。以干济之才，立功立业，为一代名宦。他为官清廉，拒绝馈赠，严禁胥吏勒索，惩办贪官污吏，减轻百姓负担，赈济灾荒，兴修水利，发展教育事业，为群众办一些实事。他知识渊博，阅历极广，著述较多，纂修的《畿辅通志》三百卷，是一流的地方志。他对地舆学也有很深的造诣，著有《东三省边防考略》、《金沙江考略》、《历代关隘津梁考存》、《铜运考略》等，均有较高的实用价值。还擅长诗文，著有《陶楼诗文集》和《紫泥日记》等。亦工书画，有《达摩图》立轴，属佳作。《清史稿》有传。①

黄彭年的《弟子职》研究主要体现在他对庄述祖的《弟子职集解》的重刊和整理上，他在重刊庄氏的著作时，于庄氏之书的前后分别加入了自己的撰述，并分别命名为《句读》、《考证》和《补音》，以示与庄氏之书的区别。书前有清代藏书家刘位坦之序、重刊弟子职集解叙，后有重刻弟子职集解后记，形成一本合二人之著的新著。笔者所见乃江苏

---

① 赵尔巽：《清史稿》，中华书局 1977 年版，第 12354—12355 页。

书局校刊本，刻于光绪十四年（1888），后辑于北京出版社出版的《四库未收书辑刊》第六辑十二册中。

关于此独特之书的形成过程，黄氏在重刊叙中有交代：

> 《弟子职》一书，《汉志》列之孝经，郑康成引以注《礼》，直题曰《弟子职》，不别出《管子》，则单行久矣。厥后单行本废。故唐孔颖达、贾公彦疏解并云在《管子》中。至宋朱子表而出之，与《内则》、《少仪》并重，既编入《通解》，又采入小学。当时始知尊信。漳州教授张时举有《弟子职五书》之刻，目录见《文献通考》，其书亦不传。国朝北江洪氏为《弟子职笺释》，武进庄氏复增演之为《集解》，而后此书大义故训粲然著明。余外舅大兴刘公往年守辰州，尝叙而传之，兹唐君鄂生权守绥定，将重刻以惠学者，而属余审正。余惟是书之义，尊师以养道，习仪以养性，歌咏以养情，有驯习调服之功，无躐等凌节之弊。盖养之童蒙而圣功基焉。夫人惟师道不立，斯趋向之志不传而异端得以惑之，礼仪不习斯严惮之心不切而非辟得以乘之。若正先生之称，明弟子之事，始以学则终以退习尊卑，劳逸之分定而教学授受之源明，则师严而道尊矣。犹惧其放也，于是乎以仪间之，周旋升降以动其血脉，危坐骏作以固其筋骸，馔馈洒扫之微，执烛清衽之细，朝夕从事以戒虚邪而惩骄恃，庶几乎言行之思中焉。又惧其拘且苦也，歌诵以协其音，反复以致其意，其书之事则礼，其书之体则诗，使夫诵而习之，餍而饫之，言易入而教易从……况夫振衰靡之俗，明王道之大，以佐圣明之治。操之有其本，施之有其序，可不夙讲乎哉？唐君之守绥定也，既修社学六十余，区刊养，正遗规，以诏君之子弟，复取是书而刻之，可谓识致治之要矣。顾《集解》之作征引既繁，间亦偶误，不揣固陋略为补正，并叙录先儒之言涉于是书者，别为考证一卷，使读者知本末焉。①

---

① 黄彭年：《叙》，《弟子职集解》，《四库未收书辑刊》第六辑第 12 册，北京出版社 2000 年版，第 263—264 页。

在这些陈述中，对于该书的成书过程，有比较详细的记载，概括起来，有以下几个方面：一是阐述了《弟子职》渐受学者重视，尤其是唐宋以来，学者对此研究颇多。清代洪北江（亮吉）、庄述祖对此有专门的研究，他们的研究成果得到黄彭年的肯定。二是阐述了《弟子职》的内容颇有价值，可以尊师养道、习仪养性、歌咏养情、驯习调服，对现实教育有指导意义。三是针对当下师道废弛、学业松懈的状况，受友人唐君的嘱托，黄彭年撰写辑集此书，既不辜负友人的信任，也对治学有益。四是现有的《弟子职》研究成果存在缺憾，如庄氏《集解》征引繁及偶误之瑕疵，这使黄氏认为有改进的必要。

黄彭年关于《弟子职》的研究，虽然比附于庄述祖的《集解》之前后，表面上属于次要地位，但其研究仍然具有一定的特色，其成果也是值得肯定的。归纳起来，笔者认为主要有以下几个方面的突出贡献。

（一）句读

黄彭年有《弟子职句读》，附于重刊庄氏《集解》前，据篇首小注介绍，他撰写《句读》的想法是来源于宋代王应麟的《急就篇补注》。王氏《补注》在录正文前便列句读韵读，是便于讽诵。黄氏得益于此，便在重刊《集解》前，加入了自己的《句读》。确实有助于弟子在诵习《弟子职》时加强记忆。

在《句读》中，黄氏用"句"、"读"、"叶"、"韵"等在原文中标出，"句"的作用是断句，即到此为一句；"读"的作用是断章，即到此为一个完整的段落章节；"叶"为叶韵，即不是一个韵部的字临时改读一个韵部的音，以求韵律的和谐；"韵"为押韵，即该句以此字为韵。下面以《句读》的第一部分为例：

先生施教（句）弟子是则（韵）温恭自虚（句）所受是极（叶）见善从之（句）闻义则服（叶，音弼）温柔孝弟（句）毋骄恃力（韵）志毋虚邪（句）行必正直（叶）游居有常（句）必就有德（叶）颜色整齐（句）中心必式（韵）夙兴夜寐（句）衣带必饬（叶）朝益（韵）暮习（叶）小心翼翼（叶）一此不解（读）是谓

学则（叶）①

这是从语音句式上为阅读扫清了障碍。该句则句，该韵则韵，句式整齐，朗读流畅，利于弟子诵读和记忆，也便于弟子对《弟子职》的理解。因此，《句读》为师长教授和弟子学习《弟子职》铺平了道路，对接着出现的庄述祖《集解》的理解也有好处。

（二）考证

考证是根据语言或历史文献的收集、归纳和整理来对一种事实进行总结，从而得出一个结论。黄彭年有《弟子职考证》，附于庄述祖《集解》之后。《考证》以《弟子职》为关注对象，以历史的眼光审视它在清代及清以前的传播过程。而黄氏所考证的历史阶段主要是两汉、宋、明、清等几个时代，根据不同文献对《弟子职》的记载，考察其在这几个朝代中所处的历史地位及作用。

归纳起来，黄氏主要引用了刘向、班固、朱熹、王应麟、许衡、马端临、吴澄、朱长春、屠羲时、岳正、沈维垣、何俊良等人的研究成果，通过他们的记载来理解《弟子职》在不同时代的影响。我们以他所引朱熹的《语类》所载为例：

> 陆子寿言，古者教小子弟自能言能食即有教，至于洒扫应对之类皆有所习，故长大则易语。今人自小则教做对，稍大则教做虚诞之文，皆坏其性质。又《弟子职》疑是作内政时士之子恒为士作此以教之。又所谓《曲礼》皆礼之微文小节，如今《曲礼》《少仪》《内则》《玉藻》《弟子职》所记，事亲事长起居饮食容貌辞气之法，制器备物宗庙官室衣冠车旗之等，凡所以行乎经礼之中者，其篇之全数虽不可知，然条而析之亦应不下三千有余矣。又《答潘恭叔书》礼记即云当附《仪礼》某篇第几章，《大戴礼》亦合收入可附仪礼者附之，不可者分入五类，如《管子弟子职》篇亦合附入《曲礼》类，

---

① 黄彭年：《弟子职句读》，《四库未收书辑刊》六辑第 12 册，北京出版社 2000 年版，第 264 页。

其他经传类书礼文者并合编集，别为一书，《周礼》即以祭祀、宾客、师田、丧记之属事别为门，自为一书，如此则礼书大备。又《答李季章书》：大要以《仪礼》为本，分章附疏，而以《小戴》诸义各缀其后，其见于他篇或他书可发明者，或附于经或附于义，又其外如《弟子职》《保傅》之属，又自别为篇以附其类，其目有家礼，有乡礼，有学礼，有邦国礼，有王朝礼，有丧礼，有祭礼，有大传，有外传，今其大体已具者，盖十七八矣。因此读书乃知汉儒之学有补于世教者不少。①

上古时代，童蒙教育是从能言能食开始的，往往教一些洒扫应对一类的事，《弟子职》与《少仪》、《内则》、《玉藻》等一起组成了《曲礼》这部礼仪全书，应是记载一些微文小节之事。关于礼仪的构成，《仪礼》是礼仪的根本纲领，《小戴礼记》是礼仪的发挥，《曲礼》乃是两者之外细小礼节的阐发，缀于《仪礼》、《小戴》之后。这样就形成了以《仪礼》为根、《小戴》为干、《曲礼》为枝叶的一个礼仪体系。《弟子职》只不过是从属于《曲礼》的一个部分，事实上就是事师敬长的宣扬。

此外，黄彭年还对后学关于《弟子职》的记述作正误的判断，指出《弟子职》流传过程中出现的变异。黄氏将庄述祖《集解》与朱熹和江永对《弟子职》的校释作对比，对他们研究的成果作判断，并解释这种结论的理由，颇为心得：

朱子《仪礼经传通解》采《弟子职》，江氏永《礼书纲目》因之，其分章次曰学则，曰蚤作，曰受业对客，曰馔馈，曰乃食，曰洒扫，曰执烛，曰请衽，曰退习，凡九章，而末附《檀弓》"事师无犯，无隐左右，就养无方，服勤至死，心丧三年"二十字，《曲礼》"宦学事师，非礼不亲"八字，盖明民生于三事之如一之义也。《集解》不标章目而分节疏释大旨，与《通解》、《纲目》二书相同，惟以"凡言与行"至"必由此始"二十八字别为一节，以"至于食

① 黄彭年：《弟子职考证》，《四库未收书辑刊》六辑第12册，北京出版社2000年版，第273页。

时"四字属"先生将食"以下为一节,以"先生已食"至"拼前敛
祭"十六字合"先生有命"以下为一节,以"是协是稽,莫食复
礼"八字为一节,与二书稍异。按不标章目者,存旧本之真,《集
解》是也。"至于食时",二书以属"师出皆起"之下,从此断章语
气不了,亦《集解》是也。"先生已食"至"乃还而立",为食毕馂
余之仪,亦《集解》是也。"是协是稽"为"既拼复业"之仪,"莫
食复礼"与"氏将举火"义相联属,且"稽"与"箕"辞之为韵,
此则当从二书者也。"凡言与行"二十八字旧本在"其次则已"之
后,"已"、"起"、"纪"、"始"为韵。且言行本受业内事,下言对
客馈馈,以类相从,文义亦应尔。《管子》及二书相传已久,更不烦
更定也,《集解》误,不可从。①

　　《集解》相对于《通解》、《纲目》的优势是"存旧本之真",即保存
了《弟子职》原书之貌;另一优势是某些句读语气较顺,比较合理。《通
解》、《纲目》相对于《集解》的优势是某些句的用韵分析及义类的归属
较明确,且成书要早于《集解》。
　　另外,除了引用这些学者对《弟子职》的记述之外,黄氏还在最后
阐释了某些关于《弟子职》内容的问题,有时还引用其他学者的言
论。如:

　　　朱子曰:"毋骄恃力"如恃气力欲胡乱打人之类,盖自小便教之
以德,教之以尚德不尚力之事。沈氏鼎新曰:"毋骄二语已具大人之
学。"程氏敏政曰:"读《弟子职》可以去骄去怠。"高氏愈曰:"孔
子之言与《弟子职》相表里,入孝出弟即温柔孝弟之谓,谨信即正
直整齐、志毋虚邪之谓,亲仁即就有德之谓,学文即朝益暮习之谓。
惟泛爱众一语,《弟子职》教未之及于此,知圣人之言随在有万物一
体之怀,弟子当早培其根也。"②

　　① 黄彭年:《弟子职考证》,《四库未收书辑刊》六辑第12册,北京出版社2000年版,第
274—275页。
　　② 同上书,第275页。

关于"毋骄恃力"，旧注有云："骄而恃力，则羝羊触藩。"羝羊触藩，则羊角挂于藩篱之上，进退不得，故为两难也。此处黄氏引用朱熹、沈鼎新、程敏、高愈等学者关于"毋骄恃力"中骄、力与德三者关系的说解，说明了"毋骄恃力"是弟子教育体系的根本，是仁德的体现。

再如：

> "问疋何趾"，"疋"旧本作"所"，误。《集解》谓为"雅"字，亦非。按《说文》："疋，足也，上象腓下从止。《弟子职》曰'问疋何止'"古文以为《诗》大雅字，亦以为"足"字或曰"胥"字，一曰：疋，记也。《说文》首引《弟子职》文者，是"疋"字本义也，音所菹切。其以为"足"字者，形相近而假借；以为大雅字及"胥"字者，皆假借也；曰"记"者转注也。"疋"字既有菹余切之本义，自当从本义本音，不烦假借。段氏玉裁曰"问疋何止？谓问尊长之卧，足当在何方也，《内则》曰：将衽长者，奉席请何止？'止'一作'趾'，足也。"[1]

"疋"释为"雅"、"足"、"记"、"胥"，各有道理，黄氏将其关系一一理顺，借助《说文》及段注可以得知，"足"、"雅"、"胥"是"疋"的假借字，"记"是"疋"的转注字。既然"疋"本有"足"义，实际上就否定了旧本释为"所"、《集解》释为"雅"以及有人释为"胥"、"记"的解释，而遵从了许慎与段玉裁的本义。而且更为直接的证据是，许慎释为"足"的书证就是《弟子职》的"问疋何趾"，以东汉许慎对这句话中"疋"字的理解来作印证，足以说明"疋"为"足"非虚。

黄彭年所作之考证，贵在将历代学者关于《弟子职》的评说收集在一起，其著述本身并没有多大创新之处，但就其收纳辑集之功还是十分巨大的，而后人对《管子》及《弟子职》的品评大多参照了黄氏的《考证》，而省却了四处收集之劳苦。

---

[1]　黄彭年：《弟子职考证》，《四库未收书辑刊》六辑第 12 册，北京出版社 2000 年版，第 275 页。

（三）补音

黄彭年有《弟子职补音》一卷，附于重刊庄氏《集解》之后，次于《考证》。黄氏《补音》主要是校释《弟子职》文字的音读问题，题名"补音"，是说明他所做的工作是在旧有音读基础上的补充，对原有音读无疑义的文字不再出注。所以，黄氏《补音》在文字正音上做出了贡献。

1. 用常用的注音方式注音

黄氏生活于清代末期，古时所使用的注音方法在当时都有使用。最常用的为反切注音，如给"必饬"之"饬"注音为"耻力反"等。有时也使用直音法，如为"蚤作"之"蚤"注音为"早"。也有时用读若法、读为法，如为"不解"之"解"注曰"读为懈惰之懈"，给"与行"之"行"注音曰"读如杏音"。另外还用描写法，即通过譬况来描述语音，如为"毋作"之"作"注音曰"从作省声，古音亦如窄"。

当然，在古代语言里，注音方法中的直音也好，读若、读如、读为也罢，除了其注音功能以外，也可有启示通假等功能的作用，故而上面所提到的某些例子在现代的语言理论里，也可以通假字、古今字等去看待，如"蚤"与"早"，"解"与"懈"为通假字，"行"的异读情况等。我们不能强求古代学者以现代的语言规范来进行校释，但我们要理解古代学者对语言理论和实践所做的不懈努力。

2. 提示古今音变

事实上，古今语音的变化相对文字、词汇、语法而言，是变化最为激烈的。不同的地域、文化背景产生不同的语言习惯，导致不同的语音。国家的统一可能促使语音的标准化，但也很难达到完全一致的地步。在古代社会中，逐渐形成了以首都为中心的官话（即标准音）和以远离首都的方言。随着时间的流逝，他们形成了各自的语音系统，同时系统本身也在不断变化。即使是面对同一部文献，不同地域、不同时代的人读起来各不相同。

黄氏《补音》注意到了语音的古今变化，并在撰述中特别加以提示。如对"则服"之"服"的注音为："今音房六反，《韵补》叶鼻墨反，古音读如弼也。"这里"服"出现了两个读音，一为"fú"，一为"bì"，前为今音，后为古音，是古今语音的变化，即后人研究得出的上古时期轻唇音和重唇音不分，直到后来两者语音出现了分化。

3. 揭示音训的作用

音训是训诂的重要方法之一，通过语音分析词义，用声音相同或相近的字来解释字义，推求字义的本源，说明其命名的原由。早在先秦时期，音训就已经在文献中出现，汉代刘熙《释名》是第一部音训专著，到了清代，"因声求义，声近义通"的音训理论成熟，音训成为释义方面的重大突破。

黄氏继承了这一音训理论，并应用于《补音》中。如对"反立"之"立"的注音与释义，就采用了音训：

> "立"，此当读为"位"。《周礼·小宗伯》"神位"注："故书'位'作'立'。"郑司农云："立读为位。古者'立'、'位'同字。古文《春秋经》'公即位'为'公即立'可证。"又案《小宗伯》"为位"注："故书'位'为'莅'。"杜子春云："'莅'当为'位'，书亦或为'位'。"是"立"与"莅"、"位"本相通，古音"立"、"位"但读如"莅"，可知此言反立，谓既拼后各反其位，与下稽礼叶。①

以"位"释"立"，本是同音字，二者在意义上必然会有联系。黄氏用《周礼》、古《春秋》为书证，说明了"位"与"立"的音义关系。

黄彭年一生的主要活动是从事学校教育，即以主讲书院培育人才成绩最大。《清史稿》称其为"廉明刚毅，博学多通，所至，以陶成士类为国储才为己任"，②可谓的评。既然黄氏尽职于教育事业，那么对《弟子职》的重视便为当然之事。所以黄彭年所撰集的《弟子职集解》带有明显的实用价值，即提供于教学参考。

黄彭年曾主讲于莲池书院和学古堂，并写有《莲池书院记》，他说："夫学不殖则落，仕无辅则孤，中外之形势扼塞，四方之风俗美恶，古今

---

① 黄彭年：《弟子职考证》，《四库未收书辑刊》六辑第 12 册，北京出版社 2000 年版，第 276 页。

② 赵尔巽：《清史稿》，中华书局 1977 年版，第 12355 页。

政治之盛衰得失，不考则不知。士就闲燕，辟萃州处，讲贯而服习之；善则相劝，过则相规，学之成也。穷则以孝悌忠信化其乡，达则以经济文章酬乎世。"① 可见，黄氏于教育的功能是有研究的，我们也应对其在《弟子职》上所做的工作给予充分的肯定。后代对黄氏的研究成果也有褒扬，如当代著名学者张舜徽在《清人文集别录》中就说黄彭年的著述"可知其根本盛大，胸襟开拓，不偏不党，廓然有以见道术之公，于箴盲起废，不为无补"，其著作"可以考见彭年潜心问学，颇有功力，不徒托空言以播为口说，与庸常拥皋比为山长者，固自不同耳"。②

第四节　清代《地员》篇研究

关于《管子》的分篇研究，除《弟子职》外，另一个比较有特色的算是对《地员》篇的研究了。

一　《地员》篇概述

《地员》篇位于今本《管子》卷十八中，第五十八篇，前一篇是《度地》篇，与此为上下承接关系；后一篇为《弟子职》，与本篇关系不大。《地员》篇和《度地》篇、《水地》篇、《地图》篇一道，构成《管子》关于地理学的核心理论，阐述了土壤地理、水文地理、植物地理等方面的知识。

《地员》篇主要是讨论各种土地与其上所生植物以及农业的关系的。尹知章注曰："地员者，土地高下，水泉深浅，各有其位。"意即土壤的高下好坏、水源的深浅都有一定的差别。但尹《注》并不全面，宋翔凤又云："《说文》：'员，物数也。'此篇皆言地生物之数，故以地员名篇。"③ 宋氏的解释才显得完整，地员之义乃地生物数之义，即不同的土

① 黄彭年：《莲池书院记》，《陶楼文钞》卷三，《续修四库全书》第 1552 册，上海古籍出版社 2002 年版，第 628 页。
② 张舜徽：《清人文集别录》，华中师范大学出版社 2004 年版，第 487 页。
③ 宋翔凤：《管子识误》，《过庭录》卷十四，中华书局 1986 年版，第 237 页。

壤、水源之上生长不同的物种。《地员》篇全文可分为两大部分，前一部分是讨论土地与植物的关系，即说明在不同的土壤中，随着地势的高下，水源的深浅，在它们之上生长的植物就会有所差别；后一部分是对"九州岛之土"的分类介绍，即分为上土、中土、下土三等十八种土壤，对每种土壤，不但说明其性状，所宜谷类品种，更述及它们在丘陵山地上可以生产的各种有用植物，如树木、果品、纤维、药物、香料等，并及于畜牧、渔业以及其他动物之类。

《地员》篇是对当时农业生产水平的全面总结。当时，随着铁制农具的逐渐推广，土地利用面积逐步扩大，农民个体生产力加强，便不再受原领主的约束，而到一些地方垦荒而食。而这种现象导致国家公有经济严重受损，国力减弱。在这种情况下，管仲实行"相地而衰征"的新政策，以便根据不同地力而制定合理的赋税等级。为了实行这样的政策，前提条件就是对各个地区的土壤、物产、生产能力等进行调查。在劳动人民扩大耕地和土地利用范围的实践中，以及"相地而衰征"政策的长期实行中，积累了各地区地形、地下水位、土壤、物产等丰富数据，这些数据为《地员》篇的写作提供了坚实基础。因此，《地员》篇的出现是当时农业生产及农业政策的反映，是长期农业实践的结果。夏纬英先生曾道："土地有各种不同，土地上所能生产的植物也因之而异。要训说土地对于农林生产所起或善或恶的作用，须先考察土地对于农林生产所起或善或恶的作用。《地员》篇的训说，是经过实地考察而来的，是考察了各种土地的地势高下、土质优劣、水泉深浅以及各种土地上所宜生的植物种类，才判定它对于农业生产是善还是恶的。这样的著作，不能凭空写出，必须有一定的考察，才能得到结论。"[1] 夏氏的见解说明了一个普遍的道理，即如《地员》篇一类的生态学、植物学著作，没有长期的考察实践是得不出科学的结论的。

《尚书》中有《禹贡》等篇，是土壤描述著作的发端，《管子》的《地员》等篇乃其续，但《地员》等篇对土壤的分类及性状的描述要比《尚书》详细得多，各类土壤与植物关系的分析也更为深入，而且进行了理论的概括，是我国古代一篇极可宝贵的生态地理植物学论文。

---

① 夏纬英：《序言》，《管子地员篇校释》，中华书局1958年版，第1页。

《地员》篇乃《管子》书中一部分，自唐以来，就有人作过探索研究，主要留意于标点注释方面。清代《地员》篇的研究仍以校释为主，何如璋、王念孙、孙诒让、张佩纶、王绍兰、丁士涵、俞樾、方苞、张文虎等人对此都有过研究，并作出了一定的贡献，其中尤以张佩纶、王绍兰、丁士涵三人对《地员》篇贡献较大。而王绍兰的《管子地员篇注》是对《地员》篇进行专门研究的第一部专门著述。下面就以王绍兰的著作为研究对象，探讨清代《管子》分篇研究的内容。

二　王绍兰与《地员》篇研究

王绍兰为清乾嘉时期的著名学者，其研究方向以仪礼、说文为主，兼及子史。在《管子》研究方面，他主要有《管子说》、《弟子职古本考注》、《管子地员篇注》三种，可见其对《管子》之重视。尤其是《地员》篇的研究，除文字音韵等功底之支撑外，必须涉猎农学、生态学、地理学、植物学等方面的知识，才能得出较为科学的校释结论，可见王氏学识的广博。

（一）王绍兰生平

王绍兰（1760—1835），字畹馨，号南陔，自号思维居士，浙江萧山城厢镇人。王绍兰自幼家贫，但有志于学，从小学习经史大义，以教书奉养老母。乾隆五十八年（1793）进士，历任福建南屏知县、闽县知县、泉州知府、福建按察使、福建布政使、福建巡抚、闽浙总督等职。后因受牵累于嘉庆二十二年（1817）罢官回乡。自此，王绍兰闭门谢客，专心于著述，直至仙逝。

王绍兰著述于《仪礼》、《说文》致力尤深，以许慎、郑康成为宗，题其斋曰"许郑学庐"。著书皆可传。著作近三十种，有《漆书古文尚书逸文考》一卷、《附录》二卷、《董仲舒说笺》一卷、《匡说诗义疏》一卷、《周人礼堂集议》四十二卷、《仪礼图》十七卷、《石渠议逸文考》一卷、《夏小正逸文考》一卷、《周人礼说》八卷、《周人经说》八卷、《说文集注》一百二十四卷、《凡将篇逸文注》一卷、《弟子职古本考》一卷、《袁宏后汉纪补证》三十卷、《老庄急救章》一卷、《读书杂记》

十二卷、《思维居士存稿》十卷。《说文集注》是毕生心血所聚，可惜未能刊刻。现传于世的只有《周人经说》存四卷、《王氏经说》六卷、《说文段注订补》六卷、《汉书地理志校注》二卷、《管子地员篇补注》四卷，余皆散佚。从仅剩之书来看，王绍兰的研究多遵从古训，治学严谨，颇为精深。《清史稿》有传。①

王绍兰关于《管子》研究的著作，据严灵峰《周秦汉魏诸子知见书目》，有《管子说》、《弟子职古本考注》和《管子地员篇注》三种。但其著述大多未刊，散佚较多，现存《管子地员篇注》，收录于《续修四库全书》子部法家类中。② 另有《管子说》，据郭沫若《管子集校》记载，有稿本一册，现藏于北京大学图书馆。③ 由于不属于《管子》分篇研究的范畴，加之笔者未曾过目，故此处不作讨论。

（二）王绍兰《地员》篇研究的内容

王绍兰《管子地员篇注》共四卷，前有自叙、张佩纶叙及胡燏棻识三叙，大致说明了《地员篇注》的成书原因及过程。

据自叙，王绍兰罢官在家后，多以研习旧籍遣日，至《管子地员》篇，见其博大宏深，"天之所生，地之所载，罔不毕述矣。读既终篇，目为瞠者久之。喜其足资多识"，而当世所传之尹知章注浅薄疏陋，少有发明。"因博采古今通人所说，条分句解，可简则简，可繁则繁，疑者阙焉。自惟駑督无能管窥万一，积日成帙，厘为四卷，将欲总括大恉，又无能毕肖形容，惟《宙合》篇曰天地万物之橐，宙合有橐天地，天地苴万物，故曰万物之橐。《宙合》之意，上通于天之上，下举于地之下，外出于四海之外，合络天地，以为一裹，至于无间不可名而由是大之无外，小之无内，故曰有橐天地。今既取《宙合》之言以称《地员》之美，其殆庶几乎。"④ 此自叙阐述了《管子地员篇注》成书的原因，原因之一是

① 赵尔巽：《清史稿》，中华书局1977年版，第11363—11362页。

② 参见《续修四库全书》第970册，上海古籍出版社2002年版。

③ 郭沫若、闻一多、许维遹：《管子集校引用校释书目提要》，《管子集校》，科学出版社1956年版，第19页。

④ 以上所引均见王绍兰《管子地员篇自叙》，《续修四库全书》第970册，上海古籍出版社2002年版，第561页。

《地员》篇博大宏深，可以供读者广博见识；原因之二是《地员》篇之旧注浅陋而粗疏，特别是尹知章的注释多为后学所诟病，有必要进行全面的梳理。另外，《地员》篇的内容是地理生态植被的总结，对农业生产有非常高的实用价值，而历经千百年之后，至有清时期仍有很大的实用意义。事实上，由于语言文字上的差异和植物土壤名称的不同，《地员》篇的当下实用功能难以实现，并且旧注有这样那样的错误。这些都是促使王绍兰撰写《地员篇注》的原因。

关于《地员篇注》的成书过程，胡燏棻叙有比较清晰的描述："余既刊南陔先生所为《说文段注订补》已，又求其《地员注》，久而后得之。……盖先生所著《说文集注》数百卷，为书过冗，无意问世。既萃其精者为《段注订补》，复颇缀入是书，以存其所自得，非独为《地员》发也。其说七尺为施至引《月令》郑注，谓以天施地生为义；说泉黄而糇则泛引传记之言黄泉者；说其民寿则引《论衡》谓上世寿百岁，若此类皆怪迂，失《地员》意。而其他诸说，正伪发微，精博幽眚，远非旧注所及，表章羽翼之力，亦以勤矣。余悼先生书多不传，斯注脱于兵火，文多坏灭，因复为补正，核而刊之，使好《地员》之学者得以寻焉。"[1]胡氏之言表达了两个方面的意思，一是王绍兰的《地员篇注》乃其所刊；二是说明该书的内容是王绍兰《说文集注》精编为《段注订补》之后所剩材料缀编而成，并不专为注解《地员》篇而发。另外，王绍兰校释文字得到了胡氏的好评，胡氏誉其为"正伪发微，精博幽眚"。

郭沫若等人著《管子集校》，亦参看了王绍兰的《地员篇注》，并对该书有所微辞。首先郭氏之书记载了王氏《地员篇注》的成书及刊行时间：成书于道光十四年（1834），刊行于光绪十七年（1891）；其次对王书加以评价：说颇滋蔓。[2]　其实，如果综合胡燏棻和郭沫若二人对王氏《地员篇注》的看法，就可以得出这样的结论：王氏《地员篇注》撰写的初衷不是为校释《地员》篇，而是《说文集注》衍生的产物，在此基础

---

① 胡燏棻：《叙》，《管子地员篇注》，《续修四库全书》第 970 册，上海古籍出版社 2002年版，第 563 页。

② 郭沫若、闻一多、许维遹：《管子集校引用校释书目提要》，《管子集校》，科学出版社1956 年版，第 19 页。

上形成的《地员篇注》，就难免会有"滋蔓"之病。再者，如果我们从不同的角度考察，就会得出不同的结论，用传统考据学观点来看，《地员篇注》摆脱不了"滋蔓"之论；若以生态学或溯源考证的观点看，《地员篇注》也不失为一本实用之书，起码为后学理解《地员》篇所见土壤物种等名称的来源有相当大的好处。

王绍兰所撰《管子地员篇注》，主要做了以下几个方面的工作。

1. 释义

作为一部校释著作，释义是第一位的。有清以来，考据学大兴，学者对字词的训诂考证蔚为大观。王绍兰生活于乾嘉时期，正是考据流行之时，必然会受到考据学风的影响。如对"地员"命名的释义，就体现了王绍兰的释义风格。

> 《说文》："地，元气初分，轻清阳为天，重浊阴为地，万物所陈列也。从土也声。"员，读伍员之员，《说文》："员，物数也，从贝口声，凡从员之属皆从员。""賰，物数纷纭乱也，从员云声。"员为物数，賰从员，则物数纷纭谓之賰，即物数纷纭谓之员。员从贝者，贝下云：海介虫也。古者货贝而宝龟，周而有泉，至秦废贝行钱，取宝藏货财为义，从口声者，口下云回也，象回匝之形，取回环周匝为义，故伍员字子胥矣。此篇自山林、隰薮、坟衍、丘陵、水泉、渎泽、州邑、田畴、民人、士女、声音、工巧以至草木鸟兽虫豸鱼龙，凡地之所载纷纷云云，无所不有，而尤重于五土之辨，九谷之宜，盖将以养万民之生，尽万物之性也，故以地员名篇焉。①

王氏引《说文》"地"与"员"的释义，并解释了字形的含义，涉及伍员为何字子胥的意义取向。最后，说明《地员》篇取名地员，完全是来自《说文》之"地"、"员"的原意，揭示了"地之所载纷纷云云，无所不有"的命名根本宗旨。篇名的解释为内容的正确把握指明了方向，

---

① 王绍兰：《管子地员篇注》卷一，《续修四库全书》第 970 册，上海古籍出版社 2002 年版，第 564—565 页。

故王氏在《地员》篇释义时,多有创获。如对"蔓山"的解释:

> 蔓之言曼也。《鲁颂·闳宫》篇"孔曼且硕",毛《传》:"曼,
> 长也。"《尔雅·释诂》:"延,长也。"谓山形蔓延而长。《说文》:
> "蔓,葛属。"《周南·葛覃》篇"葛之覃兮",毛《传》:"覃,延
> 也。"郑《笺》:"葛,延蔓于谷中。"《唐风·葛生》篇"葛生蒙楚,
> 蔹蔓于野",毛《传》:"葛生延而蒙楚,蔹生蔓于野。"《北山经》
> 有蔓联之山,此蔓山亦其比矣。①

"蔓"的语义来自"曼",即有蔓延绵长之意。王绍兰引用《诗经》、
《尔雅》、《说文》、《山海经》为书证,充分证明了"蔓山"乃蔓延连绵
之山,而非长满藤蔓之山。后世学者引用皆以此为据,如郭沫若等人的
《管子集校》即以王氏此注为的,② 黎翔凤的《管子校注》亦同。③ 唯夏
纬英校释与此略异,夏氏认为"蔓山"应为"峦山","峦"、"蔓"音
近,"峦山"当是蔓延的山。④ 夏氏所释乃由音近而来,其释义仍为蔓延
之山,与王氏殊途同归,但不若王氏的解释来得直接明了。

2. 考源

一般来说,清代以考据学为核心的学术思想多以字词为根本,
以小学为主要手段,推寻字词之的诂,而很少涉及词语之语源。王
绍兰的《地员篇注》却与此有所不同,即追寻名物形成之源,由始
至终,理清事物命名的脉络,以便读者更好地掌握某一物种的历时
演变和名称的变化。这种校释方式也是由该书的性质所决定的,即
《地员》篇的校释不单纯是文字问题,而是生态学、地理学的问题,
故校释时就不仅仅以文字释义为主,而更多地加入了名物考源的成
分。除上文提到的"蔓山"来源于"曼"义之外,再如对"骈石"
的解释:

---

① 王绍兰:《管子地员篇注》卷二,《续修四库全书》第 970 册,上海古籍出版社 2002 年
版,第 597 页。

② 参见郭沫若、闻一多、许维遹《管子集校》,科学出版社 1956 年版,第 912 页。

③ 参见黎翔凤《管子校注》,中华书局 2004 年版,第 1087 页。

④ 参见夏纬英《管子地员篇校释》,中华书局 1958 年版,第 16—17 页。

骈读骈胁之骈。《说文》："骈，驾二马也。从马并声。"《左氏
僖二十三年传》"闻其骈胁"，杜《注》："骈胁，合干。"《晋语》作
"骿胁"，韦昭注："骿，并干也。"《庄子·骈拇》篇"骈拇枝指"，
《释文》："骈，《广雅》云'并也'，李颐云'并也'，司马彪云
'骈拇谓足拇指连第二指也'，崔譔云'诸指连大指也'。"骈拇犹骈
胁也，《白虎通·圣人》篇引《传》曰"帝喾骈齿"，《御览》卷三
百六十八引《春秋元命苞》曰"武王骈齿"，又引《孝经·钩命决》
曰"夫子骈齿"，骈齿犹骈拇也。然则骈之言并也。陲山之下多石，
其石两两并连，故云骈石，而不可得泉矣。①

"骈"为形声字，从语源的角度讲，它的读音和意义是来源于"并"
字的。我们从王绍兰的说解中也看到了这一点，而且我们了解了"骈"
不仅仅用于"骈石"，而且还用于"骈胁"、"骈齿"、"骈拇"等词组中，
可见其语用的广泛性。

3. 辨误

在自叙中，王绍兰便指出"世所传尹知章《注》浅陋疏略，罕所发
明"。尹《注》的浅陋宋明以来一直受到研究者的指责，并成为后世学者
入《管子》研究之门径。特别是清代以来，随着考据的深入，尹《注》
讹误的发现也越来越多，学者几近于不批尹而不成书的地步。王绍兰
《地员篇注》或辨尹《注》之误，或补尹《注》之阙，成为校释的一项
重要内容。兹举"山之材"例如下：

尹《注》："材"犹"旁"也。绍兰按："材"无"旁"义。下
云"山之侧"，此亦不得言"旁"。"材"盖"林"之讹。《玉》篇
"林"同"椒"，则此谓山之椒也。《楚辞·离骚》"驰椒丘且焉止
息"，王逸《注》："土高四堕曰椒。"《汉书·外戚传》"释舆马于山
椒兮"，孟康曰："山椒，山陵也。"《广雅·释丘》后："四隤曰陵。"

---

① 王绍兰：《管子地员篇注》卷二，《续修四库全书》第970册，上海古籍出版社2002年
版，第600页。

是孟康解"椒"为"陵"，与"四隤曰椒"之义正合。然则"山之椒"谓山四下隤陁处。《文选·月赋》"菊散芳于山椒"，李善以"山椒"为"山顶"，失之。①

尹《注》"材"犹"旁"，王氏认为当为"枺"之讹，"枺"为"椒"之异体，后据《楚辞》、《汉书》、《广雅》释义为"陵"，并解释"山之椒"为山四下隤陁处，即山陵向四下崩溃之义。同时，又援引《文选》李善注，证明其注又误将"山椒"释为"山顶"。陈奂认为"材"当为"侧"，俞樾认为"材"当为"垂"之古文，张佩纶认为"材"当为"枝"，夏纬英认为"材"当为"豺"，黎翔凤认为"材"当训为高。② 众说纷纭，不过无论对错，只有王绍兰所提供的证据较为恰当，也较为丰富。

不仅辨误，有时还指出致误的原因。如对"茾"的校释：

《尔雅·释草》："茾，马帚。"郭《注》："似蓍可以为埽篲。"邢《疏》："茾草似蓍者，今俗谓蓍茾。可以为埽篲，故一名马帚。"《夏小正》："七月茾秀。"茾也者，马帚也。《说文》："茾，马帚也。"《广雅·释草》："马帚，屈马弟也。"王氏《疏证》云："《夏小正》'七月茾秀'，至又相似也。"绍兰按：《说文》："蓲，馭也，从草屈声。"《广雅》之屈即蓲之省文，第即馭之讹字，馭又坏为帍，帍与弟形相似，传写者因误为弟，后人以字书无弟又从而加竹耳。《广雅》此文谓马帚，与屈皆为马馭，义本许书，故于《释器》又云"箈谓之刷"，是其明证矣。"箈"、"刷"皆今字。③

① 王绍兰：《管子地员篇注》卷二，《续修四库全书》第 970 册，上海古籍出版社 2002 年版，第 605 页。

② 以上说法皆转引自黎翔凤《管子校注》，中华书局 2004 年版，第 1093—1094 页。

③ 王绍兰：《管子地员篇注》卷二，《续修四库全书》第 970 册，上海古籍出版社 2002 年版，第 612 页。

"萉"为马帚，以《尔雅》、《说文》为证，其义明确。《广雅》释"马帚"为"屈马第"，其义又晦。王氏指出《广雅》为讹误，并指出其致误原因乃为由形似而误，"屈"为"茁"之省文，可以算作不误；但"第"乃"叔"字之误，其讹误的流程是：叔→吊（"叔"之坏字）→弗（与"吊"相似）→第（字书无"弗"而加竹字头）。可见，王氏在辨误方面还是比较下功夫的。

4. 解物

《地员》篇是生态地理植物的大集合，详细记述了当时的地理、水文、植物、生产等方面的名物制度。作为一本解读《地员》篇的著作，《地员篇注》就需要对上述这些名物制度等方面的知识加以说解，而说解的前提条件是作者必须将现有的名物制度与汉代以前的制度相对接。无论如何，都需要作者拥有丰富的生态学、地理学、植物学等方面的知识，也须有贯通古今名物制度的能力。这也正是王绍兰《地员篇注》不同于一般《管子》考据著作的一个特点。

关于名物制度的说解，王氏《地员篇注》较为常见，如上面所举"骈石"、"蔓山"之类。兹再举一二：

> 鱼肠 竹类。《初学记》卷二十八引梁简文帝《修竹赋》："玉润桃枝之丽，鱼肠金母之名。"竹得称草者，《说文》："竹，冬生草也。"《尔雅》竹之类皆列《释草》。《西山经》"高山其草多竹"，《中山经》"荆山其草多竹，大尧之山其草多竹，师母之山其草多竹，夫夫之山其草多竹"，皆其证也。①

> 枋 《说文》："枋，木可作车。""檀，枋也。""檀"、"枋"迭韵，共为一木。《考工记》"轮人斩三材"，郑《注》云："今世毂用杂榆，辐以檀，牙以檀。"是枋可作车矣。《庄子·逍遥游》篇："我决起而飞，抢榆枋。"《释文》："枋，李颐云：檀木也。"绍兰按：郑谓"辐以檀，牙以檀"，檀、檀异木，枋即檀，明非檀也。李

---

① 王绍兰：《管子地员篇注》卷二，《续修四库全书》第970册，上海古籍出版社2002年版，第602页。

注之"檀"，盖"橿"之伪，字形相近。①

"鱼肠"是竹类，有《初学记》所引为证，竹子归为草类，有《说文》、《尔雅》、《山海经》为书证。"枋"为造车材料，与"橿"为一物，同"檀"有别。以上关于名物的解释，在《地员篇注》中很普遍。王绍兰对每一事物的说解形式各不相同，但都切中要害，指出现如今人们对此容易产生疑问之处。

总之，鉴于《地员》篇的特殊内容，王绍兰校释过程中除了运用考据学方法之外，探本寻源、解名释物是常用的手段。最后形成的《地员篇注》有不同于清代考据者《管子》研究成果的特色，故而有些传统学者对此深为不齿，但我们应看到王绍兰在《管子》研究中所作出的宝贵贡献，至少使我们能够跳出狭隘的考据学视野，真正认识到贴近生活现实的学问之模样，切实使《管子》为现实生活、生产服务。

（三）王绍兰地员篇研究的特点

《地员》篇内容之丰富，王绍兰借用《宙合》篇语辞誉其为"有橐天地"。确实，天之所生，地之所载，在《地员》篇中皆有叙述。王绍兰为《地员》篇之博大宏深而折服，又意识到尹《注》之浅陋，于是博采古今通人之说，条分缕析，可繁可简可阙，成《管子地员篇注》四卷。通观全书，笔者认为有以下几个方面的特点。

1. 考证翔实

郭沫若认为王氏《地员篇注》"说颇滋蔓"，可以说有一定的道理。但笔者认为，"滋蔓"之病并不只有王氏之书存在，以考据方法形成的成果很大程度上都有这样的问题。考证之繁复是清代学者的共同特征，我们没必要对《地员篇注》过多指责。郭氏等人另一个失误在于将王氏此书列为考据著作加以考察，而未能认识到此书乃水文地理生态学方面的实用之书，因而得出不确的判断。

笔者认为，《地员篇注》整体上说是一部考证翔实的著作。胡燏棻在

---

① 王绍兰：《管子地员篇注》卷二，《续修四库全书》第 970 册，上海古籍出版社 2002 年版，第 646 页。

叙言中对王绍兰此著有所评价："先生精名物训故，其说经大氐网罗百家巨细贯综，浩渺无涯。斯注陈义尤繁富，一字之证，几累万言。若释渍田则辨及沟洫，释粟秫则辨及麻縻，至于丘陵坟衍之名，草木鳞介之属，尤徧引《尔雅》、《山海经》诸书，穷原竟委，务于博侈，往往非《地员》本义。"① 前几句指出王氏之注翔实，证据博宏，此证丰富；后几句又说务于博而失却《地员》本义，这也可能是郭氏等人"滋蔓"之论的来源吧。但我们认为，详尽之说或过侈之论都是可以接受的，"滋蔓"的认识都是对《地员篇注》著作的性质认识失误造成的。

前面我们在引用王绍兰自叙时提到，《地员篇注》撰写的原意是对其《说文集注》抽绎，即抽出《说文集注》中有关生态地理方面的内容，围绕《地员》篇而成书。从这一动机上看，王氏《地员篇注》就与真正意义上的考据学著作存在差异，所以他注重的是生态地理物产等的历时变化，并将其详细地记录下来，这种引证虽最初是以《地员》篇内容为出发点的，但叙述过程及结果不一定以此为目标，如果我们站在地理水文农业指导书这一角度来看问题，翔实甚至说滋蔓倒是著作的特征或者优点。

比如对"李"的说解，引用了《尔雅》、郭璞《尔雅注》、邵晋涵《尔雅正义》、《广韵》引《尔雅》、《齐民要术》所引、陶弘景注《本草》、《广雅》、《论语》所引、《太平御览》所引、《史记》、《汉书》、《荆州土地记》、《风土记》、《西京杂记》、西晋傅元赋、古歌辞等共1700余字，介绍了李树的名称、来源、种子、种类（如麦李、爵李、车下李、郁李、雀李、奥李、赤李等），并说明了各种李树的出产地及不同称呼的由来。特别是在说解的最后还说明了"瓜田李下"、"李代桃僵"的出处和含义，这样关于李树的知识在这条注中便一览无遗了。②

作为一部"足资多识"的普及性著作，我们没有必要对《地员篇注》在学术的严谨上做过多的苛求。苛求的结果会蒙蔽了该书知识全面系统的优点，而放大了其学术不足的缺点。因此，笔者认为王绍兰的《地员

---

① 胡燏棻：《叙》，《管子地员篇注》，《续修四库全书》第970册，上海古籍出版社2002年版，第563页。

② 王绍兰：《管子地员篇注》卷三，《续修四库全书》第970册，上海古籍出版社2002年版，第643—645页。

篇注》在考证方面有详尽而全面的特点，可以说对阅读此书的人带来很大的便利，阅一书而有关知识全晓。

2. 推本溯源

前面所引胡叙提到一句"穷原竟委"，可以说这是一个客观的评价。《地员》篇所写之时，离王绍兰所处的时代已有千余年，其间名物制度、社会人文环境、地貌生态都产生了很大的变化。虽然有前代学者对此做出的注释，使后人能够借助浅陋的说解而大致了解前代的知识，但对此进行系统的梳理是大势所趋。王绍兰正是这一任务的担当者，他以将古今名物制度系联为目的，博采古今学者之注释，披寻本源，古今一贯，撰成《地员篇注》。因此，对名物制度本源及流传的抒写与阐释，正是王绍兰《地员篇注》的又一大亮点。

在关于对"桃"的说解中，其中有一类称为"樱桃"，关于"樱桃"命名的由来及文献的记载，王绍兰有详尽的叙述，兹引部分如下：

> 《广雅·释木》王氏《疏证》云："《月令》：'仲夏之月，天子乃以雏尝黍，羞以含桃，先荐寝庙。'郑《注》云：'含桃，今之樱桃也。'孔《疏》云：'《月令》无荐果之文，此文独云含桃者，以此果先成，异于余物，特记之。其实诸果亦时荐也。'《史记·叔孙通传》云：'孝惠帝曾出游离宫。叔孙生曰：古者有春尝果，方今樱桃孰可献，愿陛下出，因取樱桃献宗庙。上乃许之。'诸果献由此兴，则此礼至汉犹行。但汉春献樱桃，正当始孰之时，而《月令》仲夏始荐者，本因尝黍而荐含桃，非特献，故不嫌迟也。《月令》释文云：含本又作函，函与樱皆小之貌，函若《尔雅》云蠃小者蜾，樱若小儿之称婴儿也。'樱'或作'鸎'，高诱注《吕氏春秋·仲夏纪》云：'含桃，鸎桃也。'盖'樱'、'鸎'同声，古字通用耳。而高诱乃谓鸎鸟所含故云含桃之失于凿矣。诸说含桃者皆即是樱桃，而《西京杂记》说上林苑桃有十种，有含桃又有樱桃，则是分为二物，所未审也。"①

---

① 王绍兰：《管子地员篇注》卷三，《续修四库全书》第 970 册，上海古籍出版社 2002 年版，第 641—642 页。

　　樱桃最初之名为含桃，见于《礼记·月令》之文，后在《史记》中就出现现用名。含桃也称函桃，樱桃亦称鶯桃，"含"与"函"、"樱"与"鶯"互为异体，皆可训为"小"，所以四者为一物，即今称樱桃也。由以上可知，樱桃命名来源于含桃，是小桃之义，另外古之含桃、函桃、鶯桃与今之樱桃，皆一物也。

　　《地员篇注》中这样的事例也很多见。比如还在"桃"这一条中接着记述了以"桃"喻"逃"的社会习俗和"二桃杀三士"的历史故事。另外，王绍兰所引书证往往是一个由远及近的历史脉络，以《说文》、《尔雅》、《山海经》为先，次及《史记》、《汉书》，再及后代作品。可见，王绍兰的说解除了翔实之外，更注重对事物命名的追溯，善于找到古今事物之间的联系，由本及末，由源至流，使读者既拓展了见闻，又对名物制度有了历时的认识。

　　（四）王绍兰《地员》篇研究的影响

　　王绍兰《管子地员篇注》能够在后世产生影响，并不仅仅因为它是诠释《管子》的作品，而更为主要的原因是它建立起来的沟通古今名物制度的话语场，使后人对身边的物产有所认识。笔者认为，作为一部诠释性著作，应遵循其既有的学术规则，《地员篇注》基本做到了；作为一本沟通古今的实用工具书，也应考虑对受众的知识性及趣味性，《地员篇注》也做到了。那么，《地员篇注》必将对后世产生一定的影响，无论是在《管子》注释方面，还是在对生态地理的记载方面。

　　首先，《地员篇注》为《管子》研究提供了便利。《地员》篇是《管子》的组成部分，是《管子》思想的重要内容。因此，王绍兰的校释是对前人《地员》篇研究成果的总结，并结合了自己研究心得。郭沫若虽然认为王氏之书"滋蔓"，但仍于《地员》篇部分的集校中大量引用其说解，不仅仅是郭书的宗旨而已，而更说明了王绍兰在《地员》篇注释中的地位。另外，夏纬英的《管子地员篇校释》、黎翔凤的《管子校注》也对王氏之书加以引用，同样说明了这个道理。

　　其次，为古代生态学、地理学、植物学研究提供了资料。《地员》篇本身集中反映了《管子》地学思想、植物学、生态学等方面的知识，是

《管子》学说中非常实用的内容，如地形、地貌、土质结构、植物种类、水文等，其分类之细甚是空前。由于年代久远，流传过程中的种种讹变，《管子》包括《地员》篇出现了令人难以卒读之处，后人对其整理工作继踵而至，无论如何，这些学者的解释都对《管子》的研究造成不同程度的影响，也为后人读懂《管子》创造了条件。王绍兰的《地员篇注》正是理解《地员》篇的依据，将近两千年的古代生态学、地理学、植物学知识和当下知识联系起来，使学者更易理解，同时也为当世及后代的地理学研究者们提供了宝贵的研究材料。

再次，对后代普及科学知识读物的撰写提供了思路。一般来说，科普读物注重的是知识性和趣味性，既要通过读物传播丰富的知识，又要兼顾读者的阅读兴趣。《地员篇注》就在这两个方面进行了很好的尝试。《地员篇注》说解了大量的名物，而不局限于《地员》篇所提到的，通过连类而及的方式，将相关的知识浓缩在条目中，即每一条目所含的信息量比较大，正如胡燏棻称道的"穷原竟委，务于博侈"。如在"萧"条下注脚就叙写了萧、艾、艾蒿、萩等名称，还解释了祭祀所用萧之类别以及制度，最后说明了"萧墙"命名的由来。① 这既注重了知识性，如萧类植物和萧有关的植物；又突出了趣味性，如对常见的"萧墙"命名的说法。

总之，王绍兰之《地员篇注》对后世产生了较大的影响，也得到了一些学者的好评。张佩纶在《地员》篇上也有相当的研究，② 他写给王氏《地员篇注》的叙曾称赞道："旧注既嫌简略，间亦讹误，《管子义证》、《读书杂志》据善本绌类书校雠，至精审矣，然亦未能條通大义。……皆诸家说不安处，卒无有善注行世者。今年夏初，于萧山胡兵备（笔者案：即胡燏棻）许得其乡先生王氏绍兰《地员考证》四卷，节解而支分，句释而字诂，其义训衷于《尔雅》、《说文》，颇足证明管书，砭补尹《注》，复缀集异闻，会粹旧说，决是非以定准裁。时先生年七十有五，

---

① 王绍兰：《管子地员篇注》卷二，《续修四库全书》第 970 册，上海古籍出版社 2002 年版，第 612—613 页。

② 张佩纶有《白帖引管子》（不分卷）、《抄太平御览引管》（不分卷）、《管子学》（十二卷）、《管子识语》（不分卷）等著作，从夏纬英《管子地员篇校释》、黎翔凤《管子校注》、郭沫若《管子集校》所引来看，张佩纶在《地员》篇的研究上是相当有成就的。

孜孜手写，涂乙纵横，可为好学不倦者矣。"① 胡燏棻是《地员篇注》的刊刻者，当然对此著大加赞赏："精博幽窅，远非旧注所及，表章羽翼之力，亦以勤矣。余悼先生书多不传，斯注脱于兵火，文多坏灭，因复为补正，核而刊之，使好地员之学者得以寻焉。"② 因此，当选择一个正确的角度来看待王绍兰的《地员篇注》时，我们就会为其取得如此成就而喝彩，也为后学能拥有这样的参考资料而庆幸。

---

① 张佩纶：《叙》，《管子地员篇注》，《续修四库全书》第 970 册，上海古籍出版社 2002 年版，第 562 页。

② 胡燏棻：《叙》，《管子地员篇注》，《续修四库全书》第 970 册，上海古籍出版社 2002 年版，第 563 页。

第 五 章

清代《管子》义理研究

第一节　清代《管子》义理研究概述

　　有清一代，学术思潮经过了几次重大的变化，清初反宋明之空谈而倡学以致用，开创了清初义理研究的新风气，然而效果并不理想，多数学者仍依明末经学研究的路数行经学为我所用之实。乾嘉以来，汉学以崇尚实学为表征，以考据为手段，朴实之学渐起，成为清中期的重要学术特点，在此思想的引领下，学者潜心于古籍之中，运用小学、文献学知识，对前代典籍进行了全面的整理和研究，取得了极大的成果，成为清代最具特色的学术。清代末期，以"经世致用"为旗帜的宋学再次回归于清初之义理研究，清末之学者从考据中重新回归社会，以学术研究来关照社会。再加上外来思想的影响，学术思潮的变化，方法的更新，中国的学术研究逐渐走上了近代历程。而此时期，运用新思想新方法进行的学术研究多侧重于义理，即古籍的思想内容，对古书思想的开掘并以此来激励社会表述思想成为这一时期的学术主流。

　　清代《管子》义理研究也是沿着这样一个道路发展下来的。清初的《管子》研究并未显露出经世致用之风，而基本上保持了明代以来的一贯风气，虽为义理之学，但多以管注我，引《管子》之文而说解己意，无大创造。清中期重考据而轻义理，但亦认为训诂明则义理明，也就是说将义理的说解细化到一字一词一句之中，因此清中期的义理研究是基础性工作，是后人进行更深入的义理研究的重要前提。清末《管子》研究受传统学术发展和外来学术的影响，义理研究走向了真正的通子致用的轨道上来，学者或发掘《管子》之治国之术，或提炼《管子》之治国之策，或研究《管子》之经济思想，而且在研究方法和角度上有所创新。因此，在整个以义理为方向的研究过程中，清儒经历了延习宋明、以考据代义理和西学释管三个阶段。下面，对清代管子义理研究加以概述。

一　清初说己意而用义理

根据我们前面所进行的清代管子研究分期，清初之《管子》研究成果并不多，共有四种，除陆贻典的《校管子补注》专注于注释校勘，其余三种均体现出清初《管子》义理研究的特征。清初的《管子》研究，并未体现出明末清初所倡导的崇实黜虚、经世致用的实学宗旨，而是沿着以子证经史、子为我用的惯性向前发展。因此，清初的《管子》研究明显带有宋明之学的遗习，随意删改而宣扬己意为目的，在义理研究上表现了一种从旧有之学向新理学过渡的特征。

马骕，明末清初史学家，有《管子著书》两卷，形成《绎史》第四十四卷"齐桓公霸业"部分。《绎史》是一部从上古至秦代的资料集成，主要是收集先唐有关先秦的可信史料，按历史年代将所集史料排列其中，并将其他史料以小字形式罗列于后，间或有马骕个人简注。关于齐桓公霸业的历史，马氏则主要以《管子》为依据，摘抄《管子》中《牧民》、《宙合》、《水地》等篇文字，成《管子著书》，集于《绎史》中，为"齐桓公霸业"三、四两卷，间有《淮南子》摘抄一条，末附有对霸名的理解。

其实，马氏摘抄《管子》的原因在于，一是他将《管子》书作为信史对待，即关于齐桓公霸业的可信史料就是《管子》；二是他以摘抄的《管子》来诠释他对霸业的理解。在卷末所附的注解中，重点提出了他对称霸的理解："盖必有翼戴天子之功，而后可以称霸。"① 也就是说，是不是称霸主要看有没有保护与拥戴天子的功业，有之可以称为霸，无之则不可称为霸。然后他列举秦穆公、宋襄公、楚庄王三位国君皆不闻有翼戴天子之功，故不可以算是称霸。齐桓公之所以称得上是霸主，得益于

① 马骕：《绎史》，中华书局 2002 年版，第 1147 页。

管仲的辅佐，君臣相得，故齐霸。他说："故桓公中主也，得管子而名彰，读《山高》、《牧民》、《轻重》、《九府》诸篇，其规模宏焉，其经制详且备焉，兵力甲于天下，而不敢教其君以请隧问鼎之事，此管子所以称仁与！至尊莫如王子，定其位而觊觎绝矣；至亲莫如哀姜，诛其罪而淫乱息矣。侵伐不劳大师，盟誓不烦小国，功高来天王之锡，犹凛天威而惧陨越，君子是以知管子之所以贤也，能辅君也；桓公之所以霸也，能用贤也。故曰：五霸，桓公为盛。"①

　　方苞，清初桐城派散文家，有《删定管子》一卷，在《抗希堂十六种》内。此书亦是以己意删节原著而成，还是一仍明末理学之旧。严灵峰评曰："除引旧注及刘绩补注外，内多删节，间亦自行解说，并加圈点。"② 方苞对其删节《管子》之文，也有自己的想法，他在《删定荀子管子序》中说："管氏之书，掇拾近古之政法，虽不徧不该，以视诸子之背而驰者，则有间矣。而其义之驳，辞之蔓，学者病焉。……而管氏则众法家所附缀而成，且杂以道家之说，齐东野人之语，此则就其辞气可识别者也。……余少时尝妄为删定，兹复审详，凡辞之繁而塞、诡而俚者悉去之，而义之大驳者则存而不削。"③ 无论如何，方苞以己意而删《管子》，体现了明末理学"六经注我"，随意割裂文字的风气。但作为一部跨时代的著作，有一定的价值。

　　陈梦雷、蒋廷锡，奉敕编纂大型类书《古今图书集成》，成一万卷。在《理学汇编经籍典》第四百四十一卷内，有《管子部》，依次条别为汇考、总论、艺文、纪事、杂录五类，集周秦以来直至明世有关《管子》的评论。陈氏所编类书显然少有以己意为之的主观意图，但其分类取向也多少带有主观的特征。毋庸置疑的是，《管子部》的资料性是非常突出的，这为后世学者对《管子》的研究，特别是义理的研究提供了必要的支持。

　　总之，清初的《管子》义理之学表现出与晚明理学难以割舍的情结。除学术思潮的影响之外，明代以前对《管子》整理研究的水平对清初的

---

① 马骕：《绎史》，中华书局 2002 年版，第 1148—1149 页。
② 严灵峰：《周秦汉魏诸子知见书目》第三卷，台北正中书局 1978 年版，第 229 页。
③ 方苞：《方苞集》，上海古籍出版社 1983 年版，第 86 页。

研究也有一定的影响。明代以前，《管子》研究以版本、校勘为主，出现了刘绩、赵用贤、朱长春等学者精审校勘而形成的传世善本，这些善本为清初乃至整个清代的《管子》研究打下了基础。清初学者以此为依据，以张扬己意为目的，形成了清初《管子》义理研究的风气。

二　清中以考据而明义理

清朝中期，随着实学之风的兴盛，学术研究专走训诂考据的路子。实学思潮兴盛的原因，不外乎这两个：一是对宋明以来崇尚空谈心性之理学的反感，以顾炎武为首的学者倡经世致用之说，即试图通过学术来达到干预政治的目的，事实上未能产生很好的效果；二是对清廷宣扬程朱理学的厌恶以及对清廷高压政策的屈服，清廷宣扬程朱理学的目的是让学者隐世而不问政治，以便更好地笼络人心，加强统治，而学者对此当然不买账。但随着清廷统治的稳固，高压政策随之而来，学者无法回避现实，无力干涉政治，便崇尚汉学，提倡实学研究，实际上是躲进小楼成一统了。此时，清廷大施怀柔政策，召集学者编撰《四库全书》等大型类书，实是顺了那些有"反骨"的学者的脾气，从此汉学大盛，社会稳定。

清代中期的《管子》研究也体现出实学的特征。以乾嘉学派为代表的学者，以考据为主要学术研究手段，在清中期形成了光耀一代的学术潮流。而此阶段的《管子》研究表现出两个方面的特征：其一是为经学服务，即以子证经的研究工作。经学是传统学术，是清代学者沿习千百年来儒学一尊的学术，因此学者的研究便以儒学为主。但随着时代的演进，儒学典籍本身研究已经处于僵死的状态，没有潜力可挖，而学者便将目光转移到子学和史学上来，通过史籍、诸子来佐证经学，使经学研究出现了起死回生之兆。其二是经、子互证转而向子学迈进。清代中期，《管子》研究走的也是这样的道路，它在整个中期中，表现出经学附庸的角色，但在后期逐渐形成专门的研究成果，有与经学脱离乃至独行于世的趋势。

清代中期《管子研究》的成果有四十一种，多为笔记体的散在研究，可见学者是经学研究之余而旁及诸子，随手而记下的研究心得。王念孙的《读书杂志》、俞樾的《诸子平议》、蒋光煦的《涉闻梓旧》、张文虎的《舒艺室随笔》、宋翔凤的《过庭录》等，其中都有关于《管子》校释的文字，但从整个著作的性质来看，其研究的笔记体性质是十分明显的。其中的研究成果不乏真知灼见，而且有的学者所做的研究非常有价值，我们可以从中看出这一时期的《管子》研究在整个学术研究中所处的地位。

清代中期的《管子》研究还有另一个特点，即分篇的整理和研究比较突出。《管子》分篇研究以《弟子职》的研究为最。《弟子职》在《汉书》中归为儒家类著作，故对其研究的学者一直很多，学者认为《弟子职》本为儒家著作，后归入《管子》，是因为管仲在推行教育政策时曾以此来规范学校弟子的学习行为。随着清代《管子》研究的深入，《弟子职》作为《管子》中的重要部分也受到了更为广泛的关注。孙同元的《弟子职注》、洪亮吉的《弟子职笺释》、庄述祖的《弟子职集解》、王筠的《弟子职正音》、桂文灿的《弟子职解诂》等，都是清代中期《弟子职》研究中较有特色的著作。值得一提的是，由于《弟子职》的特殊性质，即教育及规范弟子的学习行为，故学者在研究过程中比较重视义理的阐发，对研究的通俗性有较为普遍的自律。除《弟子职》外，王绍兰的《管子地员篇注》、马国翰的《管子内业》分别针对相应的《管子》篇章做了考据学与文献学等方面的研究，其研究成果受到后世的瞩目。

清代中期的《管子》研究的第三个特点是《管子》研究专书的出现。清初及以前，《管子》校勘工作较为突出，形成了几部较为优秀的校勘著作，但从研究角度讲，这些著作在版本上贡献较大，可以为后世的学者提供较佳的本子，而在训释、义理等方面作用不明显。清代中期，专门于考据的著作有很多部，如洪颐煊《管子义证》、戴望《管子校正》、杨沂孙《管子今编》等。其中，洪颐煊的《管子义证》既有考据学者的风范，又在义理方面有所开拓。洪氏引高邮王氏父子和孙星衍的校释成果来阐说自己的义理，从某种角度讲，这是一种引证心理，即引用名人研究中适合自己判断的部分来提高结论的可信度。洪氏做到了这一点，他在孙星衍门下多年，得其师所校《管子》真传，又与王氏父子交往频繁，获见王氏父子所校《管子杂志》。将两者经典之论引入洪氏之书，无疑增加了洪书的说服力和可信度。另外，洪氏还自下案语一百二十七条，在义理研究上较前人有所突破，不再抱定乾嘉以来的"训诂明则义理明"的态度，而是踏实地进行了义理的说解。再者，由于洪氏所见《管子》版本和研究著作要比前人多，所以在版本对比上和校释结论上有一定优势，这充分显示了研究的时代进步和自身学术能力的提高。

戴望，清代《管子》研究的杰出者，著成《管子校正》一书，集前人研究之大成，垂后世之典范。戴望一生非常短暂，英年早逝，而《管子校正》的撰写占用了他一生的大部分时间。该书在文献方面（如版本、校勘、辨伪）和训诂方面（如字词释义、语法应用、章句义理）乃至文化方面（如名物制度）等都有很好的说解。而且戴望的《管子》研究重视版本的对比和类书的引证，博采前人的研究成果，匡正旧注旧校之误，说解章句之旨，具有鲜明的特色。另外，戴望的研究是在考据学进入僵化的时期完成的，因此他的研究具有考据学的特征而又在此基础上有新的突破，如在版本对比上的重视和章句义理的凸显上都表现出区别于考据的新特征。可见，戴望的研究在《管子》研究史上乃至清代学术研究史上处于变革的关键时期，具有新旧学术交替的内容。正因为如此，戴望的《管子校正》既具有了旧有考据学的优势，又进行了新学术理念的探索，使其成为一座学术的丰碑。

总之，清代中期的《管子》义理研究是以考据为核心的字词义的烦琐考证，以考据而代替义理的说解，通过考据而明晓义理，甚至走向僵化烦琐的训诂考释而不涉义理。中后期俞樾、戴望等学者虽为考据学者，但已经率先从僵化的考据中清醒过来，不作烦琐的考证，言简而义约，同时注重义理的说解，既有对字词义的校释，又兼顾章句大义的说解。因此，他们的研究是对考据学的革新。

三 清末以西学而扬义理

清朝末期，社会变革剧烈，阶级矛盾和民族矛盾尖锐，内忧外患，清政府对学术的压制已经失效，清末学者重拾清初顾炎武等人倡导的"学以致用"，宣扬宋学，实际是试图摆脱清中期以来束缚思想、腐蚀人心的社会制度。另外，西方列强的坚船利炮打开了中国的国门，学者发现在西方强大的武力背后是西学，因而西学的接受成为这一时期较为流行的学术思想。一些学者宣扬西学，翻译大量西方书籍，为西学进入中国做了很多的努力。受西方的影响，清末学者在研究传统学术时会自然地用新思想、新方法、新思维、新角度去看问题，得出一些有别于旧学的结论。

《管子》义理的研究在清末受到了重视，主要是因为《管子》的内容较符合当时的社会诉求：一是随着经学研究的没落，诸子研究兴起，《管子》义理有可研究之处；二是《管子》中有政治、经济、法律、教育等多方面的内容，与当时的社会所缺暗合；三是《管子》的内容有与西学一致的地方，可与西学相砥砺；四是清政府的腐败无能也需要有一定的政治等策略治国，而《管子》的内容恰好为社会提供了方略，为学者经世致用提供了理论依据。如郭嵩焘的《读管札记》、李宝淦的《管子文粹》、刘师培的《管子斠补》、梁启超的《管子传》等都通过《管子》义理的解说而教育和勉励时学和后人学习对社会有用的理论及实用策略，积极入世，成就功业。

郭嵩焘，曾任清政府驻英法公使，对西方的政教制度极为赞扬，著《使西纪程》，记其出使西方时所见所闻，回国后极力宣扬西学，并试图出版其著述，但遭到顽固派的诋毁，抑郁而终。郭氏有《读管札记》，以札记体的形式记载了他与儿子耘桂的读管心得，内容引、校、注、释，体例不一，但以宣扬《管子》义理为主。如对《枢言》"故先王不以一过二"的说解则全为义理："有国者之相与爱憎而已矣，其极利害而已矣。利害者，显迹也；爱憎者，隐情也。用其爱憎而利害不及，则人得而窥其情。一龙一蛇，一日五化，其用无穷而不见其迹。二者，利害之显见也；一者，爱憎之隐含者也。内与外常相应也，而显见者之二欲窥得其隐含者之一而亦不可得也。故曰不以一过二，此所谓阴谋也，霸者之术也。"① 郭氏说明了这样一个道理，先王从来不会以少喻多，使臣下受到惊吓，也不会将爱憎表露得十分明显，而是将其隐含在利害之中，以利害来制约臣下，尽量避免出现失周失当之处，这样才算是霸术。可见，郭氏通过对《管子》义理的说解来表达了他个人一些对君主政体的理解，而这些理解或多或少带有西学的影响。可惜的是，他的一生极其

① 郭嵩焘：《读管札记》，《文哲季刊》1930年第1卷第2期，第453页。

坎坷，留给后人的著述实在是太少了。

梁启超，清末变法维新的干将，既有传统学术的根基，又得西方近代学术的浸染，因而在学术研究上有其独特之处。有《管子评传》一书，主要阐述了管仲的法治主义和经济政策，以西学思想释《管子》。梁氏的研究具有鲜明的时代特色，既符合清末的社会现实，又是学术思潮变迁下的产物，也是自身学术特长的反映。在他的研究中，梁氏十分强调管子的法治主义和经济政策，并以西方近代学术理论来进行评说，可以说从学术视角和学术理论在当时的社会中都是比较新颖的，这是其一。其二，他一直坚持从《管子》出发来研究管仲，不论是对管仲本人的评价，还是对其思想政治策略的评说，都以《管子》为依据，这在前人对管仲的评价中还是不多见的，也体现了梁氏管子研究的特色。其三，他把管仲的思想同西方近代社会制度进行了对比，对管仲在两千年前就施行的政治经济策略十分欣赏，并给以极高的评价，体现了梁氏对管仲思想的价值认同。正因为如此，梁氏的管子研究对后人产生了深远的影响，一是开启了关于《管子》真伪的大讨论，二是开启了管子义理研究的新时代，三是提升了管仲的形象。总的来说，梁氏的管子研究是学术思潮巨变之际的新事物，在《管子》义理研究上向前走了一步，为《管子》义理研究现当代时期全面暴发的先锋。

总之，清末之《管子》义理研究是时代感召下的产物，是学者在社会变革与学术维新基础之上对《管子》思想的新认识。它在一定程度上结束了延续整个有清时期的《管子》考据风气，转而以"经世致用"为旗帜建立中西学术交融下新的思想体系，而且为现当代《管子》研究开辟了道路。

第二节　方苞与《管子》义理研究

方苞（1668—1749），字凤九，号灵皋，又号望溪。安徽桐城人，清代散文家，是桐城派散文的创始人，与姚鼐、刘大櫆合称桐城三祖。其对《管子》的研究主要有《删定管子》一卷，集于《抗希堂十六种》之中，有乾隆十一年（1746）刊本。正如前面所述，郭本《管子集注》及严灵峰《知见书目》对该书的评价不高，大致认为其以意删节，仍是明末理学之遗风，毫无价值可言。这样的评价虽然有一定的道理，但也有失偏颇。作为明清之际的学者，方苞带有彼时的学风无可厚非，而以此风格来进行研究也不应贬斥。我们更应该看著作本身给我们提供的信息是否有价值，如果有，那就可以承认著作存在的必要性。下面就以个人的理解，对方苞的管子义理研究加以评述。

一　方苞《删定管子》的撰写原因

方苞《删定管子》与《删定荀子》合刻在一起，分为上下两册，前者占上册及下册大半，后者只占小半册，为《抗希堂十六种》之一。关于撰写管子删定本的原因，方氏在两个地方有叙述，兹引如下：

> 自周以前，上明其道而下守之，以为学舍。故府之礼籍、史臣之记载、太师所陈之风谣，无家自为书者。周衰道散，然后诸子各以其学鸣。惟荀氏之书，略述先王之礼教；管氏之书，掇拾近古之政法。虽不偏不该，以视诸子之背而驰者，则有间矣。而其义之驳，辞之蔓，学者病焉。切而究之，荀氏之疵累，乃其书所自具；而管氏则众法家所附缀而成，且杂以道家之说、齐东野人之语，此则就其辞气可识别者也。余少时尝妄为删定，兹复审详。凡辞之繁而塞、诡而俚者悉去之，而义之大驳者则存而不削。盖使学者知二子之智，乃以此自瑕，而为知道者所深摈，亦所以正其趋向也。管氏之书，其本真盖无几，以其学既离道而趋于术，则凡近似而有所开阐者，皆得以类相从，而无眼深辨焉耳。①
>
> 管之用礼也，体式之繁重，一变而为径捷焉。气象之宽平，一变而为严急焉。非故欲为此也，势也。盖周公之时，四海一家，制礼于治定功成之后，故纪纲民物可一循其自然之节，以俟其迟久而成。管子承乱，用区区之齐，将以合势之散，正时之倾，非及其身不能用也，非及其君之身不能用也。而岂可俟哉？惟欲速而苦其难

---

① 方苞：《删定荀子管子序》，《方苞集》，上海古籍出版社 1983 年版，第 86 页。

成。故其行之也，亦不得不严且急焉，是管子之不得已也。然周官之作，依乎天理，以尽万物之性。而管子之整齐其民也，则将时用以取所求，是则其根源之异也。而读其书尚知令行禁胜之必本于君身，聪明思虑当付之众人，而不自用，则又非诸法家之所能及矣夫！①

　　这两段对于《删定管子》的撰写有一个共性的删节原因，即"辞气"，《删定荀子管子序》谈到凡辞气不通的皆属于删去之列，《读管子》说管子之礼由宽平而为严急，一是说其礼的变化，也是说其文义乃至辞气的变化，因此，合而言之，辞气通而表达严急之义的，方氏认为乃是管子的原文原意，是其本真；此外则是后人赘加之语，失却管子本意矣。

　　方苞乃桐城派文学之代表，其为文辞之义把握有独到之处，故其对《管子》的辞气变化有一定的感受，并以此作为删定《管子》的依据。当然，辞气不论解释为口气、言辞，还是辞采、文章风格，它都是与说话人或者写作人的个人修养和用辞习惯分不开的。方氏以此作为推断《管子》中管仲所作的内容是有一定的道理的。郭沫若认为方苞"犹承明人习气，任意删节"，说的也是客观事实，但从方苞删节的内容来看，所删之处不多，还不构成对原文内容的歪曲，故郭氏之评稍有过贬之嫌。倒是他说方苞"间亦有所说解"是比较客观的，综观方氏全书，确为方氏所注之辞非常少，偶尔有三两言，可见方氏删节之目的并不为注书，而是试图以辞气依据复《管子》之旧。

　　除删节之外，方苞作此书的另一个原因就是存《管子》之思想。同《荀子》一样，《管子》存有大量近古的政法思想，而同其他诸子相比，在存古方面有一定的价值。虽然《荀子》"疵累"、《管子》"杂缀"，但方氏认为如果摈去二书累缀之部分，可还二书之旧、二子之智。对于《管子》删节之作，方氏还进一步阐述其撰述之旨。他认为，管子执政于区区之齐，欲用礼于齐，然齐距周公德治礼兴时代久远，乱象纵横，管子面临这样的政治环境，欲速成德化流行，只有走快捷方式，在常人看来，则是背离道的根本而趋于术。方苞理解了管仲面对纷扰杂乱之世而

　　①　方苞：《读管子》，《方苞集》，上海古籍出版社 1983 年版，第 37—38 页。

欲达礼的苦衷，亦观《管子》因后人之滋蔓而本真难明的现实，故撰述删节之作，以还原管氏之思想。

二 方苞《删定管子》的义理研究

方苞删节《管子》，乃为辞气而作，辞气颇多含义，方氏所言，乃指文章风格。作为一个文学家，对文章风格比较熟悉是自然的事情，凭依辞气而删节《管子》是符合情理的。那么，通观《删定管子》一书，方氏所做的工作主要有以下几个方面。

（一）依原作内容取舍而明义理

既然为"删定管子"，必定要对原文的内容作取舍，而且取舍工作本身也反映了方苞对《管子》思想本真的认定。方氏舍去之文，即其所谓非管仲之旧，而是后学依管子之说而附益之文，从辞气角度说，乃不合原文语言风格之处。例如《形势第二》：

> 山高而不崩，则祈羊至矣。渊深而不涸，则沈玉极矣。（天不变其常，地不易其则，春秋冬夏不更其节，古今一也。）蛟龙得水而神可立也，虎豹讬幽而威可载也，风雨无乡而怨怒不及也。（贵有以行令，贱有以忘卑，寿夭贫富无徒归也。）衔命者，君之尊也，受辞者，名之运也。上无事则民自试，抱蜀不言而庙堂既修。（鸿鹄锵锵，唯民歌之。济济多士，殷民化之。纣之失也，飞蓬之问，不在所宾；燕雀之集，道行不顾。牺牷圭璧不足以飨鬼神，主功有素，宝币奚为！）羿之道非射也，造父之术非驭也，奚仲之巧非斲削也。召远者使无为焉，亲近者言无事焉，唯夜行者独有也。①

上引文括号中文字为方苞《删定管子》中删去的部分。"沈玉极矣"下删语句笔者以为有两个方面的原因：一是从文义上说，后面一句明显理

---

① 见方苞《删定管子》，《抗希堂十六种》本，清乾隆间刻本。以下引例皆来此本，不再出注。

解上极其容易，而且有解释前一句的作用在里边，所以看起来是后学所加；二是从语言结构上说，被删的语句语言风格与前后语句有明显的不同。因此，方氏将此句删去是有一定的道理的。"怨怒不及也"下删语句亦见于《淮南子·俶真训》，该篇云："夫道有经纪条贯，得一之道，连千枝万叶。是故贵有以行令，贱有以忘卑，贫有以乐业，困有以处危。"① 文字虽稍有不同，但义相近。见于他书之辞，也是方氏删节的理由吧。"庙堂既修"下删语句笔者以为原因有二：一是被删语句多为四字句，从语句结构上来说与前后语句有明显的不同；二是有的学者认为此语句应为逸诗，颇有道理，因为从语言风格上确实近似《诗经》中的文句。②

　　我们对方苞删节的正确与否暂且不论，他的删节意图是为保存管仲的思想，这样的目的还是无可厚非的。方氏并且大致指出了他的删节原则，第一就是以"辞气"为要，即不合《管子》文章风格的语句乃删节之首要；第二是他书与《管子》引文近似且不能证明二书孰先孰后的，也加入删节之列；第三是语句的语言形式明显与前后文不一致的，也成为怀疑的目标而一并删节。虽然这样的工作不免被人认为"以意删之"，但方氏于清代之初就看到了《管子》内容的庞杂而真伪并存的局面，并试图复《管子》之旧，所作的努力也是令人敬佩的。

（二）依原作语句的注释而说义理

　　除删节之外，方苞所做的另一个比较显著的工作就是对原作的注释。方苞之注并没有后来考据学者的穷究之风，也不像明清《管子》注释者专注于字词考证，也没有后学得利于版本的比勘，而是纯以义理阐述为注释，注重语句段的整体含义，可以说方氏是清代《管子》义理研究之先锋。

　　方氏是以案语的形式进行说解的。通观整个《删定管子》，方氏所作的案语零星可见，故笔者认为方氏的撰述重删而不重注。方氏之义理研究可以说是处于一种漫不经心的状态下，也可以认为是义理研究明代学风的延续，还可以认为是清初经世致用之作。列三例如下：

---

① 何宁：《淮南子集释》，中华书局 1998 年版，第 107 页。
② 参见逯钦立《先秦汉魏晋南北朝诗》先秦诗卷六，中华书局 1988 年版，第 69 页。

《四时第四十》："风生木与骨，其德喜嬴而发出节时。其事号令，修除神位，谨祷樊梗。"方苞于"其德喜嬴而发出节时"和"其事号令修除神位"下各有一条案语，前者云："'其德喜嬴'句，'而发出节时'句。其德谓人之体天时而为德者。春德虽喜嬴而发出必以其节与时也。"后者云："其事号令总贯下文。'修除神位'为句。"

《小匡第二十》："以鲁为主，反其侵地常、潜，使海于有蔽，渠弥于有渚，纲山于有牢。"苞案："凡屯兵必依山阻海，然后敌不能测而有险可凭。齐地环山负海，鲁卫燕则不能皆有山海也。使于有蔽之地遮列之即以是为海，于有渚之地疏辟之即以是为渠弥，于可牢牧之地环禁之即以是为山，以待齐师之至而屯牧焉。有蔽者，或地势阻隩或林木丛深也。曰海于有蔽，周人之文简奥而意无不达。纲山谓引绳而遮列之也。"

《形势第二》"抱蜀不言而庙堂既修"句，方氏案曰："上不侵其事，则人臣得自试其才。'蜀'当作'独'，犹《老子》所谓抱一也。'抱独不言而庙堂既修'犹言笃恭而天下平。"

上三例只是方苞《管子》义理说解的部分，但基本上代表了方氏义理研究内容的主要方面。概括起来，方氏义理说解主要有以下几点：一是对语句意义的整体解释，包括语句的表面含义及其背后的隐含义，如上举《小匡》之例便是。二是说明句读，实际上，句读正确与否是影响语句理解的最根本因素，故有"句读之不明"，则"惑之不解"。方氏以断句为义理说解之关键，甚至只辨句读而不说义理，都是可取的。三是为说义理而稍作校勘训诂之事。如第三例"蜀"当作"独"即是。方氏的校勘训诂也无后学考据之烦琐，只明义而已，时或有一例证，时或无，全凭随性，毫无定制，可见考据也不是方氏关注之重点，而是释义之点缀罢了。

（三）引用前人的注解而显义理

方苞《删定管子》的另一个表现是适当地引用前人对《管子》所做的研究。隋唐至明代，《管子》的校勘训诂工作已颇有成效，从唐代魏征、尹知章到明刘绩、赵用贤、朱长春，《管子》研究，特别是在注释、版本、校勘等方面有较大的进步,留下了很多成果。方苞入清而作《删定管子》,对明代及以前的研究成果不会忽视,或在删节时参考了其他学者的解释,或在注释时引用了前人的注解。前者由于资料所限已无从查考,后者进入方氏之作,历历于目,可资此说。

在《删定管子》中,方氏似乎对尹知章注及刘绩的补注情有独钟。方氏引用尹《注》时不作说明,直接以小字双行接原文,这也可能是明清时期《管子》注释的惯例。方氏在引用刘注时用"绩案"标出,说明此乃刘绩之说。各举一例如下:

《牧民第一》"上服度则六亲固",方氏引尹《注》曰:"服,行也。上行礼度则六亲各得其所,故恩义固结。六亲,谓父母、兄弟、妻子。"

《小称第三十二》"圣人得利而托焉,故民重而名遂。我亦托焉,圣人托可好,我托可恶,以求美名,又可得乎?"方氏引刘绩补注云:"别本注:圣人讬之而行善,故可好;我讬之所行皆可恶,又安能美名招徕乎?"并又下己之案语曰:"气与目能感人,故于身为利;犹位与势能动人,于治人为利也。圣人得位势之利而讬之以为善,世主讬焉则以为恶主,故曰我也。"

总之,方苞的训诂内容以凸显《管子》义理为首要。无论是删减之文、自注之文,还是引用他注之文,无不为此目的而安排与组织著作内容。虽然方氏的注释工作并不是他《删定管子》这一著作的主要研究行为,但他的注释也恰当地弥补了他以删节为主的研究工作形成的空缺感。再者,作为一部清初的研究著作,带有明人的习气是难免的,这也可以说明明代《管子》的研究工作,尤其是在义理方面有相当高的价值,致使清初之际的义理研究难有超越之处而转为守成或无为。另外,清初的学术活动处于新旧交替之际,明末空谈心性之学渐落,清初新兴考据之学尚未成气候,可见,在这个学术断档期,方苞能撰写出一部《删定管子》这样的作品来,也是作了很多努力的。

三　方苞《删定管子》的价值

受郭沫若先生评价的影响，《删定管子》民国以后在学界没有引起太多的反响。如果客观地审视方苞的《删定管子》，笔者以为还是有一定的价值的。

（一）《管子》辨伪的一种积极尝试

方氏删节《管子》，是经过其少时的"删定"，中年的"审详"，也就是说方苞对待删节《管子》行为的态度是非常谨慎的，至少经过了长期的思索才确定所删节的内容。① 因此从学术研究的周期上说，方苞的删节工作是比较严谨的。另外，他删节《管子》内容的依据是"辞气"，实际上就是著作的语言风格。一个时代有一个时代的语言特征，前代的语言不可能出现后代的特征。而作为一个文学家，方苞十分注重文章的"义"与"法"，所谓"义"，即指言之有物，也就是说文章要有思想内容；所谓"法"，即指章法，也就是说文章的语言形式技巧。可见，以语言形式与技巧为主的语言风格是判断著作所处时代的极佳依据。

另外，方氏又有"雅洁"之说，是他"义法"理论的重要补充。"雅洁"说重点是在文章风格上的体现和要求，更接近于文章语言层面的主张。方氏十分推崇上古时代的文章，喜欢其文字简约的风格，尤其是《周官》、《诗经》、《春秋》等，他认为"使以晚周秦汉人籍之，则倍其文尚不足以详其事，经则略举互备，括尽而无遗，是之谓圣人之文也"②。他甚至认为，《易》、《诗》、《春秋》及四书，一字不可增减，是文章的最高境界。至于《左传》、《史记》等，降而次之。"其余诸家，虽举世传诵之文，义枝辞冗者，或不免矣。"③ 可见，在方氏眼中，符合"雅洁"标准的文献并不多，多数文献"义枝辞冗"，多有可删节之处。因

---

① 据苏惇元《清方望溪先生苞年谱》记载，方苞写《删定荀子管子叙》于 69 岁，时已多病，仍参与《永乐大典》的编修工作。苏惇元：《清方望溪先生苞年谱》，台湾商务印书馆 1981 年版，第 91—98 页。

② 方苞：《方苞集》，上海古籍出版社 1983 年版，第 23 页。

③ 同上书，第 616 页。

此，方氏对于《管子》的删定是有思想基础的。

方氏于清初对《管子》的删节工作的主要目的是试图清除混迹于《管子》文献中的非管仲思想的语言。这种工作实际上是古籍辨伪的一种早期尝试。中国典籍流传既久，除自然因素损毁外，人为的损毁与作伪也不可忽视。后人辨伪，一般有两方面工作，一是对典籍的外部形态辨伪，如文献名称、作者、撰写年代、款识形制等的断定；一是对典籍内容的辨伪。明朝胡应麟有《四部正讹》一书，对秦汉古籍进行辨伪研究，认为几近十分之七的古籍存在作伪现象，可见古籍作伪存在普遍性。对此，方苞以《管子》为研究对象，以"义"、"法"为理论依据，开始了他的辨伪工作。从年少时开始，此项工作一直持续到他六十多岁，即《删定荀子管子叙》完成之时。用这么长的时间来完成这样一个工作，我们可以想见方氏为此付出的努力，也能够判断这部书应有的价值。

以辞气作为辨伪的依据要求辨伪者要有极强的语言经验和丰富的语料占有。作为开创桐城派文学的一代宗师，方苞在语言经验和文学体验方面可谓功夫极高，并且在文献阅读上也很广博。具备这样的条件，再以辞气来删节《管子》，耗时四五十年，这样的研究工作笔者以为是可信服的，这样的辨伪工作至少是一次可敬的尝试。

(二)《管子》义理的一种适度主张

无论是"义法"理论还是"雅洁"说，方苞对义理的发扬是非常重视的。"义法"之"义"乃取法于文章的思想内容，"雅洁"之"雅"乃文章风格之体现，亦包含义理的内容。因此，"义法"与"雅洁"不仅是方苞对文章语言形式的判断标准，更是他对文章思想内容（即义理）的经验之谈。方苞曾谈及古文的根源及义理的标准，"盖古文所从来远矣，六经、《语》、《孟》，其根源也"①。可见，他心目中古文的源头，是以六经、《论语》、《孟子》为代表的一批文献，他们共同的特点是在义理方面的醇正性及思想导向性。可见，义理的判定更是方苞文献研究的重要内容。

方苞的义理宣扬不是空穴来风，是和当时清初的学术潮流和社会意

---

① 方苞：《方苞集》，上海古籍出版社 1983 年版，第 613 页。

识形态相一致的。清初从统治者到学术界都一反宋明理学空谈之风，提倡"清真雅正"之文风，当时的科举考试就倡导清真古雅。方苞曾说，"世宗宪皇帝特颁圣训，诱迪士子：制艺以清真古雅为宗。我皇上引而伸之，谆谕文以载道，与政治相通，务质实而言必有物"①。这里提到的"制艺"是当时科举的主流文体，清初提倡的"清真古雅"必然是引起了社会上强烈的反响。"清真古雅"、"文以载道"，亦即后面提到的文章务质实而言必有物，这正是方苞提出"义法"理论的主要依据。因此，社会学风的转变是方苞学术理论提出的基础。另外，方苞曾受敕编订四书文，他制订的选编标准就是以"发明义理"、"清真古雅"、"言必有物"为根本标准的，目的是正学者之学术风气。

受其义理之说的影响，方苞于删节《管子》工作中必然强化义理的体现。方苞所删《管子》文字，虽然于义无所大碍，但除去了不合管仲义理者与不合《管子》辞气者，颇合其"雅洁"之道。方苞有《读管子自记后》一文，他说："余初至京师，见言古文者多称钱牧斋。偶言其体伪杂，屺瞻曰：'牧斋后更无可者矣，并世诸公俱所深诋。'兹评盖微词也。屺瞻好面诘人过，朋游多苦之；而余独喜闻其言，可用以检身。因时置鄙言于宿松朱字绿所，使背面发其瑕疵。此篇乃字绿传致者，其少可而多否，亦甚有益于著文者，故述而志之，以示如斯人正未可多得也。"② 此文提及三人：钱牧斋（字谦益）、沈屺瞻（字树奇）、朱书（字字绿），皆为方苞同时代人，其中朱字绿为方苞挚友。此文是《读管子》的一篇自记，表面上同《读管子》没什么关系，但我们从字里行间感觉到方氏对钱谦益及沈屺瞻多灼见持赞赏的态度，记二者之言以遗后世学者。

总之，如果以客观公允的态度审视方苞的《删定管子》，至少在辨伪和义理方面有一定的价值。方苞以"义法"、"雅洁"理论为依据，通过辞气对《管子》进行辨伪，通过删节使《管子》义理进一步凸显，表现出一位明末清初学者在学术风气转变之际应有的学术意识，并且这样的成果也颇符合清初"学以致用"、崇尚清雅本真的思潮，是清初《管子》

---

① 方苞：《方苞集》，上海古籍出版社 1983 年版，第 775 页。
② 方苞：《方望溪遗集》，黄山书社 1990 年版，第 5 页。

义理研究的典型代表。

第三节　洪颐煊与《管子》义理研究

在众多乾嘉学者中，洪颐煊是一位比较专一于考据学的学者。洪颐煊（1765—1837），字旌贤，号筠轩，晚号倦舫老人，浙江临海人。与兄坤煊、弟震煊，时有"三洪"之称。曾就学于著名学者阮元门下之诂经精舍，师从王昶、孙星衍。做过直隶州州判、广东罗定州州判等官职，但不谙政事，后归乡专事于读书著述。一生著述颇丰，内容广涉经、史、子、集，其中考据之作占三分之二左右。著有《筠轩诗文钞》、《台州札记》、《倦舫书目》、《经典集林》、《读书丛录》、《管子义证》、《诸史考异》、《汉志水道疏证》、《孔子三庙记注》等二十余种，一百六十余卷，《清史稿》有传。

作为比王氏父子和孙星衍稍晚的训诂大家，洪颐煊完全继承了乾嘉考据学的衣钵，并在诸子研究中有所发展。在《管子》研究方面，洪颐煊的主要成果是《管子义证》八卷。据洪颐煊在该书的序中介绍，《管子义证》主要是集合了孙星衍和王念孙的《管子》研究成果，再加上自己的研究心得而成。该书集中体现了清初以王氏父子和孙星衍为主的乾嘉学者对《管子》的训诂考据成果。然直至目前，学者对王氏父子等学者的《管子》研究有过总结，对洪颐煊的《管子》研究成果却研究甚少，实为学界之憾。

一　洪氏对他人《管子》义理研究的引用

洪氏《管子义证》除了自己的案语之外，大量引用了王念孙、孙星衍的校勘成果。洪颐煊于诂经精舍受业于孙星衍，此后又入山东德州孙星衍平津馆续其学业，并作为孙氏的助手参与了孙氏的大量研究工作。如为孙氏编纂了《孙氏书目》等。这期间，洪颐煊编撰了《管子义证》，他在序言中详细阐述了成书过程："岁己巳，颐煊在德州使署，孙渊如观察师以所校《管子》属颐煊审定。会王怀祖观察暨令嗣伯申学士又以校本见遗，于是删其重复，附以鄙说，成《管子义证》八卷。"① 就其成书形式来看，多使用"星衍案"、"念孙案"、"引之案"等案语，可见其书在形成时对王氏父子和孙氏《管子》研究成果的重视。那么，是否除了删其重复一类的编辑工作之外，洪颐煊在引用王、孙之说时有没有其他取舍原则呢？由于孙氏《管子》研究资料缺乏，笔者主要是用王念孙《管子杂志》与《管子义证》进行了对比。笔者认为，对于引用二王及孙氏之说，洪氏还是谨慎小心的，大致有以下几个原则。

首先，洪氏的引用以文字训诂为中心。洪颐煊在引用王、孙之说时，以文字训诂为根本，即注重小学的内容。如在对《七臣七主第五十二》"伤伐五谷"的训释中，洪颐煊引用了王念孙对"五谷"的校勘："'五谷'当为'五藏'，《禁藏》篇云'冬收五藏'是也。今作'五谷'者，因与注文相涉而误。注言'五谷之藏'，是解'五藏'，非解'五谷'也。《续汉书·五行志注》引此正作'伤伐五藏'。"（卷六，第546页）② 以上为字误，后代学者多用几个版本参校，容易得出正确结论。黎翔凤所撰《管子校注》此条注解便不存在，乃直接使用了"伤伐五藏"的缘故。再如在对《霸言第二十三》"方而不最"的训释中，洪颐煊引用了孙星衍的解释："方，大也。最，聚也。言心大而不知聚，故下文'夫先王之争天下也以方心，其立之也以整齐'，'整齐'即聚之谓。尹《注》非。"（卷三，第529页）以上为文字训诂，孙氏的说解当然受到了洪颐煊的赞同。虽然后代学者并不认可这样的解释，如黎翔凤就引用《广雅·释诂》认为"方"是"正"的意思，引用《说文》认为"最"是"犯而取"之意，与孙氏及洪氏分别解释为"大"、"聚"大不相同。③ 总之，洪颐煊对王、孙《管子》研究成果的引用在文字上是多方面的，如字音、字形、字义、衍文、脱文、讹文、倒文等，文字训诂校勘方面的内容，几乎都注意到了。

---

① 洪颐煊：《序》，《管子义证》，《续修四库全书》子部法家类第970册，上海古籍出版社2002年版，第511页。

② 洪颐煊：《管子义证》，《续修四库全书》子部法家类第970册，上海古籍出版社2002年版，第546页。下面所引《管子义证》之文均来自该书，前面为该例所在卷数，后为所在页码。不再出脚注。

③ 黎翔凤：《管子校注》，中华书局2004年版，第477页。

其次，洪氏的引用以版本和群书为依据。洪颐煊在引用王、孙之说时，也注意了二人在版本方面的成果和群书引文的不同。《管子》流传到清代，其版本比较多，而且多出现在宋代及明代，比较重要的有杨忱本、赵用贤本、朱东光本、刘绩本等。不同版本之间各有异同，难分优劣。后人在校勘时就比较重视版本间的差别，择优选用。王氏父子和孙星衍在进行《管子》研究时虽然也注意到了这一点，并在其学术论述中多所体现，但对此并不重视。洪颐煊在引用上述成果时仅见一条，在对《中匡第十九》"管仲诎缨插衽"一句孙星衍的案语是："宋本'插'作'捷'，《太平御览》六百八十六引作'捷衽'，'捷'即'揲'字之讹。"（卷三，第526页）另外，乾嘉学者在对《管子》进行校释时也对他书所引《管子》原文比较留意，王氏父子对此有所觉察，孙氏对此则更为留心，翻看《管子义证》所引用的孙氏案语，大部分为孙氏对一些类书所引《管子》的陈述。如在对《五行第四十一》"衍组甲厉兵"一句进行解释时，引用了孙星衍的案语："《北堂书钞》五十一引作'合组甲厉士众'，《艺文类聚》四十七、《太平御览》二百九又二百九十七引作'全组甲厉士众'，'全'即'合'字之讹。"（卷五，第541页）孙氏虽未对这些类书的引文作任何评价，但对后世《管子》的研究大有裨益。

再次，洪氏的引用以简明扼要为形式。洪颐煊对王、孙之说并不是一字不遗地全部引用，而是只抓住关键的内容来引用。如在对待《形势第二》的"抱蜀不言而庙堂既修"一节的训释时，洪颐煊只引用了王氏《管子杂志》的核心部分："刘（笔者案：在《管子杂志》中，此处所引为朱东光说。《管子义证》改为刘绩说，未知何据。）以蜀为器之误，是也。后《形势解》作'蜀'，亦误。'修'当为'循'，亦字之误也。（笔者案：《管子杂志》此处有小字注释，详解'修'、'循'易混之事）事、试为韵，循、言为韵。循，顺也，从也。言人君抱器不言，而庙堂之中已顺从也。"（卷一，第513页）洪氏对王氏念孙的引用到此为止，并删减了王氏"修"、"循"易相混的说解部分。而王念孙的《管子杂志》更列举了《管子》本书及《韩非子》等其他大量书证，来说明"修"乃"循"之误。可见，洪氏的引用是对王氏烦琐考证的简化，力求简明扼要地反映被引用者的观点，也反映了洪氏在对待引用时所持的态度，那就是简约，落实在纸面上就是简明扼要的注疏形式。

最后，洪氏的引用突出对前人说解的批判。清代以前，《管子》的传刻及注疏主要在唐代以后，但由于只是经学附庸，重视程度明显不够，所以传刻和注疏存在一定的缺陷。在传刻方面，主要出现的是文字问题，如脱文、讹文、倒文、衍文等；在注疏方面，主要存在误注误释现象。洪氏在引用王、孙之说时，也注意了这些问题，前者多在上面提到的文字训诂部分提出，对于后者，也有所涉及。洪氏在引王氏父子的案语时，表现出批尹《注》的特点。如在对《封禅第五十》"百川道"解释时王念孙认为："道犹顺也。《楚语》曰：'违而道，从而逆。'是其证。'百川道'、'年谷熟'、'籴贷贱'三句相对为文。尹《注》非。"（卷六，第544页）在引孙氏的解释时，却表现出对版本误刻误改的纠正。如在对《霸言第二十三》"重宫门之营"训释时孙氏认为"《八观》篇'宫营大而室居小'，此句不误。《群书治要》引作'重宫阙之劳'，是俗人所改。"（卷三，第528页）不仅在引用他人校释时洪氏突出这种批判，而且洪氏本人也是批判的高手，他个人的案语中指出前人的谬误也是时时存在，说详后。

总之，洪颐煊的《管子义证》从表面上看大量引用了王氏父子和孙星衍的《管子》研究成果，但这种引用并不是一味地搬过来，而自然地在选择的过程中带有洪氏的主观色彩。从这些选用思想中，我们也可以大致了解洪氏的学术思想，这些思想也一定是洪氏在《管子》研究上的贡献。

二　洪氏自身《管子》义理研究的表现

我们理清了洪氏在引用王氏父子和孙氏《管子》研究成果之后，更重要的是以洪氏自己的案语为依据，分析其在《管子》研究中的成绩。洪颐煊自出案语共一百二十七条，大多为文字训诂之作，从中可以看出洪氏的研究也不失为乾嘉一派诸子研究的风格，其成就在《管子》研究中具有重要的作用。笔者认真研读了《管子义证》洪氏案语的全部内容，其义理主要表现在以下几个方面。

首先，洪氏在小学方面有突出贡献。基于王氏父子和孙氏在文字考据方面的成就，洪颐煊有了更为突出的表现。传统小学是古代专门研究语言文字的一种学问，包括文字、音韵、训诂。清代乾嘉时代考据学者的治经方法多数都是从文字入手，重视声音训诂，高邮王念孙、王引之父子是这方面的佼佼者。洪颐煊曾为阮元校订《经籍籑诂》，也在平津馆中阅读过许多碑文，在小学方面有深厚的基础，所以在《管子》研究中，将文字训诂作为主要内容是顺理成章的事。

洪颐煊在小学方面主要表现在几个方面。一是认定本字难解而改字，用术语"当作"或"当为"，如《立政第四》"山泽不救于火"案语曰："救当作敬，下文'修火宪敬山泽'其证也。"（卷一，第515页）二是说明通假，用术语"读为"或"通"，如《五辅第十》"慎津梁"案语曰"慎读为顺"。（卷一，第518页）三是提示读音，主要是有异读字时加以提示，用术语"读如"，如《七法第六》"犹倍招而必拘之"的案语曰："招读如《孟子》'又从而招之'之招，赵歧《章句》云：'招胃也。'谓背缚而欲拘之，是难行也。尹《注》非。"（卷一，第516页）四是说明衍文，如《戒第二十六》"是所愿也"案语曰："'也'字衍，当读'是所愿得于君者'为句。"（卷四，第531页）五是说明讹文，如《侈靡第三十五》"苴美于朝市国"案语曰："'苴'是'莫'字之讹，与下文'莫尽如市'文相对，言国中贫而边鄙富，莫美趋于朝以为市于国中；国中富而边鄙贫，莫若尽趋于都鄙之市以益其贫。"（卷四，第535页）六是说明脱文，如《立政第四》"而夫人不敢以燕以飨庙"案语曰："此有脱伪，以《服制》篇证之，'飨'字下当有'公以庙，将军大夫不得以燕，卿以'十三字。"（卷一，第515页）七是解释倒文，如《权修第三》"妇言人事"的案语是"当作妇人言事"。（卷一，第514页）以上是洪氏在进行文字训释时所涉及的内容，可以说有关文字训诂校勘的领域基本上都涵盖了，这既承接了乾嘉学派考据之功夫，又给后代学者以扎实求是的学术启示。

其次，洪氏在义理的阐述方面比前人略有进步。我们知道，乾嘉学者本身不注重义理的阐释，而认为训诂明则义理明。王鸣盛说："经以明道，而求道者不必空执义理以言之也，但当正文字，辨音读，释训诂，通传注，则义理自见，而道在其中矣。"① 因此乾嘉学者大多只为训诂而

---

① 王鸣盛：《序》，《十七史商榷》，上海书店出版社2005年版，第1页。

不顾义理，醉心于音韵文字、训诂考据。实际上，洪颐煊也基本遵从了乾嘉学派的学风，但洪氏比较多地顾及了义理方面的阐释，《管子义证》中多用术语"谓"就是集中的表现。如《霸形第二十二》"纫胸"句洪氏的解释道："《楚辞·离世》篇'情素洁于纫帛'，王逸《章句》云：'纫，结束也。'谓以帛结束其胸而称疾。《左氏·僖二十八年传》'魏犨束胸见使者'即其证。尹《注》非。"（卷三，第 528 页）再如，《八观第十三》"则众有大遗苞矣"洪颐煊案："下文无'大'字，此涉上文而衍。'遗苞'当读作'遗莩'。《公羊·隐八年》'盟于包来'，《左氏》作'浮来'，《汉书·楚元王传》'浮邱伯'，《盐铁论》作'包邱子'。'包'、'孚'古字通用。《孟子》'涂有饿莩'，赵歧曰：'饿死者曰莩。'谓年大凶，则众弃饿死之人于道旁。尹《注》非。"（卷二，第 520 页）洪氏论证"苞"与"莩"的关系非常精到，后来黎翔凤也赞同这一说法，并补充一例："《韩非·外储说右》：'齐大饥，道旁饿死者不可胜数也，父子相牵趋田成氏者不闻不生。故周、秦之民相与歌之曰："讴乎！其已乎！苞乎！其往归田成子乎？"''苞'即'莩'，此确证也，然释《韩非》者均不知之矣。"① 另外，《左传·成公十二年》有"右援枹而鼓"，句中"枹"或作"桴"，可见两者通用，也为洪氏之说增一例证。

再次，洪氏在版本校勘方面有重大成绩。校释所用底本之好坏直接影响到校勘的成败，而《管子》流传的曲折使其出现众多的版本，因此在校释之前就需要对所用底本进行选择。一般来说，由于典籍的传播具有一定的地域性，所以清人在整理文献时并不太注重版本的比对和选择。上面提到的王氏父子和孙氏在这方面的工作比较罕见。洪颐煊所作《管子义证》，虽无法认定其所用的底本，但通过其行文我们还是能够推断出所用版本的概况，也能够得出洪氏在版本校勘方面所作的努力。如在文字训诂中，一些文字在洪氏看来应该是讹文，所以在案语中加以说明，而这种解释并不是凭空产生的，而是依据《管子》他处之文或群书所引作出判断的，因此我们可以看出洪氏在不能拥有不同版本的条件下采用了以引文证原文的办法，取得了很好的效果。如对《立政第四》"不敢服纨"的案语曰："旧校云'一本作丝'，《服制》篇作'不敢服丝元纁'，

---

① 黎翔凤：《管子校注》，中华书局 2004 年版，第 263—264 页。

别本'丝'字是。"（卷一，第515页）洪氏引用旧校，指出"綵"为"丝"字的可能性。之后，黎翔凤在其《管子校注》中引用了洪氏的成说，也有学者根据洪氏的研究而选用更好的版本。

除版本之外，更多的是拿群书所引作旁证，来说明原文的讹误或前人注疏的谬误。孙星衍在引群书时，只和《管子》原文比对，而不下断语。洪颐煊除征引群书外，还以此为证据，求证原文或注疏乃至群书之误。如《小匡第二十》"正卒伍"之案语曰："'正'当作'定'。《汉书·刑法志》引此作'定'。下文'卒伍政定于里，军旅政定于郊，桓公曰：卒伍定矣'，皆作'定'字。"（卷三，第526页）由此我们可以推断，洪氏在《管子》研究中，敢于表达自己的意见，而且多数时候所下的案语是正确的，并被时人及后学所引用。如《地员第五十八》"累然如仆累"的案语曰："《山海经·中山经》'墠渚是多仆累'，郭璞注云：'仆累，蜗牛也。'此上下文'若糠以肥'、'如屑尘厉'、'如粪'、'如鼠肝'，皆举物以喻其土。尹《注》非。"（卷七，第550页）时人王念孙赞同其说："洪说是也。'仆累'即《尔雅》之'蚹蠃'，声相近。"[1] 后人郭沫若《管子集校》中许维遹的案语云："《吴语》：'其民必移，就蒲蠃于东海之滨。'汪远孙谓：'《夏小正》"雉入于淮蜃"，《传》云"蜃者，蒲庐也"。《中山经》："青要之山，南望墠渚，是多仆累蒲庐。"'……案蒲蠃、薄蠃、蒲庐、仆累、蚹蠃、蟆螺，皆声转通用。"[2] 后人黎翔凤于《管子校注》中直接引用洪、王之说，表示赞同。[3] 其实，我们用古代语言中的连绵词理论就可轻松解决此类问题。

最后，洪氏在《管子》辑佚方面有所贡献。读书既多，洪氏自然觉得传世文献由于种种原因导致的残舛讹阙现象，所以当他在平津馆之时阅读了大量的金石碑文，这对他研究传世文献大有裨益，也促成了他在辑佚学方面的成就。洪氏在辑佚学上的贡献集中体现在《经典集林》三十二卷上。这三十二卷除少数几个有前代或同时代的辑本外，多数是洪氏的独有或首创。该书虽然在辑佚方面并不成熟，但至少说明洪氏在辑

① 王念孙：《管子杂志》，《读书杂志》，江苏古籍出版社1985年版，第495页。
② 郭沫若、闻一多、许维遹：《管子集校》，科学出版社1956年版，第950页。
③ 黎翔凤：《管子校注》，中华书局2004年版，第1135页。

佚学方面有所涉猎，并总结了一些经验，如在书的序言中就有对辑佚方法的阐述。

就《管子》的辑佚成就，我们从目前的《管子义证》中没有得到答案，因为现今所见刊刻的八卷本后没有附录洪颐煊在序言中所提到的"逸文"。但我们还是从这段序言中看到了洪氏在《管子》辑佚方面所取得的进步。他说："今本《管子》阙《王言》、《谋失》、《正言》、《言诏》、《修身》、《问霸》、《牧民解》、《问乘马》、《轻重丙》、《轻重庚》，凡十篇。据《文选注》引江邃文释《管子》曰：'夫士怀耿介之心，不荫恶木之枝。恶木之枝尚能耻之，况与恶人同处？'《管子》无此文。李善曰：'今检《管子》，近亡数篇，恐是亡篇之内而邃见之。'《史记·封禅书索隐》云：'今《管子·封禅》篇是也。'尹知章注《封禅》篇云：'元篇亡，今以司马迁《封禅书》所载《管子》之言补之。'则此篇之亡又在司马贞所见本后，故自汉魏以迄隋唐，《管子》著录以《北堂书钞》、《初学记》、《艺文类聚》、《太平御览》诸书所引证之，即是今本，其间有不在今本中者，或在阙篇之中，或是他书引《管子》之言，非复有别本也。余尝谓子书流传，莫先于《管子》，亦莫真于《管子》，其文义奥衍，下士骤不能通，故注家绝少，而残舛亦弥甚。《旧唐书·经籍志》、《新唐书·艺文志》《管子》有尹知章注，今本伪题作房玄龄，训释浅陋，今并为订正，而以逸文附于末，若夫疏通而证明之，则不能无俟于后之君子。"① 这段序说明了以下几个问题：一是《管子》在流传过程中有散逸现象，洪氏认为这只是典籍的阙失，而不是别有所本；二是《管子》的辑佚应当依据史书及类书所引；三是《管子义证》中也对《管子》进行了辑佚并附于书末。

当然，我们从《管子义证》来看洪氏的辑佚成就并不突出，但他的辑佚思想和方法不可避免地影响了他的考据工作，从《管子义证》的群书引证中就能看出这一点。只是现在所见的《管子义证》刊本中没有了洪氏对《管子》的辑佚文，是后人在研究洪氏的辑佚成就时感到遗憾的。

---

① 洪颐煊：《序》，《管子义证》，《续修四库全书》第 970 册，上海古籍出版社 2002 年版，第 511—512 页。

三 洪氏《管子》义理研究的特点

就目前看来,洪颐煊的《管子义证》虽然过多地集合了王氏父子和孙氏的《管子》研究成果,以致被后世学者所轻视而少有学者关注,但我们还是能够通过这本著作读出洪氏在考据学方面的思想和《管子》研究的心得。因此,有必要对洪氏的考据思想加以说明。

洪颐煊从小受家学的影响,熟读经传,后来在阮元的诂经精舍师从于王昶、孙星衍,打下了深厚的经学基础。此后,又对史书和诸子进行了广泛的涉猎,《管子义证》就是这一时期的作品。洪氏生活在乾嘉时期,恪守汉学家法,谙熟考据是必然的。但他和其他乾嘉学者不同的是,乾嘉学的宗旨是以史证经、以子证经,最终目的是经学的张扬,而洪氏恰好相反,是以经证史、以经证子或者三者互证,是以深厚的经学功底来研究史书、诸子,因此思想认识上是有所差别的。不过,考据学的宗旨和方法是重视证据,强调考证,实事求是,这种治学理念是一致的。因此,阮元曾经评价洪颐煊"精研经训,熟习天算,贯串子史"。①

考据学之核心是证据的重视,考证的翔实,所以乾嘉学者多在一字一义上狠下功夫,乃至一字之证数万言,考释之详尽世所少见。然洪氏的考证则多以简约为主,适可而止,这是洪氏考据学在形态上的特点,也是他训诂校释的思想表现。不论是引用王氏父子和孙氏《管子》研究的材料,还是自己的考据结论,多表现为精当而避免烦琐。这种简约学术风格也和乾嘉学派稍有不同,是后世学者学习的典范。

总之,在清代《管子》研究方面,洪颐煊的训诂考据成绩是相当显著的,《管子义证》既继承了乾嘉考据学重视证据、考证翔实的特征,又具有符合时代特色的简约学术风格,避免了乾嘉学派为考据而考据的烦琐风气,成为联系前代及后代《管子》研究者的纽带。

---

① 《洪颐煊传》,《台州府志》卷一〇五,上海书店出版社 2000 年版。

第四节　梁启超与《管子》义理研究

一　梁启超生平简介

梁启超（1873—1929），字卓如，号任公，别号饮冰室主人，广东新会县人，政治家、学者，中国近代史上戊戌变法的领袖人物。

梁启超出身于书香门第，祖父梁维清中过秀才，曾做过县教谕一类的小官。父亲梁宝瑛一生于乡里教授私塾，其"淑身"、"济物"思想对梁启超影响很大。"淑身"即加强自身修养，"济物"即指随所遇以为施，以所遇之事而找到解决之道。母亲赵氏，粗通诗书，有贤孝之行。所以，梁启超的启蒙教育是在祖、父和母亲的教诲下开始的。六岁前就随父读完了中国略史及五经，之后入同乡张乙星私塾读书，打下了旧学的功底。八岁时开始写诗作文，十一岁时到广州应童子试，虽未中，但见识了世面，并见到了张之洞的《书目答问》和《輶轩语》，读之深受启发，不仅开阔了学术视界，更主要的是懂得了做学问之法。十二岁时中秀才，成为梁家光耀门庭之人。

光绪十一年（1885），十三岁的梁启超以秀才的身份来到广州学海堂，开始了为期三年的读书生涯，在这里他接受了系统的汉学训练，奠定了坚实的汉学基础。1890 年前往北京参加会试落第，回来经过上海时见到了上海制造局翻译出版的许多西方著作，眼界大开。同年八月，入康有为兴办的万木草堂读书，接受了康有为改良政治的思想和方法，从此开始了康有为得力助手的生涯，参与了几乎所有的政治活动。在这里，梁启超比较系统地学习了今文经学的知识，并逐渐抛弃了古文经学的说法，成为晚清今文经学的一个杰出代表。另外，他在这里学到了康有为的治学方法，明白治经不在于考证字句，而是在于从中找到"大义"以资于用。因此，万木草堂的学习，不仅开阔了梁启超的视野，而且全面奠定了他的学术研究基础，培养了他从事学术研究的能力。1894 年，康、梁二人离开万木草堂，去北京参加会试。梁启超结束了他的学习生活，从此开始了充满荆棘的政治道路。

　　梁启超入京后，会试落第，就寓居于京师，结交名士。第二年，他再次参加会试，由于《马关条约》的签订，各省学子群情激昂。康有为遂与梁启超一道鼓动各省举人联名上书，提出了拒和、迁都、变法的主张，史称"公车上书"。这场政治运动虽然失败了，但它极大地激发了全国知识分子的爱国热情，提高了他们上书参政议政的意识，开启了近代变法维新的风气。同年六月，二人创办《万国公报》，传播变法维新思想，八月，成立了强学会，十二月，被封禁。之后，梁启超到了上海。光绪二十二年（1896）七月，《时务报》创刊，成为宣传变法维新思想的主阵地。梁启超担任《时务报》主笔，他大力宣传学习西学的重要性，并提出西学中源说，以为"西人今日所讲求之而未得者，而吾圣人于数千年前发之"，①实含有中体西用的思想。可能此时是他中意于为管子作传的内在动因。后来由于和《时务报》总经理汪康年发生矛盾，梁启超愤然辞职，南下湖南长沙主讲时务学堂。在时务学堂的讲学活动中，他极力宣扬今文经学为现实服务，提倡民权、平等与自由，在当时产生了很大的影响。

　　光绪二十四年（1898）春，康、梁再次趁会试之机，联合各地应试举人，开始了新一轮的政治活动，他们上书陈事，天下群起而呼应。四月，光绪颁布明定国是诏，百日维新正式开始。由于朝政大权始终控制在慈禧太后之手，变法犹如昙花一现，八月，政变爆发，光绪被囚，六君子被杀，康、梁被迫逃亡。梁启超逃往日本。

　　旅日期间，梁启超和当地进步人士一道，以《清议报》和《新民丛报》为舆论阵地，宣传西方资产阶级思想，创立新民学说。在新民学说中，梁启超批判了中华民族存在的各种劣根性，如不懂合群之义，不讲公德、私德，缺少国家思想，缺乏进取冒险精神，等等。此其间，他还一度出游美洲和澳大利亚，对资本主义的社会制度有了一定的了解。这扭转了他以前自由共和的西方思想，此后他虽然也赞同西学，但认为中国现有之社会并不是西方思想传入与鼓吹就能立刻转变的，反而会带来各种新式的病痛。但他还是认为民主共和的道路是行不通的，而君主立宪颇符合中国国情，故而他一直坚持立宪政治，这也和孙中山领导的革

---

　　①　梁启超：《西学书目表书序》，《梁启超文集》，北京燕山出版社 2009 年版，第 478 页。

命党人思想不一致，因此他也没有融入民主革命的洪流中来。

民国初年，他结束了长达十四年的海外生涯，回到天津。不久来到北京，成为袁世凯的得力助手，先后任其政府的法律副大臣、司法总长等职。后不赞同袁的复辟行为，公开撰文反对，并辞去职务，回到上海闲居。实际暗中与蔡锷等人一道，组织护国运动，以自己的文字来从思想上寻找民众对护国运动的支持。随着袁世凯取消帝制，护国运动取得了最后的胜利。之后，梁启超不愿再看到官场的争斗，退而专门从事著述。其间曾到欧洲旅行，见识了一战之后欧洲的破败和社会的退化，也明白了西方文明的另一方面，即过分注重物质利益而忽视了精神追求。欧洲之行让梁启超重拾了对中国前途和命运的信心，于是回国后一心从事学术研究和教育事业，基本脱离了政治活动。由于积劳成疾，梁启超于 1929 年 1 月 29 日病逝于北京协和医院，享年五十七岁。

梁启超在晚年从事学术著述，在清华学校讲学，著述涉及文、史、哲、经各领域，多有远见卓识，堪称中国文化的大师级人物。梁启超一生勤奋，著述宏富，在将近三十六年而政治活动又占去大量时间的情况下，每年平均写作达 39 万字之多，各种著述达 1400 多万字。著有《清代学术概论》、《墨子学案》、《中国历史研究法》、《中国近三百年学术史》、《情圣杜甫》、《屈原研究》、《先秦政治思想史》、《中国文化史》、《变法通议》等。他有多种作品集行世，以 1936 年 9 月 11 日出版的《饮冰室合集》较完备，计一百四十八卷，1000 余万字。

二　梁启超的《管子》义理研究

梁启超对《管子》的研究，主要集中在辛亥革命前夕，此时正是变法维新的主要阶段。他以今文经学的宗旨为指导思想，通过对中西方制度等方面的对比，试图找到解决中国命运的一剂良方。《管子》是礼法并重、制度以刚柔相济为要，故而十分符合梁启超的初衷，对《管子》的研究就是在此时进行的。

1903 年，梁启超与汤学智合撰的《管子传》，发表于《新民丛报》。此后，梁氏又在《开明专制论》、《中国法理学发达史论》等文中进一步塑造管子形象，称其为"开明专制"的典范与"法治主义"的先祖。

1909 年，梁氏写成《管子传》（亦名为《管子评传》）一书，共 13 章，6 万余言。该书从管子出身及时代背景谈起，全面评价了管子的一生，对管子的功绩及建功立业的条件有所分析，并重点分析了管子的法治主义与经济政策，同时将其与近代资本主义的相应社会制度作对比，彰显管子思想的优越性。总之，这本传记不仅仅是管子的评传，或者说不只是对管子一生的评说，更重要的是它体现了梁启超以近代西方资本主义思想家的眼光对管子外王思想的认识，而这种认识是近代《管子》义理研究的重要贡献。

（一）梁启超《管子》研究之原因

1. 时代潮流使然

学术研究必然离不开所处之时代，时代与学术相互依存，相互影响，时代条件不容许，学术研究就无法展开；学术条件不成熟，时代不会产生相应的内容。因此，了解梁启超管子研究的原因，先读懂其所处时代。

首先，西方政治经济制度的大力传入为清末社会开思想变化之风。西方列强依靠坚船利炮强行敲开中国之大门，并大肆蹂躏中国之社会，迫使中国订立一系列丧权辱国的条约。国人自上而下猛然觉得西方社会制度犹如洪水般涌入中国，一些清醒人士开始研究西方近代资本主义制度的先进性，并试图仿造资本主义工业，传播资本主义文明。西方文明在中国的传播主要是在思想上给国民以极大的冲击，一些有识之士开始觉醒并极力推行西方近代社会制度。随着时间的推移，更多的国民接受了这种先进的思想，这就是封建社会的末途和新兴资本主义社会制度的萌芽。

其次，中体西用思潮在当时十分盛行。"中学"指以三纲五常为核心的儒家学说，"西学"指近代传入中国的自然科学和商务、教育、外贸、万国公法等社会科学。从 19 世纪 60 年代开始，以旨在向西方学习的洋务运动为发端，进行了大规模的向西方学习的活动。最早揭示中体西用思想的是冯桂芬，他于咸丰十一年（1861）在《校邠庐抗议》中说："以中国之伦常名教为原本，辅以诸国富强之术。"此后一直到 20 世纪初，清政府一贯奉行这一主张。它是封建主义文化和西方资本主义文化结合的产物，对近代中国的政治思想产生过较大影响。梁启超是维新运动的主将，对中体西用的思想是比较赞同的，不过他的思想主要集中在西用上，尤其是在西方立宪和议会等方面给予极大的关注。在中体方面，结合自己今文经学的功底，对《管子》、《墨子》颇为留意，实际上也关注的是"器"，即实用目的，而不在于"道"。

最后，随着帝国主义列强在中国划分势力范围，中国的命运危在旦夕，民族矛盾日益尖锐。以光绪帝为代表的维新派和以慈禧太后为首的守旧派展开了激烈的斗争，康、梁为维新派的中坚分子，他们主张采纳苏俄或日本的做法，引进西方近代资本主义思想，结合本国的实际，发展中国之思想体系。接着，由于顽固守旧分子的强烈阻挠与破坏，变法维新最终失败。如今分析失败的原因不外乎两个：一是变法维新过于激进，维新派妄图通过几个人就可以改变一个社会，低估了守旧势力的强大；二是维新变法所依据的理论基础比较薄弱，他们本身是从传统经学思想里走出来的，带有旧有思想的影响，当对西方近代社会制度研究时必然会留有旧有思想的残余。因此，他们思想上变法维新，行动上却又因循守旧。梁启超的《管子》研究自然是在这种思潮的影响下形成的，他拾出旧学传统的法治经济制度来与西方社会制度相对比，从而认识到《管子》之优越性。

2. 本身需要使然

梁启超在青年时代会试经过上海时，就接触了上海同文制造局翻译出版的大量西方著作，眼界大开，从此在其思想深处植入了西方近代民主思想的芯片，并在后来的政治活动中更多接受西方学术思想。另外，他从小又在应试制章、传统学术上得到良好的熏陶，对古代传统学术思想有所了解。因此，同时具备了传统学术与西方思想的梁启超在《管子》研究上具有优势。

首先，受康有为的影响，梁氏的治学最初以今文经学为基础。在万木草堂读书的四年时间，梁启超接受了今文经学思想和治学方法，以"经世致用"为理想，成为晚清著名的今文经学大家。经学诸子，要之无外乎王道、霸道之别，道用、器用之分，为解决世道之纷乱，最急功近利之招即采取霸道之策、器用之术。齐桓公九合诸侯，一匡天下，实依管仲之力。梁氏遍观先秦子书，唯《管子》与《墨子》乃器用之书，讲经济法制之策，说兼爱非攻之法。因此，穷经子以致用，管、墨十分恰当。

其次，梁氏曾是中体西用主张的一名倡导者，实际上这个主张是激进派与顽固派媾和的一个政治策略。激进派以全盘接受西方社会制度为要，不遗余力地推行西方政治体制，如法制、民主等，以期救清世之弊；顽固派以抵制西方先进思想为要，试图重现古代盛世之局面，以摆脱清世之衰退。两者斗争的结果是相互妥协，产生了中体西用的思想，即以中学为体，提倡传统制度；以西学为用，提倡实行西方的经济等政策。激进派与顽固派在政治上都取得了一定的地位，达到了暂时的平衡。梁氏有旧学知识的根基，又有西学思想之浸淫，故以《管子》为研究对象是合情理的。

最后，从本身的对西学的兴趣和从政的经历来看，梁氏主要是对西方法制、经济制度感兴趣。梁的一生学习了很多西方近代思想方面的著作，在上海时还组织翻译介绍了西方著作，出任《时务报》主笔时曾撰写了《变法通议》等文章，鼓吹变法维新思想。在《新民丛报》创刊时发表的《新民说》，除了批判国民的劣根性以外，还探讨了权利与自由、社会功利与经济增长等问题。另外，他曾提出实行君主立宪政体，但没有行得通。在民国初年，梁活跃在政坛上，并担任过袁世凯政府的法律副大臣、司法总长、币制局总裁等职；在段祺瑞政府中，他又任财政总长兼盐务处督办。正是由于他在这两个方面的兴趣，使其在研读古代典籍时在这两个方面过于留意，而《管子》思想的杰出之处也正是法制与财政，因此符合梁氏的研究取向。

3. 管子研究趋势使然

整个有清一代，管子研究是以考据为核心内容，而且也数考据成果最多，成就最大。对于义理研究，不是清人的擅长，而且研究成果也不多。这主要是因为清人一谈到义理就担心回到宋明清谈的老路上去，导致义理研究在清代没有良好的基础。清初顾炎武提出的"经世致用"被清政府以政治手段压制，直到清末阶级矛盾和民族矛盾极为沉重之时，学士奋然而起，引经据典，参议国政，掀起了新一轮的"经世致用"思潮。而清代管子的研究，也是顺着这一路来的。

梁启超对管子研究形势的认识还是非常清楚的，《管子》的训诂考据之学，已成漫衍之势，消耗精力于此，无任何优势。《管子》义理研究，如果仍是以传统经学眼光来看，也无多大意义。而发掘《管子》中符合当代社会的有价值的内容，特别是能够匡世救弊，提供治国之策，就成为首选。因此，梁氏度形察势，以《管子评传》为题，成对《管子》义理研究的致用之说，极具有参考与应用价值。梁氏在该书自序中恰当地分析了管子研究的形势，并说明自己撰写管子传的理由：

> 一国之伟人，间世不一见也。苟有一二，则足以光其国之吏乘，永其国民之讴思。百世之下，闻其风者，心仪而力追之，虽不能至，而或具体而微焉。或有其一体焉，则薪尽火传，犹旦莫也。国于是乎有与立。夫导国民以知尊其先民，知学其先民，则史家之识也。我国以世界最古最大之国，取精多而用物宏，其人物之瑰玮绝特，夐非他国之所得望。而前此读书论世者，或持偏至之论，挟主奴之见，引绳批根，而非常之人，非常之业，泯没于谬悠之口者，不可胜数也。若古代之管子商君，若中世之荆公，吾盖徧征西史，欲求其匹俦而不可得，而商君荆公，为世诟病，以迄今日，管子亦毁誉参半，即誉之者，又非能传其真也。余既为荆公作《洗冤录》，商君亦得顺德麦氏之讼直，则管子传不可以无述，述之得六万余言，作始于宣统纪元三月朔有六日成。①

在这里，梁氏至少表达了三方面意思：一是管子虽为一世伟人，但后世诋毁者众多，致使管子蒙尘受冤；二是管子之思想先进，就是当下西方学者中无能出其右者，即使是西学中有类似于管子思想的，也没有管子提出的时间早；三是在后世诟病的管子、商鞅、王安石中，后二人皆得到学者为其翻案昭雪，只有管子除《史记》中略有所传之外无人叙述。因此，这正说明了管子研究中出现了为管子作传记的空白，是管子研究新的增长点，是管子研究的需要。

（二）梁启超《管子传》之特色

作为清朝末季的一名政治家、学者，梁启超既有传统经学研究的深

---

① 梁启超：《管子评传·自序》，《诸子集成》第五册，上海书店出版社1991年版，第1页。

厚积淀，又有西方近代资本主义思想的浸染，所以在其身上体现了中西合璧的学术情结。在他和《管子》研究中，无处不显示了他中、西学术的兼营，因而在《管子》研究的历史中表现出独有的特色。

1. 以特有之眼光研究管子

梁启超一生的主要时间是从事政治活动，以维新、变法为主要政治事务，并以主笔的各类报纸为平台，大量介绍和评说西方近代资本主义的社会制度。因此，从梁氏本人所拥有的知识结构来看，他以青年时的今文经学和从政后的西方政治学术为构成。今文经学教给他的是读经而致用，从典籍的义理中找到适合当下社会的理论以资国政；泰西学术教给他的是先进的政治理念，从西方政治体系中引入合理的成分到当代社会，以此来图谋国家强盛。以西方学术思想来观照经世致用之传统学术，是梁氏特有的研究方式。因此，与清代其他管子研究者相比，梁氏的研究具有非常鲜明的特色。

在《管子传》的开篇中，梁氏就已经摆明了自己的评价体系，其第一章《绪论》曰：

> 今天下言治术者，有最要之名词数四焉：曰国家思想也，曰法治精神也，曰地方制度也，曰经济竞争也，曰帝国主义也。此数者皆近二三百年来之产物，新萌芽而新发达者，欧美人所以雄于天下者，曰惟有此之故；中国人所以弱于天下者，曰惟无此之故。中国人果无此乎？曰：恶。是何言？吾见吾中国人之发达是而萌芽是，有更先于欧美者。谓余不信，请语管子。①

在这里，国家、法制、制度、经济等名词每个都冲击着当时人们的思想，而将这些词语和管子联系起来，就更是一件令人瞠目的事情。梁氏不仅看到这几个方面是评价一个国家是否强盛的必要条件，而且证实管子时代就已经达到这样的条件并使齐国强盛。可见，如今之中国弱于天下，并不是没有先进而有效的社会制度，而是难以实现两千多年前管子提出的优越于西方的几个制度要件。他还说：

---

① 梁启超：《管子评传》，《诸子集成》第五册，上海书店出版社 1991 年版，第 1 页。

凡政治之进化，必有阶级。躐阶级而进焉，未有能有功者也。欧洲自十八世纪末，自由民权之学说，披靡一世。用是开今日之治，此稍有识者所同尊也。虽然，当中世黑暗时代，全欧泯泯梦梦，其历史几为血腥所掩。于彼之时，能为诸大国巩厥基础，使继长增高以迄于今者，非孟德斯鸠与鲁索之学说，而马格亚比里与霍布士之学说也。而马氏、霍氏之与吾管子，则地之相去数万里，世之相后数千岁，不期而若合符契，而其立说之偏至，又不能如吾管子之中正者也。①

当然，社会的进步有赖于阶级的进步，中国两千多年来一直是以封建地主阶级为主建立的封建社会，该阶级以君主专制为政权形式，以小农经济为立国的基础，所以带有一定的故步自封性。而西方社会以君主立宪为政权形式，以工业经济为立国的基础，所以带有一定的自由开放性，而成功开启这种进步社会的，主要是自由民权学说。拿这些学说与我们中国的管子相比，虽然在理论基础和政策目标方面具有共同性，但他们的学说显然没有管子学说优越、中庸、公正，如梁氏所说之"中正"。《绪论》之末，梁氏宣告，"以今日之人之眼光观察管子，以世界之人之眼光观察管子，爱国之士，或有取焉"②。"今日之人之眼光"、"世界之人之眼光"，其实就是梁氏之眼光。

2. 对管子本人的评说

梁启超之撰述名为《管子传》或《管子评传》，其实对管子生平事迹的描述倒没有《史记》中的多，梁氏的笔墨大多用在了对管子的评说上。如对管子本人的评说就占有一定的篇幅。

除第一章绪论外，第二章到第五章是对管子本人及时代背景的评说。第二章"管子之时代及其位置"，集中讨论了管子所处时代的社会状况，如中央集权、君权、种族之争、民业等。第三章"管子之微时及齐国前此之形势"，主要叙述了管子执政之前在齐国的一些活动，并评价了管子

---

① 梁启超：《管子评传》，《诸子集成》第五册，上海书店出版社1991年版，第1页。
② 同上书，第2页。

远大的政治抱负和对现实的准确把握。第四章"管子之爱国心及其返国",主要对管子的人格进行评说。第五章"管子之初政",主要说明了管子与齐君相得及其用人之道。从上面的叙述我们看出,梁氏所谓的"管子传"并不将管子的生平事迹、生卒年月、出身、故里作为陈述的主要对象,在这一方面甚至逊于《史记·管晏列传》,梁氏真正的目的在于评价管子某一方面的优点,如爱国心、远见决策、用人之道等,即下功夫于"评",而不在"传"。而且梁氏不提《管晏列传》中管子多分财与富可敌国这样的小节,可见他进一步美化了管仲的形象。这是梁氏《管子传》颇具特色的部分。

3. 依《管子》而评管子

在梁启超着手研究管子之前,真正对管子有过评价和研究的学者并不多。司马迁的《管晏列传》基本上对管子定性,而后人对此可资研究资料缺乏,故多以《史记》为宗。《晋书·张辅传》记载,张辅曾论及管子云:"管仲不若鲍叔,鲍叔知所奉知所投。管仲奉主而不能济,所奔又非济事之国,三归、反坫,皆鲍不为。"[1] 马端临《文献通考》不赞同孔子评价管子的知仁而不知礼,并认为既然管仲能助君称霸于天下,必有令天下信服之处,管子的治世之策未尝不是安邦定国之术。[2]《苏洵文集》中有《管仲论》,主要是评价了管仲其人及身后之事,认为贤者应以国家之兴衰为己任,而不以一人之生死为己忧。[3]

以上诸君往往就管仲之事而论,论事多从《史记》出发,而且功过皆评。梁氏则不同,评管仲多依据《管子》,而不囿于《史记》之记载。梁氏认为,《史记》所记,也已受司马迁个人思想的局限,"其所叙述,往往不依常格,又以幽愤不得志,常借古人一言一事以寄托其孤怨。若《管晏列传》,亦其类也。故徒读《史记》管子传,必不足以见管子之真面目,欲求真面目,必于《管子》"[4]。事实上,梁氏对管子的评价全面以《管子》为依据,仅以第二章至第五章来看,就大量引用了《大匡》

---

① 房玄龄:《晋书》,中华书局1974年版,第1640页。

② 马端临:《文献通考》,中华书局1986年版,第1737页。

③ 柴剑虹、李肇翔:《唐宋八大家文钞》(中国古典名著百部丛书),九州出版社2001年版,第366—367页。

④ 梁启超:《管子评传》,《诸子集成》第五册,上海书店出版社1991年版,第2页。

篇、《小匡》篇对管子事迹的记载，而以《史记》、《左传》等其他记载
为参照。

梁氏评说管仲完全依赖于《管子》，来源于他对《管子》的认定，他
认为《管子》并不是伪书，虽然书中有大量战国时人的依托之言，但书
中的《牧民》、《山高》、《乘马》、《轻重》、《九府》等篇，司马迁《史
记》称述过，可见并不是伪书。据当时春秋战国时期著述的性质，梁氏
认为，《管子》并非出自一人之手，除管仲自著外，还有后人特别是稷下
学者对书的增益。但应该注意的是，所谓后人增益的部分也延续了管仲
的主要思想，是《管子》书的完善与补充，因此这些材料对管仲或《管
子》的研究也是非常有价值的。

概言之，梁启超正因为对《管子》并非伪书深信不疑，故依《管子》
来评说管仲，而从这一角度来观察管仲前所未有，故而特色鲜明。

4. 对管子法治主义、经济政策的价值认同

梁启超《管子评传》将写作重心放在了对管子的法治主义和经济政
策的评价上，他虽然不赞同司马迁对管子的评价掺杂了个人的幽愤与孤
怨之情感，但毫无疑问的是，梁氏在评价管子时也同样有以己度人之嫌。
法制与经济是梁氏两大擅长之学，并在接受西学时也以此为优先，故而
其在分析、评说管仲时便着重阐述管子的法制思想与经济政策。以私心
而加诸彼，实是梁氏通经致用之术的体现，意即通过自己特擅的学术来
分析《管子》的核心内容，以梁氏之进步思想与《管子》之传统道术相
贯通。这样，梁氏的评说解决了传统道术的现代价值问题，是值得肯
定的。

《管子评传》的第六章"管子之法治主义"分为六节，分别论述了法
治的必要性、立法目的以及法治与君主、人民、政府的关系等方面的内
容。梁氏开宗明要，他指出，"今世立宪之国家，学者称为法治国。法治
国者，谓以法为治之国也。夫世界将来之政治，其有能更美于今日之立
宪政治者与否？吾不敢知，藉曰有之，而要不能舍法以为治，则吾所敢
断言也。故法治者，治之极轨也。而通五洲万国数千年间，其最初发明
此法治主义以成一家言者谁乎？则我国之管子也"①。管子是法治的发明

① 梁启超:《管子评传》,《诸子集成》第五册,上海书店出版社1991年版,第9页。

者，是至今所有以国家形式存在的政治体制必须遵循的原则，从此后的政治体制来看，无法便无国依然是一个颠扑不破的真理，而这一真理并非舶来品，而是先秦时期管子就已经开始使用了。从这段评说可以看出，梁氏将极推崇管子的法治思想，鼓吹管子为法治的发明者。接下来，他又说：

> 法治精神曷为如此其急也？曰考诸国家之性质而可知也。国家之要素三：曰土地，曰人民，曰主权，三者具然后国家之形以成。有土地人民而无主权，则地虽广人虽众终不过一社会，而不得字以国家。主权者何，最高而无上，唯一而不可分，有强制执行之力，得反乎人民之意志而使之服从者也。而此主权者，则于国家成立之始，同时而存在者也。主权之表示于外者谓之法，故有国斯有法，无法斯无国。故言治国而欲废法者，非直迂于事理，亦势之必不可得致者也。[①]

这里，梁氏说明了法治的必要性，人民要想行使主权，非得通过法不可，无法即无国，古今通理。梁氏十分佩服管子提出的人民监督政府的权力，认为其尊民权之精神与今世立宪政治相符合。关于法治的目的，梁氏区别了管子与商鞅的不同，认为管、商形同而实反。商鞅的法治"治标而不治本"，管子的法治"治本而兼治标"，以法治达到"仓廪实则知礼节，衣食足则知荣辱"。所以梁启超认为管子虽尊法治，而不废礼治，这是理想的治国之道，其思想高度超越了商鞅等人。

《管子评传》的第十一章"管子之经济政策"亦分六节，分别论述了国民经济观念、奖励生产、均节消费、调剂分配、财政、国际经济六个方面管子的经济措施。同管子法治主义一样，梁氏对管子经济政策给予足够的重视，他认为管子是一个大理财家，管子的理财与世俗有所不同，全在国民经济，而不在国家财政。后世把桑弘羊、孔仅、刘晏与管子相比，是不了解管子的人所为。梁氏进而指出，管子为政之本在于富民，并以《管子》中《治国》、《牧民》、《权修》、《立政》、《版法》、《八

---

① 梁启超：《管子评传》，《诸子集成》第五册，上海书店出版社 1991 年版，第 10 页。

观》、《侈靡》、《五辅》所言为证，皆昌明治国必先富民之义，其理由有三端：民贫则散亡不能禁；民贫则教育不能施；民贫则法令不能行。①

梁氏在这一章中用很大的篇幅评价了管子的调剂分配政策。他认为中国古代之经济与外国始于生产而终于分配不同，从始至终谨慎于分配，在《管子》书中就体现出"均羡不足"、"分并财利而调民事"等分配政策，只言生产而不谈分配是不能达到治国安邦的目的的。他还说：

> 管子之意，以为政治经济上种种弊害皆起于贫富之不齐，而此致弊之本不除，则虽日日奖励生产，广积货币，徒以供豪强兼并之凭借，而民且滋病。此事也，吾国秦汉时尝深患之，泰西古代希腊、罗马时尝深患之，而今欧美各国所谓社会问题者，尤为万国共同膏肓不治之疾。②

经济上的各种弊病都是由贫富不均造成的，只有解决了贫富差距问题，才能剔除经济上的弊与害，而分配调剂是管子解决贫富问题的最佳办法。那么，管子使用了哪些策略呢？在分析了《管子》的《国蓄》、《山国轨》、《轻重》、《七臣七主》等有关经济策略之后，梁氏认为，管子解决经济问题的重要策略是轻重之术。所谓轻重，实际上就是一个平衡问题，即保持经济发展各方面的平衡，而达到平衡的手段无非就是调剂，即管子提到的调剂粮食、物价、货币、利息等。

关于实行调剂政策遇到的问题，他说：

> 夫商业之自由放任过甚，则少数之豪强常能用不正之手段，以左右物价，苦人民而独占其利。此征诸今世之产业组织而可知也。近世有所为卡特尔者，有所为托拉斯者，于最近一二十年间，而其力足以左右全国之物价，甚者乃足以左右全世界之物价，识者谓其专制之淫威，视野蛮时代之君主殆有甚焉。而各国大政治家，方相率宵旰焦虑，谋所以对待之，而未得其道也。于是乎，有所谓社会

---

① 梁启超：《管子评传》，《诸子集成》第五册，上海书店出版社 1991 年版，第 35—36 页。
② 同上书，第 41 页。

主义一派之学说，欲尽禁商业之自由，而举国社会之交易机关，悉由国家掌之。其说虽非可遂行于今日，然欲为根本救治，舍此盖无术也。而此主义当二千年前有实行之者焉，吾中国之管子是也。①

实行调剂分配政策遇到的首要问题是如何限制豪强富商的不法控制物价，西方近世出现的卡特尔、托拉斯等大的垄断组织，就是控制物价市场而导致的结果。而放眼世界，还没有哪个国家能有办法解决垄断问题。社会主义学说提出通过国家掌握贸易，梁氏对此是赞许的，而且认为是将来社会可行的办法。如此客观而有预见性的认识表现了梁氏杰出的经济头脑，作为一个改良派的思想家能认识到社会主义经济政策的优越性，梁氏认识的价值在中国近代社会发展史上是不容忽视的。而此段话的重点并不是抨击近代西方国家对经济垄断的无计可施和社会主义经济学说的有药可医，而是赞扬管子能在两千多年前就已经出台了行之有效的政策，钦佩管子解决问题的能力以及其政策历久弥新的当下应用价值。

总之，梁氏十分欣赏管子的法治思想和经济政策，并在这两个方面大书特书，体现了他对管子法治与经济的价值认同，也暗示了梁氏在法治和经济领域的研究水平与宏观认识，也表明了他经世致用的目的，即发掘管子义理的当下价值，试图达到济世之用。

（三）梁启超《管子》研究对后世的影响

梁启超的《管子评传》是清末民初管子研究的典型代表，他的研究既改变了有清以来以考据为主要研究手段的传统，以近代西方理论及思维去观照管子，又重申了以义理研究为内容的经世致用主张，直陈读经为现实服务的目标，并对管子的法治主义和经济政策给予极大的关注。这对后世管子研究产生了积极的影响。

首先，梁氏的管子研究再一次触动了对《管子》真伪的讨论。辨伪工作由来已久，《汉书》时就已有载。清代在辨伪上取得了突出的成绩，不仅在伪书的鉴定上而且在方法及运用上有重大贡献。在《管子》的真

---

① 梁启超：《管子评传》，《诸子集成》第五册，上海书店出版社 1991 年版，第49—50 页。

伪问题上，清初之姚际恒有《古今伪书考》，其中有关于《管子》真伪的讨论，他认为《管子》是真伪相杂的一本书。其后，《四库提要》也对《管子》进行辨伪，疑《管子》非管仲所作。这是《管子》真伪的第一次大讨论。梁氏《管子评传》书成于 1909 年，1919 年胡适写成《中国哲学史大纲》。在《大纲》中，胡适提出《管子》非管仲所作，认为《管子》是"后人把战国末年一些法家的议论和一些儒家的议论和一些道家的议论，还有许多夹七夹八的话，并作一书；又伪造了一些桓公与管仲问答诸篇，又杂凑了一些纪管仲功业的几篇；遂附会为管仲所作"。[①] 之后，胡适又举三个证据说明《管子》非真书，颇有道理。梁启超看了胡适的评论后，对以前的看法有所改变，即认为《管子》一部分是春秋末年所作，大部分是战国至汉初递相增益之作。虽然梁氏对《管子》的真伪问题上态度有所转变，但他对管子的评价未变，依然坚持其在《管子评传》中的观点。

其次，梁氏的管子研究开启了《管子》义理研究的新时代。梁启超的管子研究实际上是解决了《管子》义理及思想的现代化问题，他创新性地用近代西方政治理论思考和阐释《管子》的现代价值，开启了近现代《管子》研究的新思路。以近代西方科学体系为依据对《管子》进行研究，开始于梁氏的《管子传》，其中关于《管子》义理的讨论对后世产生了极大的影响。特别是现代《管子》研究，如本文序言所述，绝大多数《管子》研究的文章及著作从不同角度阐发《管子》的义理，如经济、政治、法治、军事、教育、生态等，蔚为大观。可见，如果撇开《管子》真伪的问题不论，《管子》的义理研究在现代有更积极的价值取向，这也是后人对此热衷的缘由。而将新思想、新方法带入《管子》义理的研究中，梁氏的开启之功是不可抹杀的。

最后，梁氏的管子研究对管子形象的提升起到相当大的作用和影响。其实，梁氏于 1903 年在《新民丛报》上与汤学智合作发表《管子传》之前，《管子》基本上没有进入他的学术视野。梁氏虽然在《论中国学术思想变迁之大势》中涉及了《管子》，但对《管子》评价不高，认为非管仲所作；也对管仲少有评论。《管子传》发表之后，梁氏对管仲产生了浓

---

① 胡适：《中国哲学史大纲》，上海古籍出版社 1997 年版，第 11 页。

厚的兴趣，重新审视了管仲在中国古代诸子中的位置，并试图借对管仲的评价来宣扬其西方政治理论，因此，他将管仲的形象提升到一个新的高度。此后，梁氏又在《开明专制论》、《中国法理学发达史论》等文中不断抬升管仲形象，将其塑造为"开明专制"之典范与"法治主义"之先祖。直至1909年撰成的《管子评传》一书，管仲的形象在梁氏的鼓吹之下不仅成为春秋时代法家的先驱，而且是近代法治和经济理论的来源，管仲俨然成为近现代政治制度的先知先哲。而梁氏对管仲形象的塑造极大地影响了后人对管仲的认识，其作用是不可忽视的。后世学者对《管子》及管仲研究的热潮，很大程度上受到了梁氏管子研究的影响，这是因为梁氏为后人找到了《管子》的实用研究之路，开启了《管子》研究的新角度。直至今日，《管子》仍然有源源不断的资源可供学者研究，也可供从政者借鉴。

当然，梁氏的管子研究有其功利性，即利用对管仲的评价来宣扬其近代西方政治理论，但不可忽视的是，正是梁氏的研究开启了《管子》研究义理的新时代，并为后世继承下去，一直到当代。

结　语

　　清代《管子》研究与清代的政治、经济、学术相联系，展示了清代学者的多重情结。清代学术思潮一波三折，清初反理学而倡义理，清中受打压而尚考据，清末经内忧外患而谋救国。《管子》研究也基本遵循了这样的学术路线，只清初稍有不同，虽谈义理而并非经世致用，却带有明末义理为我所用的风气。另外，经济的发展、经学的衰落和诸子学的兴盛也是清代《管子》研究出现繁荣局面的原因。再者，从历代《管子》研究的总体走势看，《管子》研究历经唐宋至明，注释、校勘、版本、义理等方面都有一定的成就，然无总结性和开拓性成果，清代在这些方面有所建树，并一跃而成为《管子》研究史上极为辉煌的时代。

　　清代《管子》研究学者众多，据笔者统计，有六十三人；成果众多，有八十三种，还不算散见于学术笔记和文集内的单篇和偶有提及的文章。从这些研究文献的内容上看，大多以训诂考据为主流，一仍清代以考据为主体的学术潮流，但也有一些文献在"学以致用"的感召下于义理上有所贡献，试图以此来匡世救弊。无论是以考据为中心，还是以义理为内容，最终都是以义理明为目的。只不过考据学者更关注的是训诂与校勘，即一词一义的发掘与彰明，是明义理的根本途径与基础，而纯说义理者必须经过研究这样的著作才能更好地阐发义理。

　　清代《管子》研究的内容主要体现在三个方面：一是小学方面，即文字、音韵、训诂的研究，文字方面注重《管子》中的特殊用字情况，指出异体字、古今字、通假字等，辨析后人误抄、误刻和误解的文字现象；音韵方面注意通过字音来解决识字、异读、通假、字义等方面的问题；训诂方面主要关注的是字义、句义和篇章之义，以及名物制度等，是明义理的主要工作。二是文献整理方面，在版本、校勘、辑佚、辨伪上皆有功绩，版本方面虽仅有戴望的《管子校正》集前人之大成，但清人在利用版本进行研究上比前人更为突出；校勘方面是清人最具特色的内容，在不同版本和相关类书、丛书等搜罗极易的条件下，清人很容易比较各处的不同，写下校勘心得；辑佚方面，清人也作出了相当的努力，《管子》传世弥久，所佚内容不少，清人在成熟的辑佚理论和实践指导下对《管子》进行了辑佚工作，取得一定的成果；辨伪方面，清人借助成熟的辨伪理论，对《管子》中的作伪部分给予辨析，这在清人的著述中，尤其是著述的序言中表现较为突出，另外，《四库提要》对《管子》的辨伪较为典型。三是义理方面，清初和清末多以《管子》义理的张扬来达经世致用的目的，清代中期则以训诂而代义理，只明字句之义而少讲义理思想内容，实为时代使然。

　　清代《管子》研究的集大成者为戴望，他的研究集中反映了清代前期《管子》研究的成果，并业已成为清代后期《管子》研究的范本。戴氏为清代中后期考据学者的代表，他的学术研究既有成熟的考据学理论的支持，又理智地避免了烦琐考据的缺陷，并对考据学有所发展。他的《管子校正》博采前代学者校释成果，重视版本成果及他书所引，同时匡正旧本旧注之谬，又重申了义理的内容，是清代《管子》研究颇具代表性的著作，并在以上几方面对后世的研究产生了影响。

　　清代《管子》分篇研究盛况空前。清以前，除接近儒家思想的《弟子职》外，《管子》的其余篇目并没有多少学者研究，只是在论述中偶尔提及。清代学者延续前代之成绩，在《弟子职》研究上大有青出于蓝之势，借助清代学术理论的完善，他们在《弟子职》的考证、注疏、音读等方面作出了更大的贡献，开启了关于《管子》分篇研究和专题思想研究的序幕，引领后世学者在分篇研究上下功夫。此外，清代学者又开辟了《地员》、《内业》、《小匡》等篇的研究，进一步拓展了《管子》分篇研究的空间，为后代特别是现当代《管子》分篇专题研究作出了探索。

　　总之，清代学者对《管子》的研究取得了十分突出的成绩，尤其是在《管子》的校释、文献整理和义理思想研究上颇具特色，并对后世产生了较为深远的影响。

参考文献

一 著作类

［美］艾尔曼：《从理学到朴学》，赵刚译，江苏人民出版社 1995 年版。

班固：《汉书》，中华书局 1962 年版。

柴剑虹、李肇翔：《唐宋八大家文钞》，九州出版社 2001 年版。

蔡冠洛：《清代七百名人传》下册，中国书店 1984 年版。

程仲威：《颜学辩》，安徽官纸印刷局。

陈垣：《校勘学释例》，中华书局 1959 年版。

陈景盘、陈学恂：《清代后期教育论著选》下册，人民教育出版社 1997
　年版。

陈祖武、朱彤窗：《乾嘉学派研究》，河北人民出版社 2007 年版。

池万兴：《〈管子〉研究》，高等教育出版社 2004 年版。

戴浚：《管子学案》，正中书局 1950 年版。

戴望：《管子校正》，《诸子集成》第五册，上海书店出版社 1991 年版。

戴望：《戴氏注论语》，吴兴嘉业堂刻本，1871 年。

戴望：《谪麟堂遗集》，宣统三年会稽赵氏本，1911 年。

丁凤麟、王欣之：《薛福成选集》，上海人民出版社 1987 年版。

段玉裁：《广雅疏证》，中华书局 1983 年版。

段玉裁：《经韵楼集》，七叶衍祥堂刊本，1821 年。

段玉裁：《戴东原先生全集》，台北大化书局 1987 年版。

范希曾：《书目答问补正》，上海古籍出版社 2001 年版。

方苞：《删定管子》，清乾隆间抗希堂十六种本。

方苞：《方苞集》，上海古籍出版社1983年版。

方苞：《方望溪遗集》，黄山书社1990年版。

房玄龄、褚遂良、许敬宗：《晋书》，中华书局1974年版。

傅杰：《章太炎学术史论集》，中国社会科学出版社1997年版。

傅增湘：《藏园群书经眼录》，中华书局1983年版。

顾炎武：《日知录校注》，陈垣校注，安徽大学出版社2007年版。

顾炎武：《亭林文集》，民国中华书局《四部备要》本。

郭丽：《〈管子〉文献学研究》，中国海洋大学出版社2007年版。

郭沫若、闻一多、许维遹：《管子集校》，科学出版社1956年版。

洪亮吉：《弟子职笺释》，《四库未收书辑刊》第六辑第12册，北京出版
　社2000年版。

洪颐煊：《管子义证》，《续修四库全书》子部法家类第970册，上海古籍
　出版社2002年版。

侯外庐：《中国思想通史》，人民出版社1956年版。

胡朴安：《胡朴安学术论著》，浙江人民出版社1998年版。

胡适：《中国哲学史大纲》，上海古籍出版社1997年版。

何宁：《淮南子集释》，中华书局1998年版。

黄晖：《论衡校释》，中华书局1990年版。

黄彭年：《弟子职考证》，《四库未收书辑刊》第六辑第12册，北京出版
　社2000年版。

黄彭年：《弟子职句读》，《四库未收书辑刊》第六辑第12册，北京出版
　社2000年版。

黄彭年：《陶楼文钞》，《续修四库全书》集部别集类第1552—1553册，
　上海古籍出版社2002年版。

黄彭年：《弟子职集解》，《四库未收书辑刊》第六辑第12册，北京出版
　社2000年版。

黄云眉：《古今伪书考补证》，山东人民出版社1959年版。

嵇曾筠：《光绪浙江通志》，商务印书馆1934年版。

焦循：《雕菰集》，《丛书集成初编》第69册，商务印书馆1936年版。

姜义华、朱维铮：《章太炎选集》，上海人民出版社1981年版。

江庆柏：《清代人物生卒年表》，人民文学出版社 2005 年版。

康有为：《康子内外》篇，中华书局 1988 年版。

黎翔凤：《管子校注》，梁运华整理，中华书局 2004 年版。

李百药：《北齐书》，中华书局 2000 年版。

梁启超：《梁启超文集》，北京燕山出版社 2009 年版。

梁启超：《管子评传》《诸子集成》第五册，上海书店出版社 1991 年版。

梁启超：《中国近三百年学术史》，东方出版社 1996 年版。

梁启超：《饮冰室合集》，中华书局 1989 年版。

梁启超：《梁启超学术论著四种》，岳麓书社 1998 年版。

梁启超：《清代学者整理旧学之总成绩》，商务印书馆 1999 年版。

刘梦溪：《中国现代学术经典》胡适卷，河北教育出版社 1996 年版。

刘师培：《左盒外集》，宁武南氏校印本，1936 年。

刘献廷：《广阳杂记》，中华书局 1957 年版。

刘昫：《唐书》，中华书局 1975 年版。

刘仲华：《清代诸子学研究》，中国人民大学出版社 2004 年版。

柳诒徵：《卢抱经先生年谱》，中央大学国学图书馆第一年刊本，1928 年。

卢文弨：《群书拾补》，直隶书局 1923 年版。

逯钦立：《先秦汉魏晋南北朝诗》，中华书局 1988 年版。

罗根泽：《管子探源》，中华书局 1931 年版。

吕思勉：《先秦学术概论》，上海书店出版社 1992 年版。

马端临：《文献通考》，中华书局 1986 年版。

马非百：《管子轻重篇新诠》，中华书局 1979 年版。

马国翰：《玉函山房辑佚书》，长沙嫏嬛馆补校本，1883 年。

马骕：《绎史》，中华书局 2002 年版。

麦仲贵：《明清儒家著述生卒年表》，台湾学生书局 1977 年版。

欧阳修、宋祁：《新唐书》，中华书局 2003 年版。

潘玉璂：《乌程县志》，上海书店出版社 1993 年版。

皮锡瑞：《经学历史》，周予同注，中华书局 1959 年版。

齐佩瑢：《训诂学概论》，中华书局 1984 年版。

钱大昕：《潜研堂文集》，上海古籍出版社 1985 年版。

钱穆：《中国近三百年学术史》，商务印书馆 1997 年版。

钱智修：《功利主义与学术》，见陈崧编《"五四"前后东西文化问题论
　　战文选》，中国社会科学出版社 1985 年版。

阮元：《揅经室续集》，《丛书集成初编》文学类第 2198 册，商务印书馆
　　1935 年版。

邵懿辰：《增订四库简明目录标注》，上海古籍出版社 1979 年版。

上海书店出版社：《台州府志》，上海书店出版社 2000 年版。

上海图书馆：《中国丛书综录》，上海古籍出版社 1982 年版。

施廷镛：《中国丛书综录续编》，北京图书馆出版社 2003 年版。

施朴华：《泽雅堂文集》，《续修四库全书》集部第 1560 册，上海古籍出
　　版社 2002 年版。

司马琪：《十家论管》，上海人民出版社 2008 年版。

宋翔凤：《过庭录》，中华书局 1986 年版。

苏惇元：《清方望溪先生苞年谱》，商务印书馆 1981 年版。

孙德谦：《古书读法略例》，中国书店 1986 年版。

孙钦善：《中国古文献学史》，中华书局 1994 年版。

孙同元：《弟子职注》，《丛书集成初编》第 33 册，商务印书馆 1935
　　年版。

孙延钊：《孙衣言孙诒让父子年谱》，上海社会科学院出版社 2003 年版。

孙诒让：《札迻》，齐鲁书社 1989 年版。

孙诒让：《周礼正义》，《续修四库全书》经部礼类第 82 册，上海古籍出
　　版社 2002 年版。

孙诒让：《墨子间诂》，《续修四库全书》子部杂家类第 1121 册，上海古
　　籍出版社 2002 年版。

谭献：《复堂日记》，河北教育出版社 2001 年版。

谭献：《复堂文续》，光绪二十七年刻鹄斋刻本，1901 年。

王俊义、黄爱平：《清代学术文化史论》，台北文津出版社 1999 年版。

王力：《中国语言学史》，复旦大学出版社 2006 年版。

王力：《龙虫并雕斋文集》，中华书局 1981 年版。

王鸣盛：《十七史商榷》，上海书店出版社 2005 年版。

王念孙：《读书杂志》，江苏古籍出版社 1995 年版。

王念孙：《广雅疏证》，中华书局 1983 年版。

绍兰:《管子地员篇注》,《续修四库全书》子部法家类第 970 册,上海古
　　籍出版社 2002 年版。

王绍曾:《清史稿艺文志拾遗》,中华书局 2000 年版。

王筠:《弟子职正音》,《丛书集成新编》第 33 册,台北新文丰出版公司
　　1985 年版。

王引之:《经义述闻》,江苏古籍出版社 1985 年版。

夏纬英:《管子地员篇校释》,中华书局 1958 年版。

萧一山:《清代学者著述表》,商务印书馆 1943 年版。

谢浩范、朱迎平:《管子全译》,贵州人民出版社 1996 年版。

徐复:《𪜇书详注》,上海古籍出版社 2000 年版。

徐珂:《清稗类钞》,中华书局 2005 年版。

徐世昌:《清儒学案》,中国书店 1990 年版。

姚谌:《景詹暗遗文》,清宣统三年归安陆氏刊本,1911 年。

姚际恒:《姚际恒著作集》,台北出版社 1933 年版。

颜昌峣:《管子校释》,岳麓书社 1996 年版。

严灵峰:《周秦汉魏诸子知见书目》第三卷,正中书局 1978 年版。

严文郁:《清儒传略》,商务印书馆 1990 年版。

永瑢、纪昀:《四库全书总目提要》,商务印书馆 1930 年版。

于鬯:《香草校书》,中华书局 1984 年版。

俞樾:《诸子平议》,上海书店出版社 1988 年版。

俞樾:《宾萌外集》,德清俞氏刻本,1871 年。

俞樾:《春在堂杂文》,《续修四库全书》集部别集类第 1550 册,上海古
　　籍出版社 2002 年版。

俞樾:《群经平议》,《续修四库全书》经部群经总义类第 178 册,上海古
　　籍出版社 2002 年版。

俞樾:《春在堂尺牍》,光绪九年刊本,1883 年。

俞樾:《春在堂诗编》,《续修四库全书》集部别集类第 1551 册,上海古
　　籍出版社 2002 年版。

赵尔巽:《清史稿》,中华书局 1977 年版。

赵守正:《管子注译》,广西人民出版社 1987 年版。

赵之谦:《谪麟堂遗集》,《续修四库全书》集部第 1561 册,上海古籍出

版社 2002 年版。

章太炎：《文录》，《章氏丛书》，江苏广陵古籍刻印社 1981 年版。

章太炎：《管子余义》，上海人民出版社 1986 年版。

章学诚：《文史通义》，上海书店出版社 1988 年版。

张尔岐：《蒿庵闲话》，《四库全书存目丛书》子部第 114 册，齐鲁书社 1995 年版。

张固也：《管子研究》，齐鲁书社 2006 年版。

张仁忠：《明清简史》，北京大学出版社 1995 年版。

张舜徽：《清人文集别录》，华中师范大学出版社 2004 年版。

张文虎：《舒艺室随笔》，魏得良校点，辽宁教育出版社 2003 年版。

张星鉴：《戴子高传》，《清碑传合集》中卷七十五儒学五，上海书店出版社 1988 年版。

郑观应：《盛世危言》，华夏出版社 2002 年版。

郑鹤：《中国古籍校读新论》，世界书局 1947 年版。

支伟成：《清代朴学大师列传》，泰东图书局 1926 年版。

支伟成：《管子通释》，上海书店出版社 1924 年版。

朱芳圃：《清孙仲容先生诒让年谱》，台北商务印书馆 1980 年版。

朱熹：《仪礼经传通解》，上海古籍出版社 2002 年版。

朱熹：《四书集注》，陈成国校点，岳麓书社 1987 年版。

朱一新：《无邪堂答问》，《续修四库全书》子部杂家类第 1164 册，上海古籍出版社 2002 年版。

祝宝江：《温州人精神简明读本》，浙江大学出版社 2009 年版。

庄述祖：《弟子职集解》，《四库未收书辑刊》六辑第 12 册，北京出版社 2000 年版。

周骏富：《清代传记丛刊》，台北明文书局 1985 年版。

二　论文类

曹培培：《〈管子〉的教育思想研究》，《哈尔滨职业技术学院学报》2006 年第 1 期。

程艳梅：《〈读书杂志〉专题研究》，博士学位论文，南京师范大学文学院，2007 年。

陈鼓应：《〈管子〉形势、宙合、枢言、水地诸篇的黄老思想》，《汉学研究》2002 年第 1 期。

陈节：《俞樾评传》，《明清小说研究》1999 年第 4 期。

陈寥士：《俞曲园先生百二十年生日感赋》，《国艺月刊》1940 年第 5—6 期。

陈隆文：《〈管子〉地学思想初探》，《管子学刊》1996 年第 3 期。

董恩林：《论王念孙父子的治学特点与影响》，《古籍整理研究学刊》2007 年第 3 期。

董朴垞：《孙诒让著述考略》，《温州师专学报》1980 年第 2 期。

董朴垞：《孙诒让著述考略（续）》，《温州师专学报》1981 年第 1 期。

董朴垞：《孙诒让著述考略（续完）》，《温州师专学报》1981 年第 2 期。

窦秀艳、李海英：《试论孙诒让的版本观》，《图书馆理论与实践》2003 年第 2 期。

杜世纯：《〈管子·弟子职〉教育思想新探》，《管子学刊》2005 年第 2 期。

方行：《对清代经济的一点看法》，《清史研究》2008 年第 3 期。

冯禹：《欧美国家有关〈管子〉研究的主要论著》，《管子学刊》1988 年第 2 期。

付大军：《洪亮吉论》，硕士学位论文，吉林大学，2007 年。

盖光、于孔宝：《〈管子〉学术讨论会概述》，《管子学刊》1987 年第 1 期。

宫芳：《论〈管子〉的法律管理思想》，《管子学刊》2008 年第 1 期。

巩曰国：《管子版本述略》，《管子学刊》2002 年第 3 期。

巩曰国：《管子佚篇亡佚时间考》，《管子学刊》2007 年第 3 期。

巩曰国：《管子佚文考论》，《管子学刊》2004 年第 4 期。

巩曰国：《〈管子补注〉刊刻年代考辨》，《图书馆杂志》2006 年第 12 期。

古德夫：《王念孙父子与校勘》，《徐州师范学院学报》1985 年第 2 期。

谷玉梅：《"第四届管子学术研讨会"学术观点综述》，《管子学刊》2009 年第 2 期。

顾金玲：《"知书达礼"思想初探——试评〈弟子职〉的教育思想》，《长江师范学院学报》2010 年第 2 期。

郭大痴：《管子校释叙录》，《船山学报》1934 年第 3 期。

郭康松：《论清代考据学的学术宗旨》，《三峡大学学报》2002 年第 5 期。

郭丽：《文渊阁〈四库全书〉赵用贤本〈管子〉考略》，《图书馆学刊》
　2008 年第 2 期。

郭丽：《赵用贤本〈管子〉论略》，《管子学刊》2007 年第 2 期。

郭明道：《王氏父子的校勘学：思想、方法和成就》，《社会科学家》2006
　年第 2 期。

郭嵩焘：《读管札记》，《文哲季刊》1930 年第 2 期。

黄怀信：《试说〈管子〉三〈匡〉命名之故》，《西北大学学报》1997 年
　第 2 期。

黄开国、鲁智金：《庄述祖的经学思想》，《杭州师范学院学报》2006 年
　第 3 期。

黄珊：《孔子改制与〈论语〉研究——刘逢禄至戴望的〈论语〉学》，
　《福建师范大学学报》2006 年第 6 期。

何金钱、李锡平：《〈管子〉教育思想浅析》，《管子学刊》2008 年第
　1 期。

何石松：《乾嘉文论》，博士学位论文，中国文化大学中国文学研究所，
　1992 年。

贾慧如：《略论洪颐煊的学术生涯与治学特点》，《西北民族大学学报》
　2009 年第 4 期。

姜斌：《文化政策视野下的清代汉学》，《宁夏社会科学》2008 年第 2 期。

姜亮夫：《孙诒让学术检论》，《浙江学刊》1999 年第 1 期。

江墨林：《〈管子〉的军事经济思想》，《军事经济研究》1990 年第 4 期。

李杰：《乾嘉学派与〈四库全书〉》，《图书情报工作》2004 年第 4 期。

李克：《管子研究在西方》，《管子学刊》1989 年第 3 期。

李明启：《〈管子地员篇〉中的植物生理学知识》，《植物生理学通讯》
　1979 年第 1 期。

李云峰：《试论〈管子·水地〉中水本原思想及其历史地位》，《武汉水
　利电力大学学报》2000 年第 3 期。

李霞：《本世纪以来〈管子〉研究简介》，《哲学动态》1994 年第 3 期。

李学勤：《〈管子〉"乘马"释义》，《管子学刊》1989 年第 12 期。

李苑静：《王念孙〈读书杂志〉校勘方法研究》，硕士学位论文，西南师范大学，2004 年。

李中耀：《论清代王念孙、王引之训诂研究之成就》，《新疆师范大学学报》1988 年第 4 期。

林国标：《清初理学与清代学术》，《南华大学学报》2005 年第 4 期。

林军：《清代考据学的兴起与诸子学历史地位的升降》，《福建师范大学学报》2004 年第 2 期。

林军：《试论清代乾嘉诸子学兴起的文化意义》，《绍兴文理学院学报》2003 年第 6 期。

刘冠才：《从〈古书疑义举例〉看俞樾治学的方法和原则》，《锦州师院学报》1993 年第 4 期。

刘仲华：《试论先秦诸子学在清代学术中的地位》，《安徽史学》2005 年第 1 期。

龙尚学：《晚清知名学者、教育家黄彭年》，《贵阳文史》2005 年第 5 期。

卢仁龙：《清代诸子学史述略》，《社会科学辑刊》1991 年第 3 期。

罗检秋：《西学与近代诸子学的发展》，《天津社会科学》1994 年第 4 期。

罗检秋：《晚清汉学传统之演变》，《天津社会科学》2005 年第 1 期。

罗检秋：《清末古文家的经世学风及经世之学》，《近代史研究》2001 年第 6 期。

罗雄飞：《论俞樾在晚清学术史上的地位》，《苏州大学学报》2007 年第 1 期。

罗雄飞：《俞樾校释群经、诸子的得与失》，《湖州师范学院学报》2005 年第 6 期。

马非百：《〈管子·内业〉篇之精神学说及其他》，《管子学刊》1988 年第 4 期。

马非百：《对〈管子集校〉所引各家注释中有关〈轻重〉诸篇若干问题商榷》，《郑州大学学报》1979 年第 2 期。

牛力达：《谈谈"管子学"研究的方法论》，《管子学刊》1987 年第 1 期。

乔新华、杨婵娟：《超时空的对话——简析梁启超作〈管子传〉的缘由》，《管子学刊》2008 年第 2 期。

钱仲联：《清代学术平议》，《苏州大学学报》1992 年第 4 期。

史革新：《清初学术思潮转换刍议》，《四川大学学报》2007 年第 3 期。

史革新：《试论晚清诸子学的兴起》，《史学月刊》2006 年第 2 期。

史建云：《〈工业化前的工业化〉简介》，《中国经济史研究》1988 年第 3 期。

索介然：《日本有关〈管子〉研究的部分论文》，《管子学刊》1988 年第 3 期。

孙晓：《孙诒让文献学贡献评述》，《浙江工业大学学报》2004 年第 4 期。

汤孝纯：《〈管子〉思想述评》，《湘潭大学学报》1994 年第 4 期。

万玲华：《〈读书杂志〉与古书校勘》，《上海师范大学学报》1999 年第 3 期。

汪高鑫：《论"通经致用"的经学传统》，《安徽大学学报》2009 年第 3 期。

汪耀楠：《王念孙、王引之训诂思想和方法探讨》，《湖北大学学报》1985 年第 2 期。

王保顶：《论清代学术的基本特征》，《社会科学辑刊》1990 年第 5 期。

王恩田：《〈管子〉三匡解题》，《管子学刊》1996 年第 2 期。

王海成：《〈管子〉四篇研究》，硕士学位论文，陕西师范大学，2007 年。

王记录：《清代官方史学与西学——兼谈西学对清代学术文化的影响程度》，《河南大学学报》2008 年第 6 期。

王继如：《高远的学术视野 缜密的考据工夫——孙诒让〈札迻〉读后》，《古籍整理研究学刊》2002 年第 1 期。

王俊义：《论乾嘉学派的学术成就与历史局限》，《社会科学辑刊》1991 年第 2 期。

王其和：《论俞樾的训诂思想与方法》，《山东师范大学学报》2008 年第 1 期。

王强：《〈管子〉法制思想析论》，《管子学刊》1999 年第 3 期。

王琼：《乾嘉学派的成因及其评价》，《图书馆学研究》1999 年第 4 期。

王世伟：《孙诒让〈札迻〉之校勘学研究》，《社会科学战线》1985 年第 4 期。

王世伟：《论孙诒让校勘的特点和方法》，见王世伟《历史文献研究》，国家图书馆出版社 2008 年版。

兴文、陈喜悦：《西方先进文明对孙诒让后半生成就的作用》，《温州师范学院学报》2003 年第 3 期。

王有红：《俞樾传统学术研究》，硕士学位论文，西北大学，2004 年。

王云路：《〈读书杂志〉方法论浅述》，《杭州大学学报》1990 年第 2 期。

王学斌：《晚清管子研究述论》，《管子学刊》2009 年第 1 期。

王学斌：《梁启超管子研究述论》，《理论学刊》2011 年第 2 期。

王学斌：《梁启超管子研究之肇端——1903 年〈管子传〉考析》，《鲁东大学学报》2008 年第 6 期。

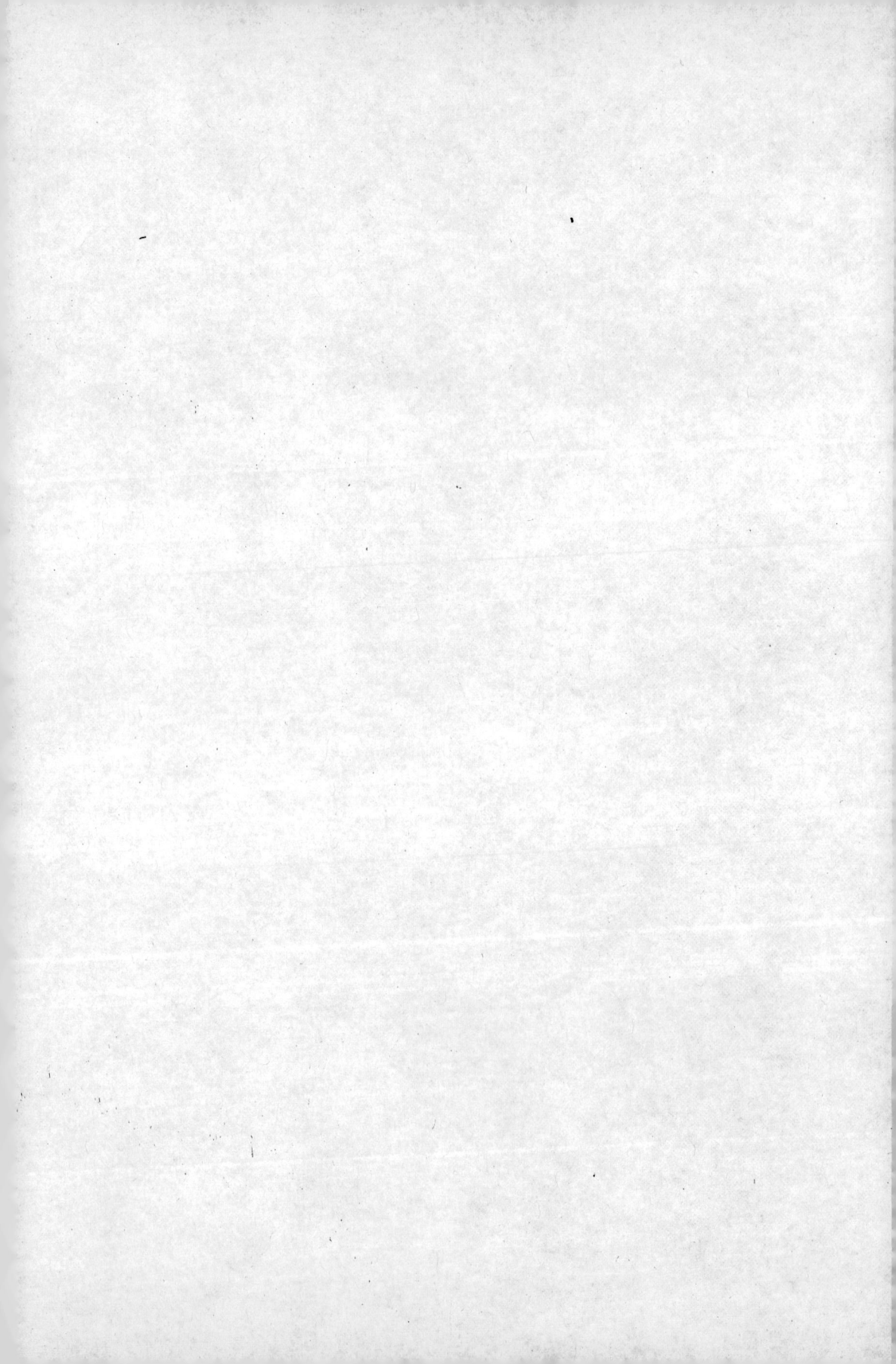